ROADTRIPS
KANADA

Unvergessliche Traumrouten für den perfekten Urlaub
mit Auto, Camper & Motorrad

Four Winds

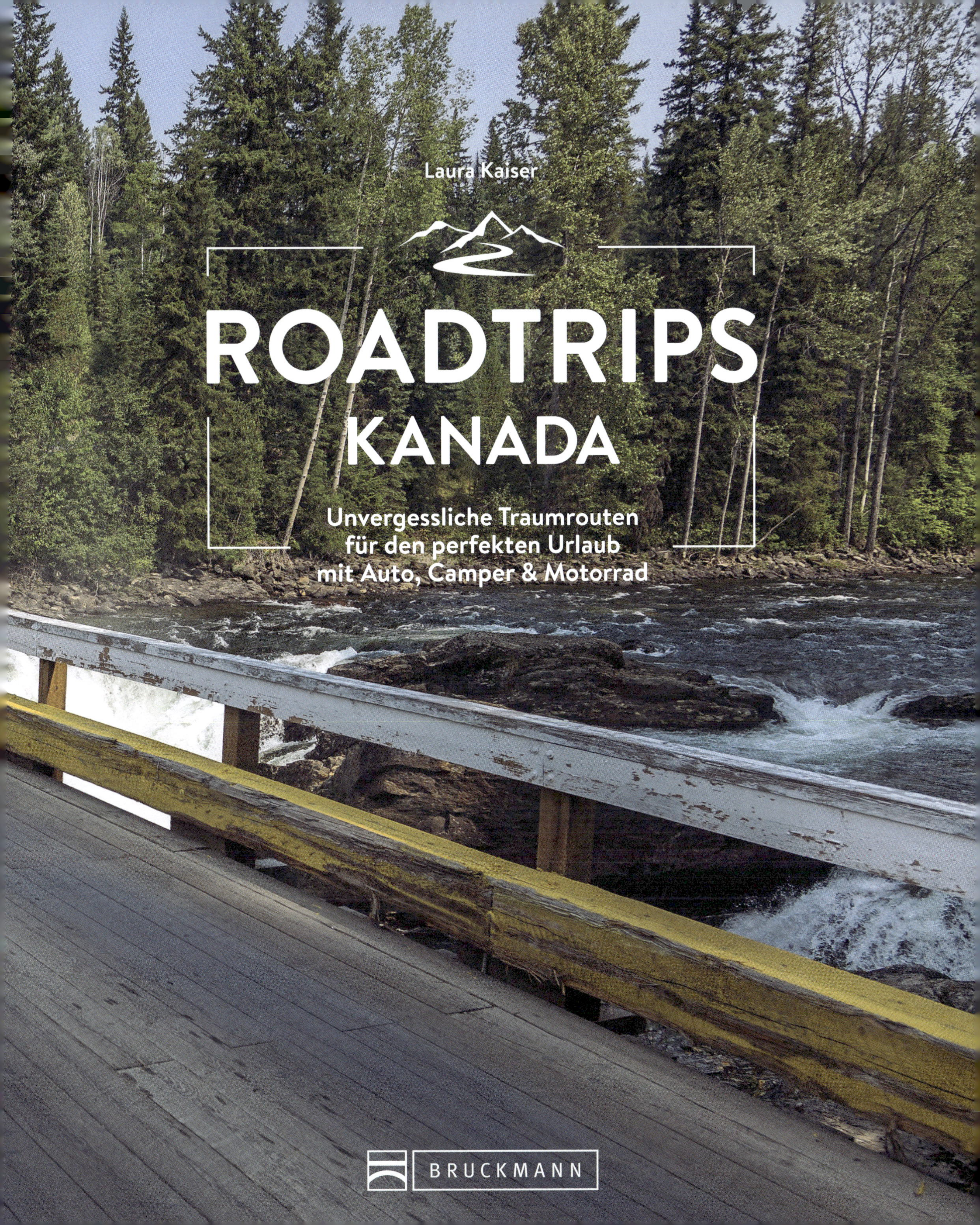

Laura Kaiser

ROADTRIPS KANADA

Unvergessliche Traumrouten
für den perfekten Urlaub
mit Auto, Camper & Motorrad

BRUCKMANN

INHALT

← Tipi vor Sternenhimmel in den Prärien ← Die »Blumentöpfe« am Kap Hopewell
↑ Trail am Sulphur Mountain ↗ Der Hafen von Montréal

↑ Im Beacon Hill Park in Victoria ↗ Myra Falls auf Vancouver Island
→ Dampfuhr in Vancouvers Altstadt

WATER ST

Tununuk
Amundsen Gulf
Victoria
Island
McClintock Channel
Prince of Wales Island
Brodeur Peninsula
Boothia Peninsula
King William Island
Kuga
Little Chicago
Dawson City
12
Kugluktuk
Queen Maud Gulf
Déline
Great Bear Lake
Port Radium
Bathurst Inlet
Yukon
Nordwest-Territorien
Northwest Territories
Nunavut
Whitehorse
Gulf of Alaska
Baker Lake
CANADA
Fort Simpson
Watson Lake
Reliance
Chichagof
Island
Alexander Archipelago
Great Slave Lake
Hay River
Muncho Lake Prov. Park
Maguse River
Fort Nelson
Northern Rocky Mountains P. P.
Prince of Wales I.
Meander River
British Columbia
Stony Rapids
Lake Athabasca
North River
Hyder
Hazelton
Haida Gwaii/ Queen Charlotte Islands
Prince Rupert
Graham I.
Terrace
Forth St. John
Bitumount
Dawson Creek
Banks I.
Houston
Port Nelson
Alberta
La Loche
Moresby I.
Princess Royal I.
11
Grande Prairie
Aristazabal I.
Prince George
Slave Lake
Manitoba
Queen Charlotte Sound
Missinipe
Saskatchewan
Jasper Nat. Pk.
Tête Jaune Cache
Jasper
Sherwood Park
Port Hardy
Rocky Mountains Forest Reserve
8
Prince Albert
Grand Rapids
Vancouver
10
Revelstoke Nat. Pk.
Icefields Parkway Drive
Campbell River
Lake Winnipeg
Strathcona Prov. Pk.
Garibaldi Prov. Park
Kamloops
Lake Louise
Lower Myra Falls
7
Stoney Nakoda Resort & Casino
Saskatoon
Tofino
Salmon Arm
Banff
Ucluelet
CALGARY
Island
VANCOUVER
Silver Creek
Longview
Rocky Mountains Forest Reserve
Moose Jaw
Victoria
9
Whiteshell Prov. Pk.
PACIFIC
Crowsnest
Medicine Hat
Regina
6
Winnipeg
Waterton Lakes Nat. Pk.
Lundbreck
Seattle
Whiteshell
Grasslands Nat. Park
Waterton Park
Spruce Woods Prov. Forest
OCEAN
Spokane
Portland
USA
Minneapolis
Boise City

0
200 km
N
Baffin Island
Davis Strait
Hall Beach
Prince Charles Island
Cumberland Peninsula
Cumberland Sound
Foxe Basin
Hall Peninsula
Fox Peninsula
Foxe Channel
Meta Incognita Peninsula
Labrador Sea
Hudson Strait
Déception
Coats Island
Mansel Island
Hebron
Inukjuak (Port Harrison)
Hudson Bay
Neufundland und Labrador
Rivière-aux-Graines
Churchill Falls
Labrador Peninsula
Twillingate
Bonavista
St. John's
Broom Point
Woody Point
Island of Newfoundland
Port-aux-Basques
James Bay
Détroit de Jacques-Cartier
Île d'Anticosti
Gulf of Saint Lawrence
Gaspé
Péninsule de Gaspé
Meat Cove
C. Breton Highlands Nat. Pk.
Margaree Harbour
Louisbourg
Webequie
Kashechewan
Waskaganish (Fort Rupert)
Hauterive
Saint Lawrence River
Québec
Prince Edward I.
Ontario
Cabano
New Brunswick
Moncton
Fredericton
Hopewell Rocks
Horton-ville
Halifax
Lunenburg
Nova Scotia
Freeport
Yarmouth
Québec City
Timmins
Schreiber
MONTRÉAL
Longueuil
Ottawa
Gulf of Maine
Algonquin Prov. Pk.
Sudbury
Barry's Bay
Lake Superior
Flynns Town
Kingston
Peterborough
Outlet
Lake Huron
Boston
TORONTO
Hamilton
Niagara-on-the-Lake
Niagara Falls
Lake Michigan
Lake Erie
Detroit
NEW YORK
ATLANTIC OCEAN

EIN LAND ZUM STAUNEN

Kanada ist ein Sehnsuchtsziel: Die rauen Küsten, die bunten Herbstwälder, die Weite der Prärien, die Rocky Mountains und nicht zuletzt die Gastfreundlichkeit der Kanadier lohnen die weite Anreise aus Europa. Wer den »wahren Norden, stark und frei«, wie es in der Landeshymne heißt, einmal kennengelernt hat, kehrt oft zurück. Denn das zweitgrößte Land der Erde hat Potential für viele Roadtrips.

VON KÜSTE ZU KÜSTE

Fast zehn Millionen Quadratkilometer umfasst Kanada – nur Russland ist größer. Es erstreckt sich zwischen Atlantik- und Pazifikküste sowie zwischen den USA im Süden und dem Arktischen Ozean im Norden. Dabei durchläuft es drei Klimazonen, von polar bis gemäßigt. Während der hohe Norden von Tundra geprägt ist, wachsen im Südwesten Regenwälder. In Kanada trifft bisweilen Borealer Nadelwald auf Grasland in den Prärien – und Hochgebirge auf Flachland. Der höchste Berg in den Rocky Mountains, der Mount Robson, erreicht eine Höhe von 3.954 Metern, der Mount Logan im Yukon kommt sogar auf 5.959 Meter.

DER BIBER

ist das Nationaltier Kanadas. Damit soll an den Pelzhandel erinnert werden, der eine große Rolle in der Landesgeschichte spielte, aber beinahe zur Ausrottung des Bibers geführt hätte. Heute ist er nicht nur auf der 5-Cent-Münze zu sehen, sondern auch wieder weit verbreitet. Wer ihn bei der Arbeit beobachten will, hat dazu etwa bei einem Abendspaziergang auf dem Biber-Holzweg von Hinton in Alberta Gelegenheit.

ÜBER 41 MIO.

Menschen leben in Kanada, Tendenz steigend. Auf mehr als 16 Millionen kommt dabei allein die Provinz Ontario mit der stark bevölkerten Metropolregion um Toronto. Insgesamt gehört Kanada mit vier Einwohnern pro Quadratkilometern aber zu den dünn besiedelten Ländern, wozu die einsamen nördlichen Provinzen statistisch viel beitragen.

7.821 KILOMETER

legt der Trans-Canada Highway von St. John's auf Neufundland bis Victoria auf Vancouver Island zurück. Damit gehört er in die Top Ten der längsten Straßen der Welt. Er führt durch die zehn Provinzen im Süden des Landes und verbindet die meisten großen Städte miteinander.

37 NATIONALPARKS

und elf Nationalpark-Reservate stehen unter dem Schutz von Parks Canada. Darüber hinaus bieten zahlreiche Schutzgebiete in den Provinzen Wander- und Campingmöglichkeiten. 1885 gegründet, ist der Banff-Nationalpark der älteste in Kanada. Aktuell befinden sich neue Nationalparks in der Warteschlange, denn bis 2030 will Kanada 30 Prozent der Landesfläche unter Schutz stellen.

MEHR ALS 400

rote Stühle stehen an Aussichtspunkten in den Nationalparks. Die sogenannten Adirondack Chairs laden zum Ausruhen und Fotografieren auch an weniger bekannten Orten ein, unter #ShareTheChair werden die Fotos online geteilt.

DAS GRÖSSTE TIPI

der Welt steht in Medicine Hat in Alberta. Es wurde für die Olympischen Winterspiele 1988 in Calgary gebaut. Platziert an archäologisch bedeutsamer Stelle, ist es vom Trans-Canada Highway aus zu sehen.

AUF 2.206 METERN

liegt der höchste Gebirgspass des Landes am Highway 40 in Kananaskis, der Bergregion südlich von Banff in Alberta. Die Asphaltstraße über den Highwood Pass ist vom 1. Dezember bis 14. Juni gesperrt. Im Hochsommer blühen die Bergwiesen.

CASHIER
Dragon fruit
BABY BANANA
LYCHEE NUTS 3.99 LB
Interac
LOCAL STRAWBERRIES 4.99 LB
CAL Blueberry 7.99 LB
LOCAL STRAWBERRIES 4.99 LB
USA pomegranates
Dole
Strawberries · Fraises

Täglich frisch: das Angebot in der Markthalle auf Granville Island in Vancouver

OZEANE, BERGE, WÄLDER

VOM STRAND ZUM GLETSCHER – DIE ULTIMATIVE REISE DURCH EIN FARBENFROHES LAND

Wer sich das zweitgrößte Land der Erde vornimmt, steht vor der Qual der Wahl: Soll es die Ost- oder die Westküste sein? Großstadt oder einsamer Norden? Die Rocky Mountains oder die Prärie? Kein Wunder, dass viele Reisende zu Wiederholungstätern werden …

Wer Jack Londons *Ruf der Wildnis* nach Dawson gefolgt, wer mit Anne auf Green Gables über Prince Edward Island getollt ist oder mit Heath Ledger und Jake Gyllenhaal am Brokeback Mountain campte, kennt sie: die Sehnsucht nach Kanada. Nach den Weiten Nordamerikas, den Steppen aus den Cowboy-Filmen, nach den endlosen Wäldern, in denen Bären und Wölfe leben, nach einsamen Straßen und beeindruckenden Gipfeln und Gletschern. Reisende, die den Flug über den Atlantik auf sich genommen haben, kehren mit Geschichten über Tierbegegnungen, herr-

So wie hier am im Yukon lässt sich in Kanada vielerorts unberührte Natur entdecken.

liche Landschaften und offene, hilfsbereite Menschen zurück. Aber auch voller Verwunderung über die Distanzen: Wer sich jenseits der Ballungsräume bewegt, braucht mitunter Stunden bis zur nächsten Ortschaft und auch eine Tankstelle ist nicht schneller gefunden.

Eine Rundreise durch ganz Kanada kommt aufgrund der langen Strecken kaum infrage. Die meisten Touristen entscheiden sich für einen Teil des Landes: Sie fliegen in den Osten nach Halifax oder Toronto, um die Küstenlandschaften Nova Scotias, die Metropolen, die Großen Seen und Wälder zu erkunden. Oder der Weg führt nach Westen, wo die Rocky Mountains, Vancouver und die gleichnamige Insel locken. Manch einer wählt bewusst die Routen in den hohen Norden, um noch mehr Wildnis und Ruhe, aber auch urige Kleinstädte zu erleben.

Highways zum Träumen

Doch egal, wie das Ziel lautet: Auf Rädern kommt man immer noch am besten in Kanada voran – trotz der Distanzen. Dabei geht es vergleichsweise gemächlich zu: Schneller als 110 Stundenkilometer darf nirgends gefahren werden. Was die Route 66 oder der Highway 20 für die USA sind, ist der Trans-Canada Highway für Kanada. Die gewaltige Fernstraße verbindet Osten und Westen, Atlantik und Pazifik, quert Gebirge und Steppe. Alle zehn Provinzen und die meisten großen Städte erreicht der Trans-Canada Highway, der mit einem weißen Ahornblatt auf grünem Grund gekennzeichnet ist. 1950 hatte der Ausbau der Route begonnen, die erst 1971 fertiggestellt werden konnte. Seither sind im Osten noch einige Verzweigungen entstanden.

Einen Startpunkt, die Mile Zero, gibt es sowohl in St. John's auf Neufundland als auch in Victoria auf Vancouver Island. Zwar wäre es der ultimative Roadtrip, beide Orte zu verbinden, aber dafür bräuchte man mindestens neun Tage – bei acht Stunden täglicher Fahrzeit.

Manche Strecken lohnen auch eine Befahrung im Winter, etwa der fast 5.000 Kilometer lange Abschnitt von Halifax nach Calgary. Die eisigen Landschaften und hübsch verschneiten Städte, die sich in diesem Buch vereinzelt finden, zeugen von den Ganzjahresqualitäten des Trans-Canada Highways, der – anders als viele deutsche Autobahnen – mit grandiosen Aussichten und zahlreichen Sehenswürdigkeiten punkten kann.

Seit 1970 gibt es eine Nordvariante, den Yellowhead Highway, der bei Winnipeg vom Trans-Canada Highway abzweigt und nach Nordosten an die Pazifikküste führt. Er ist für all jene interessant, die von Edmonton im Norden von Alberta in Richtung Rockies starten oder die Fähre von Vancouver Island nach Prince Rupert nehmen, die sogenannte Inside Passage, und dann nach Südosten weiterfahren. Eine bedeutende Route, die noch höher in den Norden führt, ist der Alaska Highway. Er beginnt in Dawson Creek in British Columbia und endet fast 2.200 Kilometer später in Delta Junction in Alaska. Nur zum Vergleich: Das entspricht ziemlich genau der Distanz von Berlin nach Istanbul.

Nach Jahrhunderten der Unterdrückung tragen viele indigene Menschen wieder stolz ihre traditionelle Montur auf Festen.

Aber es gibt auch bedeutend kürzere sehenswerte Strecken, die Vielfalt bieten und in ein paar Tagen gefahren werden können: Der Cabot Trail an der Ostküste, der Pacific Rim Highway auf Vancouver Island und der Icefields Parkway durch die Rockies seien an dieser Stelle kurz erwähnt.

Double-Doubles und Bärenspray

Wer sich in Kanada auf einen Roadtrip begibt, sollte in jedem Fall die Distanz bis zur nächsten Tankstelle kennen und das Wetter, je nach Region, im Blick behalten. Viele Mietwagen haben ohnehin Allwetterreifen aufgezogen, sodass eine Tour zu jeder Jahreszeit möglich ist. Schnell geräumte Straßen darf man aber nicht überall erwarten.

Skifahren in den Rockies, Eislaufen auf dem Lake Louise: Für solche Erlebnisse muss man winterliche Straßenbedingungen in Kauf nehmen. Die beste Reisezeit für einen Roadtrip reicht in der Regel jedoch von Mai bis Oktober, wobei in den Bergen im Frühjahr und Herbst auch Straßen und Wanderwege wegen Schnee und Lawinengefahr gesperrt sein können. So ist der Zugang zum berühmten Moraine Lake nur von Juni bis Oktober (im Shuttle-Bus) möglich, weil die einzige Straße zu dem Bergsee regelmäßig Schneefall und Lawinen ausgesetzt ist.

Zur Grundausstattung bei einer Rundreise – vor allem im Westen und Norden – gehört in Kanada Bärenspray. Die Sprühdosen gibt es unter anderem in Bau- und Automärkten wie Canadian Tire oder auch in Outdoorgeschäften. Korrekt angewendet, soll das Capsaicin-haltige Spray angreifende Bären zur Flucht bewegen. Die meisten Reisenden und selbst die Einheimischen werden nie in die Situation geraten, das Spray einsetzen zu müssen, aber wer im Bärenland unterwegs sein und auch wandern gehen will, sollte es besser dabeihaben, aufmerksam und geräuschvoll sein.

Neben einer guten Playlist (siehe Seite 184) gehören zu einem langen Roadtrip natürlich Snacks und Kaffee. Beliebt bei Einheimischen wie Touristen sind die Zwischenstopps bei Tim Hortons, Kanadas bekanntester Fast-Food-Kette, die von dem Eishockeyspieler Tim Horton 1964 als Kaffee- und Donutladen gegründet wurde. Wenn Sie dort jemanden einen *Double-Double* bestellen hören, bekommt er oder sie den Kaffee mit je zwei Portionen Zucker und Kaffeesahne. Der Geschmack ist, nun ja, Geschmackssache, aber mit *Timbits,* gebackenen Donutkugeln, wird daraus ein süßer Genuss – und los geht die Fahrt. Wer sich von mitunter langen, geraden Streckenabschnitten nicht abschrecken lässt, wird mit grandiosen Szenerien und einmaligen, auch tierischen Begegnungen belohnt.

UNSER NACHHALTIGKEITSKODEX

Die Welt birgt viele Wunder, Abenteuer und spektakuläre Aussichten, die wir gerne erkunden möchten. Doch sie ist auch leicht aus dem Gleichgewicht zu bringen. Hier ein paar Tipps, wie wir unsere Welt nachhaltig entdecken können:

- **Die Hauptsaison meiden:** Wenn wir nicht gerade auf die Ferienzeiten angewiesen sind, können wir der Umwelt einen großen Gefallen tun, indem wir in der Nebensaison verreisen. Damit tragen wir zu einer gleichmäßigeren Auslastung der Umwelt und der Infrastruktur bei, und der Urlaub wird dazu auch noch wesentlich entspannter.

- **Die Aufenthaltsdauer dem Reiseziel anpassen:** Je weiter das Reiseziel ist, desto länger sollte der Aufenthalt sein. Dadurch lernen wir die Region nicht nur intensiver kennen, sondern stärken sie ganz nebenbei noch durch unsere Ausgaben vor Ort. Anfahrtsintensive Tagesausflüge sollten besser vermieden werden, das bedeutet nur Stress, sowohl für die Umwelt als auch für uns selbst.

- **Umweltbewusst fahren:** Reisen mit dem Auto oder Wohnmobil sind grundsätzlich umweltfreundlicher als mit dem Flugzeug, dennoch können wir noch mehr tun und zum Beispiel den Kraftstoffverbrauch minimieren, indem wir vorausschauend fahren, so wenig Last wie möglich mit uns führen und die Umgebung vor Ort mit dem Fahrrad oder zu Fuß erkunden.

- **Nur dort parken und campen, wo es erlaubt ist:** Selbst wenn wir uns noch so vorbildlich verhalten und unseren Aufenthaltsort so hinterlassen, wie wir ihn vorgefunden haben, stören wir den Lebensraum von Wildtieren und hinterlassen unsere Spuren und Gerüche. Auch Lagerfeuer entzünden wir ausschließlich an den dafür vorgesehenen Stellen und achten dabei auf Waldbrandstufen und Naturschutzgebiete.

- **Ressourcen gewissenhaft nutzen:** Manche Umweltressourcen sind bereits knapp, endlich sind auf jeden Fall alle. Um sie zu schonen, sollten wir sparsam mit ihnen umgehen, gerade in Gegenden, in denen zum Beispiel Wasser oder Strom nicht im Überfluss vorhanden sind.

- **Ein guter Gast sein:** Nachhaltig unsere Umgebung zu erkunden, bedeutet auch, der hiesigen Flora und Fauna mit Respekt zu begegnen. Pflanzen sollten auf keinen Fall gepflückt werden, aber sie stehen uns bestimmt gerne Modell für das eine oder andere Foto. Das Gleiche gilt für wilde Tiere: Wir füttern sie nicht, halten Abstand und beobachten sie aus der Ferne.

- **Auf den Wegen bleiben:** Wer die vorgegebenen Wege verlässt, dringt nicht nur in die Rückzugsräume heimischer Arten ein, sondern trägt auch dazu bei, dass sich neue Wege bilden, was zur Erosion des Bodens führt.

- **Abfall wieder mitnehmen:** Plastikverpackungen jeglicher Art, Dosen, Flaschen und Papiertaschentücher (es dauert Jahre, bis sich ein einzelnes Taschentuch vollständig abgebaut hat!) gehören nicht in die Natur, sondern artgerecht entsorgt. Am besten gleich eine wiederverwendbare Brotdose oder Trinkflasche mitnehmen. Dazu zählen natürlich auch Toilettenpapier und der Inhalt von (Chemie-)Toiletten. Entsprechende Entsorgungsstationen finden sich überall.

- **Lokal kaufen:** Dadurch lernen wir Land und Leute besser kennen und unterstützen die regionale Wirtschaft, außerdem sind regionale Produkte meist auch preisgünstiger und qualitativ hochwertiger.

So, wie wir die Umwelt respektieren, wollen wir auch unseren Mitmenschen und deren Kultur Respekt entgegenbringen, gerade im Hinblick auf deren Traditionen, Religion oder typische Gebräuche. Ein Lächeln oder ein paar Worte in der Landessprache können bereits Berge versetzen!

Zwei jährliche Graffiti-Festivals bringen immer mehr Farbe auf Montréals Wände.

Fischerei ist in Nova Scotia allgegenwärtig. Rustikal geht es im geschützten Hafen von Peggy's Cove zu, nicht weit vom berühmten Leuchtturm.

ROUTE 1: IM SÜDEN VON NOVA SCOTIA

KÜSTENTOUR AUF KANADISCH

Die kleine Provinz an der Ostküste ist der perfekte Einstieg ins Land – mit hübschen Orten, angenehmen Straßen, vielen Leuchttürmen, wilder Natur und vergleichsweise kurzen Entfernungen. Von der quirligen, weltoffenen Metropole Halifax bis zum einsamen Strand ist alles dabei.

Dieser Roadtrip wird uns von der Hauptstadt **1 Halifax** aus um den südwestlichen Teil von Nova Scotia führen. Die Halbinsel im Atlantik war von Mi'kmaq bewohnt, als im 17. Jahrhundert erst französische, dann britische und deutsche Einwanderer ins Land kamen. Heute hat die Provinz mehr als eine Million Einwohner, aber auch wildes Hinterland und eine weitgehend ruhige, zerklüftete Ostküste.
Wir verlassen Halifax auf dem Highway 3, der Lighthouse Route, nach Yarmouth. Er verläuft näher am Meer als der geradlinigere Highway 103 mit demselben Ziel. Vorerst fahren wir aber ab und biegen links auf die Straße 333 nach Peggy's Cove ein. Das Fischerdorf ist für seinen mehr als 100 Jahre alten Leuchtturm bekannt – dem am häufigsten fotografierten in Nova Scotia. Wer übernachtet, kann den Spaziergang zu den alten Bootshäusern an der Bucht und auf die neue Aussichtsplattform mit etwas mehr Ruhe genießen.
Wir folgen der 333 weiter, nun mit Blick in die St. Margarets Bay. In Upper Tantallon geht es links zurück auf den Highway 3

INFO

Start: Halifax
Ziel: Grand Pré
Länge: 811 Kilometer
Dauer: 8 Tage
Beste Reisezeit: Juni bis September

(West) – oder auf den Highway 103, um schneller voranzukommen. Dem kehren wir spätestens an der Ausfahrt Mahone Bay für zwei sehenswerte Küstenstädte den Rücken zu.

Bunte Häuser, deutsche Namen

Das idyllische Mahone Bay ist vor allem für seine drei Kirchen bekannt. Obwohl die Siedlung nur knapp über 1.000 Einwohner zählt, folgen an der Uferstraße United Church, St. John's Church und St. James' Church unmittelbar aufeinander. Am Ortseingang gibt es einen Aussichtspunkt. Die bunten Fassaden der Holzhäuser sowie eine Vielzahl kleiner individueller Läden und Bistros lassen sich bei einem Rundgang entdecken. Keine Viertelstunde Fahrt trennen es von Lunenburg, dessen Name von deutschsprachigen Einwanderern kündet, die sich hier 1751 im Auftrag der britischen Regierung ansiedelten. Wegen seiner Altstadt im typisch britischen Kolonialstil wurde Lunenburg 1995 in die UNESCO-Welterbeliste aufgenommen. Sehenswert ist auch der Hafen mit dem Fischereimuseum und der Nachbau des

Auch Merkwürdigkeiten wie die vermeintliche UFO-Absturzstelle bei Shag Harbour gibt es an der Lighthouse Route zu entdecken.

berühmten Segelboots »Bluenose II«, das zu Hafenrundfahrten in See sticht.
Für einen weiteren Exkurs in die deutsche Geschichte nehmen wir einen Umweg in Kauf. Wir starten auf dem Highway 3 weiter nach Bridgewater, wo er auf die 103 trifft. Etwa 20 Minuten später verrät das Schild am Exit 17A, wo es hingeht: East/West Berlin – und das ohne Zeitreise. Vorerst folgen wir der Straße für sieben Kilometer nach Port Medway, wo neben dem kleinen Leuchtturm von 1899 ein Picknickhäuschen zu einer Rast einlädt. Wir fahren die Straße ein Stück zurück, bis links die Eastern Shore Road abzweigt. Auf ihr erreichen wir erst West Berlin, biegen links ab und besuchen dann East Berlin. Die winzigen Siedlungen heißen keineswegs so, um der deutschen Teilung zu gedenken – sie tragen ihre Namen bereits seit dem 19. Jahrhundert. Nun locken sie deutsche Touristen in diese ruhige Ecke. Immerhin hat Nova Scotias Ost-Berlin einen Strand.

Von West Berlin fahren wir über Beach Meadows nach Brooklyn, wo wir wieder auf den Highway 3 treffen. Wir folgen ihm rund eine halbe Stunde bis zum Exit 22, der uns in die wilde Küstenlandschaft des **2 Kejimkujik National Parks** führt. Die St. Catherines River Road endet am Wanderparkplatz.
Zurück auf dem Highway 103, legen wir rund 70 Kilometer bis Exit 29 zurück, wo wir auf den Highway 3 nach Yarmouth wechseln. Unterwegs machen wir eine Pause in Shag Harbour am UFO-Landeplatz. Richtig gelesen: 1967 haben mehrere Bewohner des Fischerdorfs ein UFO ins Meer stürzen sehen. Daran erinnert ein Picknickplatz mit einem skurrilen Alien-Hummer.
Yarmouth war früher ein bedeutender Hafen für Segelboote. Heute legen hier Fischerboote und die Schnellfähre aus Maine an. Zeitzeugen des Golden Age of Sail sind die Kapitänshäuser in der Collins Street, nur einen Spaziergang von den Cafés in der Main Street entfernt. Auf der anderen Seite der Bucht steht das schlanke rot-weiße **3 Cape Forchu Lighthouse**, der höchste Leuchtturm Nova Scotias.

Wale und Siedler

Wir verlassen Yarmouth auf dem Highway 1 nach Norden, dem Evangeline Trail. Die Westküste der Provinz wurde von französischen Siedlern, den Akadiern, geprägt. In Saint Bernard halten wir nach rund einer Stunde Fahrt an der gleichnamigen katholischen Kirche mit ihrer Granitfassade, die an europäische Kathedralen erinnert. Kurz darauf fahren wir auf die 101 Richtung Digby, biegen aber vorher nach Long Island ab. Das bringt uns auf die Digby Neck genannte Halbinsel und mit einer Fähre weiter nach Long Island an der Bay of Fundy zur **4 Wal-Beobachtung**.
Zurück auf dem Highway 101, halten wir uns Richtung Osten und nehmen am Exit 23 den Highway 1 nach Annapolis Royal. Dort besichtigen wir Fort Anne. Im Offiziersgebäude erzählt eine Ausstellung die Geschichte dieses einst umkämpften Orts. Gleich in der Nähe liegen die Historic Gardens, eine liebevoll gestaltete Parkanlage, wo man sich die Beine vertreten und selbstgemachte Eis-Sandwiches essen kann. Wir folgen dem Highway 1 nach Norden am Annapolis River entlang, bis die Straße bei Bridgetown auf die 101 Richtung Halifax abzweigt. Als letzter Stopp nach fast einer Stunde Fahrt bietet sich die UNESCO-Welterbestätte Grand Pré an. Dazu biegen wir nach Grand Pré ab und lassen uns vom Bibersymbol zur Historic Site leiten. Das Museum und ein Aussichtspunkt in der Nähe rücken die Kulturlandschaft in den Fokus, die die Akadier mittels Dammbau dem Marschland abgerungen haben.

RESTAURANTS / ÜBERNACHTUNGEN

EINKEHREN

EVAN'S SEAFOOD/DARTMOUTH
Das Fisch- und Meeresfrüchterestaurant in der Nähe des Fähranlegers wird von einem ehemaligen Fischer betrieben. Terrasse mit Blick auf Hafen und Skyline von Halifax. Auf der Karte stehen Nova-Scotia-Klassiker, aber auch kreative Fischgerichte wie Forellenburger und *Jambalaya*, evansfreshseafoods.com.

LIGHTSHIP BREWERY/LUNENBURG
Brauerei mit Café und Imbiss, schöner Aussicht auf Lunenburg von der Terrasse und einer Auswahl an Craft-Bieren und Cider. Dazu gibt es Pizza aus dem Holzofen oder Snacks, etwa *Poutine* und *Lobster Mac N'Cheese*, lightshipbrewery.ca.

THE SHANTY CAFÉ/YARMOUTH
Zwischen Hafen und Main Street, in einem auffälligen Steinhaus, empfiehlt sich das Café zum Frühstücken oder Mittagessen. Die Karte enthält kreative kanadische Klassiker und überrascht mit kubanischen Gerichten, instagram.com/shantycafe.

LONGFELLOW RESTAURANT/ GRAND PRÉ
Erinnert an ein Diner mit Retro-Charme, serviert moderne regionale Küche aus frischen und guten Zutaten aus dem Annapolis Valley. Vom Frühstück bis zum Abendessen geöffnet, es gibt auch Kuchen. Auf dem Gelände der Evangeline-Pension, theevangeline.ca.

ÜBERNACHTEN

LIGHTHOUSE LANE COTTAGES/ INDIAN HARBOUR
Sechs liebevoll eingerichtete Bungalows an der Küste, alle mit Bad, kleiner Küche und Terrasse sowie Zimmer samt Bad im Haupthaus mit Meerblick. Nur eine kurze Fahrt von Peggy's Cove entfernt, lighthouselanecottages.ca.

THE QUARTERDECK RESORT/ SUMMERVILLE CENTRE
Großes Resort in der Nähe des Summerville Beaches mit verschiedenen Unterkünften, von Apartments über Lofts bis zum Ferienhaus, einige direkt am Strand gelegen. Auf dem weitläufigen Gelände gibt es Spa-Angebote, Indoor- und Outdoorpool, Restaurant und Surfshop. 20 Kilometer vom Kejimkujik-Nationalpark Seaside, quarterdeck.ca.

DOCK AND DOZE MOTEL/ BRIER ISLAND
Mini-Pension mit Ferienwohnung für drei bis fünf Personen und zwei Apartments, jeweils mit zwei Betten, kleinem Kühlschrank und Mikrowelle ausgestattet. Alle Zimmer mit TV, Wi-Fi und Privatbädern. Direkt an der Fähre mit tollem Blick auf Long Island und die Bucht, dockanddoze@gmail.com.

THE INN AT GRAND PRÉ WINERY/ GRAND PRÉ
Frisch renoviertes, historisches Gasthaus auf dem Grundstück des ältesten Weinguts von Nova Scotia. Sechs verschiedene, komfortabel und schick eingerichtete Zimmer, alle mit Smart TV, Mini-Kühlschrank und privatem Bad. Das schmackhafte Frühstück ist inklusive, grandprewines.com.

Die Kirche von Saint Bernard lässt die französische Herkunft der Siedler erkennen.

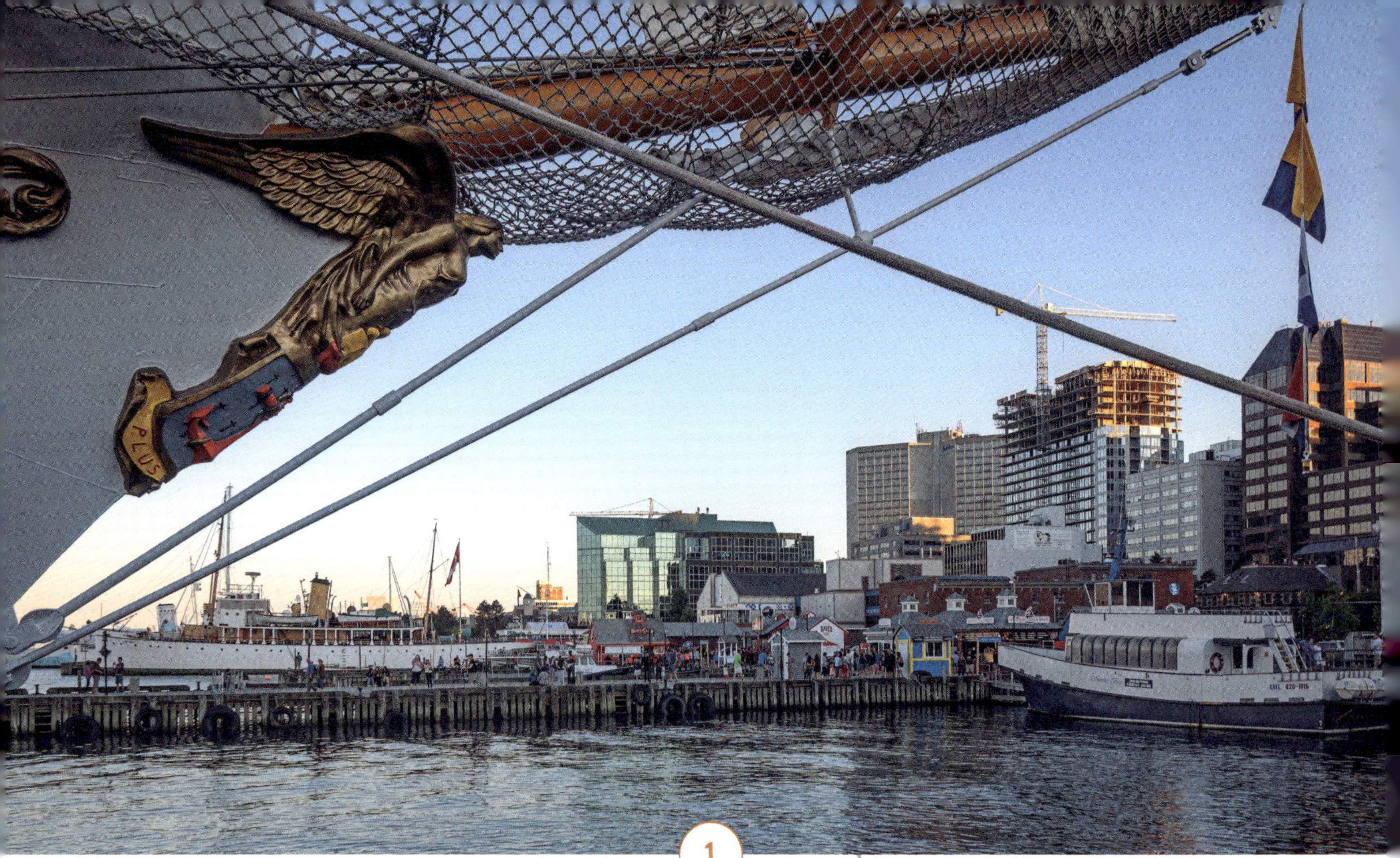

1

HALIFAX

QUIRLIGE SEESTADT

Obwohl kaum eine halbe Million Einwohner hier leben, fehlt es Nova Scotias Hauptstadt an nichts: Kultur, Kunst, vielfältige Restaurants – und zugleich sorgen die aufgeschlossenen *Haligonians* für Großstadtatmosphäre. Hinzu kommen wahre Traumstrände in Stadtnähe und eine eher ungewöhnliche Geschichte.

Schon beim Landeanflug auf Halifax besteht kein Zweifel: Die dichten Nadelwälder heißen einen in Kanada willkommen. Nova Scotia, etwa so groß wie Kroatien, hat nur knapp über eine Million Einwohner. Fast die Hälfte davon leben in Halifax, entsprechend dünn besiedelt ist der Rest der Provinz. Und das macht Halifax zu einem guten Ort zum Ankommen – übersichtlich, mit vielen Sehenswürdigkeiten und netten Bewohnern, den *Haligonians.*

Das Klima in Nova Scotia ist gemäßigt, aber mit einer Besonderheit: dem Küstennebel, der Halifax ein Drittel des Jahres im Griff hat. Das hat seiner Bedeutung als Hafenstadt keinen Abbruch getan: Halifax hat den ältesten Militärhafen im ehemals britischen Teil Nordamerikas. Seine Marinewerft wurde 1758 errichtet – unter der Aufsicht von keinem Geringeren als James Cook. Heute ist der Hafen ein bedeutender Umschlagplatz und ein guter Ausgangspunkt für einen Stadtrundgang.

Tragische Geschichte

Kilometerlang, vom Casino bis zum Discovery Center, führt eine hölzerne Promenade am Ufer entlang – mit Sitzgelegenheiten, Spielplätzen, Skulpturen und jeder Menge Shops und Essensangeboten, vom Imbiss bis zum feinen Restaurant. Dieser Teil des Hafens ist ein Lieblingsort von Touristen und Einheimischen geworden. Zahlreiche Veranstaltungen wie das Busker Festival und das Jazz Festival finden an der Waterfront statt. Hier startet auch die Fähre nach Dartmouth, die als öffentliches Verkehrsmittel einen günstigen Blick auf die Skyline von Halifax gewährt.

Dass sich in Halifax eine der schlimmsten Katastrophen Kanadas mit fast 2.000 Toten ereignet hat, sieht man der Stadt längst nicht mehr an. 1917 stießen an einer Engstelle nördlich des Hafens zwei Schiffe zusammen. Eines hatte explosive Fracht an Bord, die es wie eine Bombe detonieren ließ. Welche furchtbaren Auswirkungen die *Halifax Explosion* hatte, erfährt man im Maritime Museum of the Atlantic an der Uferpromenade. Das älteste und größte Seefahrtsmuseum Kanadas befasst sich zudem mit der Geschichte der Segel- und Dampfschifffahrt, der Navy und einem weiteren katastrophalen Event, das mit Halifax verbunden ist: dem Untergang der »Titanic«. Schiffe aus Halifax sammelten damals die Opfer ein, ihre Gräber befinden sich auf dem Fairview Lawn Friedhof.

Vom Hafen auf den Hügel

Wo die Uferpromenade im Süden endet, lohnt es sich, noch ein Stück weiterzugehen. Denn am Pier 21 liegt ein weiteres Museum: das Canadian Museum of Immigration. Rund eine Million Menschen sind im 20. Jahrhundert über diese Anlegestelle nach Kanada gekommen. Wie die Ankunft ablief, aber auch die Jahrhunderte zuvor sowie die aktuelle Einwanderung werden dort multimedial aufgearbeitet.

Für einen Blick über die Stadt empfiehlt sich ein Spaziergang zur Zitadelle. Dazu läuft man etwa auf der Höhe des Maritime Museums die Sackville, die Prince oder die George Street hoch, die vom Hafen geradewegs zum grünen Hügel mitten in der Stadt führen. Entlang an einer ziemlich wilden Mischung aus historischen Backsteingebäuden und modernen Glasfassaden geht es steil bergauf. Vorbei am Uhrenturm steigt man die letzten Meter zu der historischen Verteidigungsanlage hoch. Nicht erschrecken, wenn es dort knallt: Täglich um 12 Uhr wird die *Noon Gun* abgefeuert – seit 1856. Auch Wachablösungen, Truppeninspektionen und Vorführungen der Dudelsackbläser gehören zum Sommerprogramm des Militärmuseums.

TIPP

SONNENBADEN UND SURFEN

Für tolle Sandstrände muss man nicht weit fahren: In der Nähe von Dartmouth liegt der MacCormacks Beach mit flachem Wasser zum Rauswaten, ein Stück östlich der Rainbow Haven Beach und der bei Surfern beliebte steinige Lawrence Town Beach. Drei Buchten und ein Wanderweg warten südlich von Halifax im schönen Crystal Crescent Beach Provincial Park. Übersicht: discoverhalifaxns.com (Stichwort: *best beaches)*.

DONAIR ESSEN

Das typische Fast Food von Halifax erinnert nicht nur sprachlich an Döner: Es handelt sich ebenfalls um eine mit Fleisch gefüllte Pita-Tasche. Aber dazu kommen ausschließlich Tomaten und Zwiebeln sowie eine süße Knoblauchsoße. Entstanden ist das Gericht in den 1970-Jahren. Zubereitet wird es unter anderem bei Tony's Famous Donair in der Robie Street, bei King of Donair an der Quinpool Road (auch eine gute Adresse für Street-Art) und bei Pizza Corner, Blowers Street zwischen Zitadelle und Hafen.

FIRST NATION KENNENLERNEN

Vor den europäischen Einwandern lebten bereits die Mi'kmaq in Nova Scotia, das deshalb auch Mi'kma'ki heißt. Die Ausstellungen im Maritime Museum und in der Zitadelle geben Einblicke in das Wissen und die Geschichte der Ureinwohner.

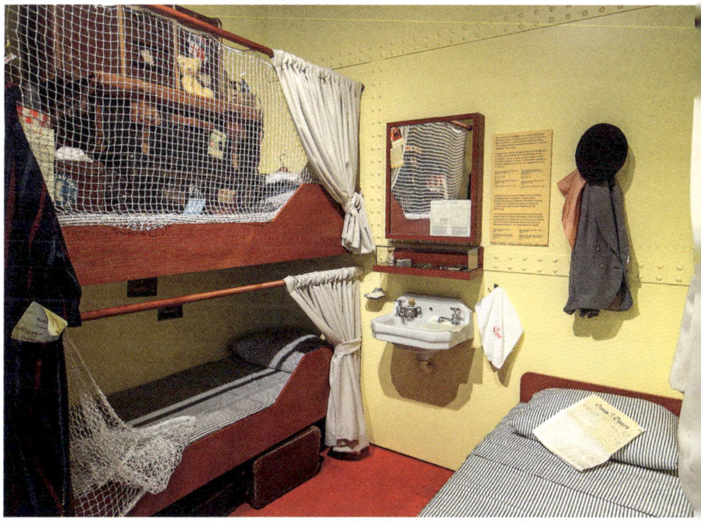

↑ Kein Luxus: Eine Schiffskabine für die damalige Überfahrt nach Kanada gibt es im Museum am Pier 21 zu sehen.
↖ Auf den Holzstegen spazierengehen, Schiffe beobachten, Live-Musik lauschen oder in eines der Restaurants einkehren: Am Hafen von Halifax ist immer etwas los.

DIE EINSAME SEITE

Wer den Nationalpark an der Küste besuchen will, muss das Fahrzeug stehen lassen. Denn diese Landschaft lässt sich nur zu Fuß erkunden. Es gibt noch einen zweiten Park-Teil im Landesinneren, der außerdem zum Paddeln und Campen einlädt. Bei geführten Touren kann man dort Felszeichnungen bestaunen.

Vereinzelt sprenkeln Fichten die Landschaft. Das dichte Buschland gibt nach und nach den Blick frei auf die einsame Küste. Herrlicher Sand und große Felsen empfangen die Wanderer im Kejimkujik-Nationalpark. Mit etwas Glück entdeckt man Robben, die sich im Sand ausruhen, oder den seltenen Flötenregenpfeifer am Strand. Der kleine Vogel ist durch den schwarzen Ring am Hals erkennbar und gehört zu den bedrohten Tierarten Kanadas. An der Ostküste findet er Schutz: Nur ein Teil des Nationalparks ist zugänglich, der Rest bleibt als Wildnis sich selbst überlassen. Zur Brutsaison wird der Strand für die Besucherinnen und Besucher gesperrt.

2

Zu Fuß durch Moor und Wald

Auch mit wenig Zeitpolster lohnt sich ein Stopp am Kejimkujik Seaside, dem Küstenteil des Nationalparks. Denn vom Parkplatz zum Strand ist es nicht viel mehr als ein Spaziergang. Je nach Ziel stehen zwei Wanderwege zur Verfügung: der einfache *Harbour Rocks Trail,* der geradewegs an die Küste und damit zu den Harbour Rocks genannten Findlingen führt, bevor er links abbiegt zum langen weißen St. Catherines River Beach. Auf derselben Route geht es zurück, 5,6 Kilometer kommen dabei zusammen. Für den als schwierig eingestuften *Port Joli Head Trail* biegt man rechts ab und folgt dem 4,4 Kilometer langen Rundweg durch eine sumpfige Küstenlandschaft um die Landzunge herum.
Die Seaside macht dabei nur einen kleinen Teil des Kejimkujik-Nationalparks aus – der weitaus größere liegt rund 100 Kilometer entfernt im Landesinneren. Dort gibt es eine reichliche Auswahl an Wander- und Fahrradwegen. Die Szenerie ist auch eine ganz andere: Statt zwischen einzelnen Bäumchen steht man dort im Mischwald. Über 300 Jahre alte Hemlocktannen sowie alte Laubbäume haben die Ära des Holzeinschlags überlebt, bevor das Gebiet 1974 unter Schutz gestellt wurde. Einen Einblick vermittelt der fünf Kilometer lange Lehrpfad *Hemlocks and Hardwood.* Weitere Tipps hält das Besucherzentrum am Eingang des Parks bereit, hinter dem auch der kurze Weg zu den Mill Falls startet – einer Reihe hübscher Wasserkaskaden.

Kanufahrt zu den Feen

Die Straße in den Park führt am Mersey River entlang, wo unterwegs schöne Picknickbänke warten, bis zum Herzstück von Kejimkujik, dem gleichnamigen großen See. An Jake's Landing kann man – mit Reservierung bei Whynot Adventure – Boote und Paddle Boards ausleihen, um den Fluss oder den See mit seinen zahlreichen Inseln zu erkunden. Ursprünglich hieß er Fairy Lake, also Feensee. Über Jahrtausende diente er den Mi'kmaq als saisonaler Lebensort, aber auch als Rastplatz auf ihren Wanderungen. In ihrer Sprache bedeutet *Kejimkuji'jk* »kleine Feen«. Im Gedenken an diese kulturelle Bedeutung wurde der Park 1995 als Nationale Geschichtsstätte ausgezeichnet. Wie ein traditionelles Camp aussah, wie man ein Kanu aus Birkenrinde baut und welche Geschichten die Mi'kmaq mit diesem Ort verknüpfen, kann man nun im Park lernen. Dazu bietet der Nationalpark im Sommer Touren zu Wasser und Land sowie verschiedene Veranstaltungen an. Nur im Rahmen einer Führung ist es möglich, sich die Petroglyphen anzusehen – eine der größten Sammlungen von Felsbildern in Nordamerika.

↑ Strandläufer und andere Küstenvögel machen den Parkteil am Ozean zu einem Paradies für Vogelbeobachter.
← Die Küsten in und um Kejimkujik sind wild und einsam, Ortschaften gibt es in dieser Region kaum. Ruinen an Land zeugen von aufgegebenen Farmen.

TIPP

PICKNICK IM PARK

Einige Cafés und Imbisse in Halifax, Annapolis Royal und in kleineren Ortschaften im Umkreis der beiden Parkteile machen von Juli bis Oktober bei der Aktion Perfect Picnic mit. Das heißt: Sie bereiten auf Vorbestellung Sandwiches oder Wraps zu und richten Snacks und Getränke her, die man zu den idyllischen Picknickplätzen oder roten Stühlen mitnehmen kann. Menüs und weitere Details stehen unter: parks.canada.ca (Stichwort: *piquenique-picnic).*

STERNE GUCKEN

Kejimkujik ist auch ein geschützter Sternenpark, was angesichts seiner Abgelegenheit nicht weiter überrascht. Zur Sternenbeobachtung kann man sich von Juni bis Oktober ein Set mit Fernglas, Sternenkarte und mehr ausleihen oder auf dem Jeremy's Bay Campingplatz Geschichten über Sternbilder lauschen. Sogar eine geführte Nacht-Kanutour wird angeboten. Infos unter: parks.canada.ca (Stichwort: *sky preserve).*

SCHLAFEN IM NATIONALPARK

Im schmalen Küstenabschnitt mit seinen 22 Quadratkilometern Fläche gibt es keine Übernachtungsmöglichkeit, aber im mehr als 380 Quadratkilometer umfassenden Inlandteil des Kejimkujik-Nationalparks schon. Auch für Nicht-Camper stehen dort Zelte und Hütten zur Verfügung, eigene Schlafsäcke müssen allerdings mitgebracht werden. Unterkünfte: parks.canada.ca (Stichwort: *accom Kejimkujik).*

WILDLIFE AM STRASSENRAND

Große und kleine Tiere in freier Natur zu sehen, ist für viele Kanada-Reisende ein wichtiger Teil ihres Urlaubstraums. Abseits der Städte kann dieser Wunsch schnell Wirklichkeit werden und wer sich an die Sicherheitsregeln hält, muss sich auch nicht vor unerwünschten Begegnungen mit Grizzlys fürchten.

Den ersten Bär vergisst man nie. Unserer war ein Schwarzbär. In den Büschen am Straßenrand bei Banff suchte er nach etwas Essbarem. Dabei ließ er sich von unserem Auto nicht stören. Es war die erste von zahlreichen Bärenbegegnungen – jede war anders, jede besonders, keine gefährlich.

Bären gehören zu den Big Five Kanadas, neben ihnen Wale, Elche, Karibu und Bisons. Je nach Region ist es einfach, die Tiere zu sehen, und der Zufall tut sein Übriges dazu. Der erste Elch, den wir beobachtet haben, rupfte gemütlich Gras neben dem populären *Skyline Trail* auf Cape Breton. Gute Chancen auf Elchsichtungen gibt es zudem auf Neufundland, in Québec im Gaspésie-Nationalpark, in Ontario im Algonquin Provincial Park, in Alberta im Jasper-Nationalpark am Maligne Lake und in British Columbia im Norden und im Inland, zum Beispiel am Moose Lake.

Zu Land und Wasser

Viel häufiger wird man im Westen eine andere Hirschart zu sehen bekommen: die Wapiti, die auf Englisch missverständlich *Elk* heißen. Sie grasen auch gern mal mitten im Ort. Dabei ist es wichtig zu wissen, dass die Weibchen, wenn sie Junge haben, und die Männchen zur Brunftzeit aggressiv werden können. Nicht so leicht zu finden sind Karibu-Herden. Ihre Wanderrouten im Norden lassen sich schwer vorhersagen. Wer am Alaska, Campbell oder Dempster Highway unterwegs ist, kann die Augen nach den Tieren offen

↙ Die Bisonherde im Waterton-Nationalpark lässt sich bei einer Fahrt durchs Gehege beobachten.
← Unerwartet ist für viele Besucher der Anblick der Kolibris, die nur im Sommer in Kanada leben.
↓ Putzige Streifenhörnchen und andere kleine Nager trifft man häufig auf Picknickplätzen, beim Campen und Wandern an.

halten, die etwas kleiner als skandinavische Rentiere sind. Der einfachste Weg, die mächtigen Bisons aus der Nähe zu sehen, ist ein Besuch der Bisongehege am Waterton-Nationalpark in Alberta oder im Riding-Mountain-Nationalpark in Manitoba. Einst sollen um die 30 Millionen Bisons durch Nordamerika gezogen sein, doch Überjagung führte im 19. Jahrhundert beinahe zu ihrem Aussterben. Seit 2017 gibt es wieder eine Herde im Banff-Nationalpark, allerdings in abgelegenen Tälern. Im Freien trifft man sie im Elk-Island-Nationalpark in Alberta und im Grasslands-Nationalpark in Saskatchewan an.
Um Wale zu sichten, sind Neufundland und Labrador sowie die *Maritimes* im Osten und Vancouver Island gute Ausgangspunkte. Bei organisierten Touren, aber mitunter auch vom Ufer aus lassen sich die Meeressäuger beobachten. Im Westen sind das vor allem Schwertwale, an der Atlantikküste Buckel-, Pilot- und Zwergwale.

Sicher im Bärenland

Schwarzbären sind nahezu überall heimisch. Churchill in Manitoba ist die Basisstation für Eisbärentouren und Grizzlys leben vor allem in den Rocky Mountains, im Yukon-Territorium und im nördlichen British Columbia. Während der Lachszeit kommen sie an die Flüsse, doch ebenso im Wald und an der Straße lassen sie sich blicken – anders als die scheuen Wölfe und Pumas.
Um bei Tierbeobachtungen kein Risiko für Mensch und Tier einzugehen, haben die Nationalparks Sicherheitsregeln aufgestellt: So gilt es, drei Buslängen (etwa 30 Meter) Abstand von Elchen, Wapitis und Dickhornschafen zu halten, bei Raubtieren sind es 100 Meter. An der Straße sollte man im Auto bleiben und langsam vorbeifahren. Beim Wandern hilft es, in Gruppen unterwegs zu sein, auf frische Spuren zu achten und sich bemerkbar zu machen, etwa laut zu sprechen, zu singen oder zu klatschen. Bärenspray nicht vergessen! Weitere Tipps gibt es in den Nationalparkzentren.
Nicht nur die großen Tiere können zum Star einer Kanadareise werden. Es gibt auch putzige Erdhörnchen auf den Wiesen zu entdecken oder die seltenen Pikas in den Geröllhängen. So süß sie auch sind: bitte nicht füttern! Oder wie Parks Canada sagt: »Keep the wild in wildlife!«
Hinweise für sichere Tierbeobachtung: parks.canada.ca (Stichwort: *Conseils-Tips, wildlife tips).*

Nach der Winterruhe sucht im Banff-Nationalpark ein Schwarzbär im Tal nach Nahrung.

3

Seit 1840 wohnten Leuchtturmwärter an dem einsamen Kap.

CAPE FORCHU

KEIN GEWÖHNLICHER TURM

Sieht aus wie ein Apfelkerngehäuse – so wird der Leuchtturm am Cape Forchu oft beschrieben. Er steht auf einer idyllischen Landzunge gegenüber von Yarmouth. Dort wurde auch 2018 der Oscar-nominierte Film *The Lighthouse* gedreht.

In Yarmouth endet die Lighthouse Route, der Highway 3, von Nova Scotia. Zum krönenden Abschluss ist dort ein Leuchtturm zu sehen, der durch seine Form hervorsticht. Das Cape Forchu Lighthouse hat einen schmalen Hals und wird unter dem Licht wieder breiter – wie ein abgenagter Apfel. 1840 bekam Cape Forchu zunächst einen Leuchtturm mit breiter Basis wie etwa Port Medway, der sich nach oben verjüngt. Er wurde in den folgenden 100 Jahren fünfmal vom Blitz getroffen, doch das war nicht der Grund, ihn 1962 zu ersetzen. Offenbar erhoffte man sich, dass Beton und windschnittige Form den neuen Leuchtturm widerstandsfähiger machen würden. Bis 1993 lebten noch Leuchtturmwärter auf der Landzunge, bevor man auf Automatisierung umstellte. Im ehemaligen Wohnhaus befindet sich heute ein Museum. Längst dient der Turm touristischen Zwecken. Erst seit 2021 ist es möglich, die 77 Gitterstufen in den Laternenraum zu steigen und die Aussicht von oben zu genießen – als geführte Tour mit vielen Infos, für die man sich anmelden sollte, oder als schneller, dafür spontaner Aufstieg. Als Robert Eggers 2018 *The Lighthouse* mit Robert Pattinson und Willem Dafoe in den Hauptrollen auf Cape Forchu drehte, ließ er für die Außenaufnahmen allerdings einen anderen Leuchtturm an die Küste bauen.

TIPP

UM DIE LANDZUNGE

Am Parkplatz unterhalb des Leuchtturms beginnt der kurze, sehenswerte *Leif Erikson Trail*. Der Rundweg führt zur Südspitze des Kaps, vorbei an Felsen, Buchten und sogar einem Walskelett. Auf Schildern erfährt man viel über die Geologie und Geschichte des Ortes, Bänke laden zum Picknicken ein, capeforchu.com.

4

Ein großer Meeres-säuger schwimmt am Boot vorbei.

DIGBY NECK & LONG ISLAND

STEILKÜSTE UND GEZEITEN

Die Westküste von Nova Scotia grenzt an die Fundy-Bucht, die zur Walbeobachtung wie geschaffen ist. Gute Ausgangspunkte für Waltouren, aber auch für Wanderungen bieten eine Halbinsel und zwei vorgelagerte Inseln.

Die Halbinsel bei Digby und die nur eine kurze Fährfahrt entfernten Inseln Long Island und Brier Island sind einen Abstecher vom Highway wert. Sie liegen zwischen Nova Scotia und New Brunswick in der Bay of Fundy. Diese Bucht ist für ihre extremen Gezeiten berühmt: Bis zu zwölf Meter beträgt der gigantische Tidenhub. Und es sorgt nicht nur für interessante Fotos bei Ebbe, wenn Boote in den kleinen Häfen auf dem Trockenen liegen, sondern auch dafür, dass Wale enorm viel Futter finden. Sie kommen in die geschützte Bucht, um ihren Nachwuchs aufzuziehen oder um zu spielen. Zwölf Arten tummeln sich im Sommer in der Bay of Fundy, darunter Finnwale, Zwergwale, Buckelwale und die gefährdeten Nordkaper. Ausflugsboote sind in der Regel von Juni bis Oktober unterwegs, der August gilt als bester Monat zur Walbeobachtung. Die Touren starten etwa in Westport auf Brier Island, in Freeport und Tiverton auf Long Island und in East Ferry auf dem Digby Neck.

Die Halbinsel und die beiden Inseln sind vulkanischen Ursprungs, was man den Basaltfelsen am Mount Shuble und den Küsten ansieht. Fischerdörfer, Wald und Buschland bestimmen die Szenerie und wer noch nicht genug von Leuchttürmen hat, findet hübsche Exemplare am Boars Head sowie auf Peter und Brier Island.

TIPP

ZU FUSS AN DIE FELSKÜSTE
Am Anfang der Halbinsel biegt eine Straße nach Gulliver's Cove ab. An ihrem Ende geht es 800 Meter zu Fuß weiter zu einem Aussichtspunkt an einem 80 Meter hohen Kliff. Auf Long Island, vier Kilometer nach der Fähre, kann man vom Parkplatz an der Straße aus zum Balancing Rock wandern.

Ozean vor der Nase, roter Sand und dahinter die Highlands – der Norden von Cape Breton

ROUTE 2: IM NORDEN VON CAPE BRETON

UNTERWEGS AUF DEM CABOT TRAIL

Theoretisch könnte man diesen Rundweg in sechs Stunden bewältigen. Aber warum sollte man das tun, wenn unterwegs charmante Orte, Wasserfälle, Strände, Bergwanderungen und unzählige Aussichtspunkte warten? Ungewöhnliche Unterkünfte und frisches Seafood runden die Tour durch den Norden der Insel ab.

Der Cabot Trail im äußersten Norden Nova Scotias wurde von der Zeitung *USA Today* unter die zehn schönsten Küstenstraßen Nordamerikas gewählt. Ob mit zwei oder vier Rädern – diese Runde ist für alle, die landschaftliche Abwechslung suchen, bestens geeignet. Die einfachste Anfahrt zum Cabot Trail führt von Halifax über den Highway 102 nach Truro und weiter auf dem Trans-Canada Highway, dem 104 East, nach Cape Breton.

INFO

Start: Baddeck
Ziel: Baddeck oder Margaree Forks
Länge: 298 Kilometer (+ 60 Kilometer Abstecher)
Dauer: 3–4 Tage
Beste Reisezeit: Mai bis Oktober

Die Insel erreichen wir über den Canso Causeway, einen Damm. Kurz nach der Besucherinfo nehmen wir die 105 in Richtung Baddeck. Am Exit 7 kündigt ein Schild den Cabot Trail an. Dort, an der Kreuzung mit der roten Scheune, ist eine Entscheidung fällig: Will man dem Uhrzeigersinn folgen und links abbiegen oder geradeaus fahren? Mit großen Wohnmobilen soll die Route im Uhrzeigersinn einfacher sein, weil die Steigungen sanfter sind.

Andere schwören auf die Fahrtrichtung gegen den Uhrzeigersinn, der auch unsere Beschreibung folgt, weil man dann den direkten Blick von der äußeren Fahrspur zur Küste hat.

Meerblick und Mittelgebirge

Wir biegen nach **1 Baddeck** am Bras d'Or Lake ab, um die Vorräte aufzufüllen. Danach kehren wir auf die 105 zurück. Die Straße zweigt links nach St. Ann's ab, gerade wenn sich das erste Mal das Meer und im Hintergrund die Highlands zeigen. Wer sich für die Geschichte der schottischen Einwanderer interessiert, die Cape Breton bis heute prägen, sollte kurz darauf auf dem Hügel am Gaelic College halten. Eigentlich eine Bildungseinrichtung, gibt es darin auch ein kleines Museum, in dem um die Mittagszeit Vorführungen zu Kleidung, Sprache, Musik und Weberei stattfinden.
Die Straße führt nun durch hügeliges Gelände, hin und wieder mit Ausblick in die schmale St. Ann's Bay und die Mündung des North Rivers. Nun bekommt man einen ersten Eindruck, was den Cabot Trail so beliebt macht: die attrakti-

Auf der einen Seite des Black Brook Beach fließt ein Wasserfall über rötliches Gestein hinab, auf der anderen Seite liegt ein Picknick- und Spielplatz.

ve Mischung aus Meerblick und Mittelgebirge. Bunte Werbeschilder für Kunsthandwerksgeschäfte verdeutlichen, dass die Route ebenfalls Teil des **2 Artisan Trails** ist. Die erste Möglichkeit seit Baddeck zum Tanken bietet der urige Wreck Cove General Store – gut bestückt auch mit Snacks, Getränken und Souvenirs.

Der nächste Ort ist nicht mehr weit, doch vorher gilt es, den ersten Berg zu erklimmen: Smokey Mountain ist zwar nur 370 Meter hoch, aber steil. Die Aussicht ist spektakulär. Auf der anderen Seite des Bergs liegt das Skigebiet Cape Smokey, wo man im Winter mit Meerblick Ski fahren und auch im Sommer eine Gondelfahrt auf 320 Meter Höhe unternehmen kann.

Wasserfall am Strand

Danach erreichen wir Ingonish mit mehreren Ortsteilen, die sich entlang einer einzigartigen Küste erstrecken – am Hafenbecken, an einem See, der durch einen schmalen Streifen vom Meer getrennt ist, an einer Halbinsel mit Kliffs und einer sandigen Bucht. Dank der zahlreichen Unterkünfte empfiehlt sich Ingonish als Ausgangspunkt, auch zur Walbeobachtung und zum Golfspielen. Außerdem gilt es als das Tor zum **3 Cape Breton Highlands National Park**.

Der Cabot Trail führt nun nah an der steinigen Küste entlang. Nach einer Brücke über einen dunklen Fluss halten wir am Black Brook für einen Wasserfall am Strand. Nur fünf Kilometer weiter lohnt sich der kleine Umweg über Neil Harbour nach **4 White Point**. Die Küstenstraße leitet zurück zum Cabot Trail, wo sich wenig später in Cape North die Gelegenheit zum Tanken, Einkaufen und für einen Restaurantbesuch bietet. Das kleine North Highlands Community Museum veranschaulicht die Geschichte der europäischen Siedler im Norden Cape Bretons. Von Cape North biegen wir nach Meat Cove an der **5 Nordküste** ab – ein insgesamt rund 60 Kilometer langer Abstecher.

Der Cabot Trail quert nach Cape North das Inselinnere. Am Aussichtspunkt Beulach Ban Falls verbirgt sich ein Wasserfall im Wald, während sich an der Aspy Fault ein Blick in den Verwerfungsgraben bietet, bevor die Strecke mit 13 Prozent ansteigt. Auf der anderen Seite des North Mountain fahren wir hinab, bis wir in Pleasant Bay die Westküste erreichen – ideal für Sonnenuntergänge im Meer.

Dramatische Küste

Direkt danach geht es kurvenreich und vorbei an lohnenswerten Aussichtsbuchten zurück in die Berge. Von Pleasant Bay sind es rund 20 Kilometer bis zum bekanntesten Wanderweg der Insel: dem *Skyline Trail,* der zu einer Aussichtsplattform hoch über dem Meer führt. Im Sommer kann es von 11 bis 16 Uhr so voll werden, dass der Zugang gesperrt wird – dann sollte man Plan B in der Tasche haben.

Die Straße führt von dort an die dramatische Küste, die vom *Skyline Trail* bereits zu sehen war. An der schmalsten Stelle trennen sie nur wenige Meter vom wilden Strand auf der einen und Felsen auf der anderen Seite. Wir erreichen eine Reihe von Fischerdörfern, die einst französische Siedler gründeten. Chéticamp, geschützt von einer vorgelagerten Insel, nutzten schon die Mi'kmaq als wichtigen Treffpunkt. Heute ist es ein farbenfrohes, akadisches Dorf mit Boutiquen, Galerien, Möglichkeiten zum Einkehren und Einkaufen. Die Highlands rücken in den Hintergrund, während wir der Küste nach Margaree Harbour folgen. Ein Schlenker nach rechts hinter der Brücke führt zum Sandstrand – der Cabot Trail verläuft indes vom Flusstal bis North East Margaree. Vorbei an den drei Seen des Lake 'O Law Provincial Parks, dem einzigen Provinzialpark von Inverness County, geht es durch Felder und Wälder zurück zum Trans-Canada Highway bei Baddeck.

RESTAURANTS / ÜBERNACHTUNGEN

EINKEHREN

ROSE'S SMASH BURGERS/ BADDECK

Comfort Food aus regionalen Zutaten. Serviert aus einem Foodtruck, der im Gelände der Big Spruce Brewery steht. Dort kann man sich die passenden Biere dazu in Probiergröße oder gleich im *Growler* holen. Links vom Trans-Canada Highway ab, noch vor dem Cabot Trail, bigspruce.ca.

SEAGULL RESTAURANT/ INGONISH BEACH

Familiengeführter Fisch-Imbiss direkt am Meer mit 50-jähriger Tradition. Auf dem Speiseplan stehen frisches Seafood, Burger, Pasta und selbstgemachte Kuchen, facebook.com/Seagull.restaurant2017.

CAFÉ LES SUÊTES/GRAND ÉTANG

Perfekt für Brunch oder Mittagessen, am Wochenende auch zum Frühstücken: süßes barrierefreies Café, betrieben von einem Paar, das seine Lieblingssandwiches vermisst hat und nun selbst herstellt. Außerdem Suppen und Süßspeisen. Mittwochs geschlossen, cafelessuetes.ca.

L'ABRI RESTAURANT & BAR/ CHÉTICAMP

Moderne Küche mit Spezialitäten aus dem Meer und *Comfort Food* vom Land. Spektakuläre Aussicht von drinnen und draußen direkt an der kleinen Steilküste. Lunch nur am Wochenende. Große Wein- und Cocktail-Auswahl, labri.cafe.

ÜBERNACHTEN

SELKIE'S REST/BADDECK

Drei Ferienhäuser für jeweils zwei oder vier Gäste. Erbaut im Stil kleiner Leuchttürme, zwei davon mit Garage für Motorräder. Modern und liebevoll eingerichtet mit Bad, Schlafzimmer, Küchen- und Sitzecke, selkiesrest.com.

CABOT SHORES WILDERNESS RESORT/INDIAN BROOK

Unterkünfte verteilt auf einem riesigen Grundstück mit Wald, Fluss und einer geschützten Bucht am Atlantik. Zur Auswahl stehen Jurten, Dom-Zelte, Ferienhäuser und Zimmer. Bootsverleih und Outdoor-Spa-Optionen, cabotshores.com.

GROOVY GOAT FARM/INGONISH

Kleiner Bauernhof, nicht weit vom Meer: drei Zimmer mit modernen Bädern und Küchenecke, auf der Etage über dem eigenen Eis- und Seifenladen – Produkte hergestellt aus Ziegenmilch. BBQ zur gemeinschaftlichen Nutzung, groovygoat.ca.

MEAT COVE CAMPGROUND/ MEAT COVE

Campingplatz auf den Klippen mit grandiosem Blick – unbedingt vorher anrufen, denn die Anreise ist lang. Sechs sehr einfache Campinghütten mit Betten und Picknicktisch (Schlafsäcke und Kochzubehör mitbringen). Voll ausgestattetes Ferienhaus mit drei Zimmern, meatcovecampground.ca.

CORNERSTONE MOTEL/ CHÉTICAMP

Komfortable Zimmer in verschiedenen Größen und Preisklassen auf einem großen Grundstück am Fluss. Etwas außerhalb vom Ort, doch am anderen Ufer beginnt gleich der Nationalpark mit Campground, Besucherzentrum und Wanderwegen, cornerstonemotel.com.

Ein Segelboot fährt durch den Bras d'Or Lake bei Baddeck, einen Salzwassersee.

1

Parks Canada widmet dem Erfinder Bell ein Museum.

BADDECK

AM SALZWASSERSEE

Obwohl es keine 1.000 Einwohner hat, ist Baddeck ein guter Ort zum Einkaufen und Essengehen, bevor es am Cabot Trail wilder und zugleich ruhiger zugeht. Außer dem großen Bras d'Or Lake verlockt ein Museum zum Zwischenstopp.

Wer hätte gedacht, dass ausgerechnet auf Cape Breton ein Museum über Alexander Graham Bell, den Erfinder des Telefons, steht? Obwohl er in Washington D.C. lebte, verbrachte er jedes Jahr einen erheblichen Teil seiner Zeit in seinem Landhaus bei Baddeck – aber nicht, um Ferien zu machen. Er arbeitete an seinen Erfindungen, unter anderem sehr erfolgreich an Flugzeugen, bevor er 1922 in Baddeck starb. Über sein Leben und Werk, aber auch das Wirken der Familie im Ort, informiert die Ausstellung mit Fotos und Modellen. Untergebracht ist sie in einem modernen Museumsgebäude in Baddeck, denn das Anwesen der Bells, auf einer Landzunge gegenüber, gehört seinen Nachfahren und ist nicht zugänglich.

Im kleinen Alexander-Graham-Bell-Park kann man sich neben Figuren des Erfinders und seiner Frau Mabel setzen und den Blick über den Bras d'Or Lake genießen. Der große See in der Mitte von Cape Breton ist durch Kanäle mit dem Meer verbunden und hat deshalb salziges Wasser. Umgeben von Hügeln wirkt er beinahe wie ein Fjord. 90-minütige Bootstouren durch das UNESCO-Biosphärenreservat starten in der Hauptsaison täglich vom Kai an der Jones Street.

TIPP

EINEN *CEILIDH* BESUCHEN

Die Reise durch Cape Breton wäre nicht komplett ohne die typische Musik der Insel, eine lebendige Mischung aus irischen und schottischen Klängen mit eigenen Elementen. Wo Musiker zusammentreffen, wird gemeinsam gespielt – dieses Zusammenkommen nennt man auf Gälisch *Ceilidh*. In Baddeck gibt es von Juni bis Oktober täglich ein solches musikalisches Treffen in der Parish Hall. Info: baddeckgathering.com.

2

In Kanus und Kajaks lassen sich ruhige Buchten erkunden.

ST. ANN'S BAY

DIE KUNSTHANDWERK-ROUTE

Ein paar Häuser an der Straße, dahinter beginnt die Wildnis: Die Südwestküste am Cabot Trail ist dünn besiedelt. Doch die Dichte an einzigartigen künstlerischen Läden ist ungewöhnlich hoch. Willkommen auf dem *Artisan Trail!*

Von St. Ann's bis Ingonish liegen versprengt kleine Siedlungen, dafür gibt es viel wilde Küste und einige Wanderwege, die weitaus weniger überlaufen sind als die Pfade im Nationalpark. Wer das Abenteuer sucht, kann zu den North River oder Indian Brook Falls wandern, in North River oder Cabot Shores mit dem Kajak rauspaddeln oder in Wreck Cove Bogenschießen lernen und Mountainbike fahren.

Doch Besucher mit Sinn für Kunst und Kunsthandwerk sind in der Gegend gleichfalls richtig – um in den Läden zu stöbern und mit den Einheimischen ins Gespräch zu kommen. Der *Artisan Trail* erstreckt sich zwar über die ganze Insel, aber allein auf diesem Abschnitt gibt es Metallskulpturen, Strickwaren, Zinnschmuck, Pralinen, Glasprodukte, eine Töpferei, eine Schneiderei und viele Werkstätten und Geschäfte mehr, die schöne Dinge verkaufen – handgemacht auf Cape Breton. Angelo Spinazzola, selbst Künstler und Outdoor-Anbieter der Gegend, kennt den Grund für die Kunsthandwerksdichte: In den 1970er-Jahren haben sich zahlreiche Künstler und Künstlerinnen in Cape Breton niedergelassen. In der Besucherinformation oder online listet die *Artisan Trail Map* alle Läden der Insel: capebretoncraft.com.

TIPP

PAPAGEITAUCHER ANSCHAUEN

Ungefähr von Mai bis Mitte August lassen sich vor der Ostküste die putzigen Papageitaucher beobachten. Touren zu den Bird Islands bieten Donelda's Puffin Boat Tours in Englishtown und Bird Island Boat Tours in Big Bras d'Or an (über St. Ann's oder die Englishtown-Fähre erreichbar), cbisland.com/blog (Stichwort: *birds to discover*).

WANDERPARADIES AM MEER

Der größte Teil des Nationalparks liegt weitgehend unzugänglich im Landesinneren. Aber vom Cabot Trail aus lassen sich nicht nur wunderbare Ausblicke über die hügelige Landschaft mit den tief eingeschnittenen Flusstälern genießen, man kann auch auf Berggipfel steigen und zu Seen und Wasserfällen wandern.

Eine Fläche von 950 Quadratkilometern, mehr als die Insel Rügen oder die Stadt Berlin, steht im Norden Cape Bretons unter Schutz: Der 1936 gegründete Cape Breton Highlands National Park ist eines der größten Wildnisgebiete von Nova Scotia. Denn der Park spart Orte aus, ist also kaum besiedelt und bloß am Rand für Fahrzeuge erschlossen. Die Hügel seines Hochlandplateaus erreichen zwar nur maximal 500 Meter Höhe, fallen zum Teil aber steil ab. Einzigartig ist die Mischung aus Akadischen und Borealen Wäldern sowie Taiga mit arktisch-alpinen Pflanzen. Rund 40 Säugetierarten leben im Park, darunter Schwarzbär, Weißwedelhirsch, Luchs und Schneeschuhhase. Mit etwas

3

↑ Panoramaplattformen laden dazu ein, den Aufstieg auf den Mica Hill gelassen anzugehen.
↙ Nur zu Fuß erreichbar ist dieser Aussichtspunkt: Vom Middle Head blickt man aufs offene Meer und die Küste rings um Ingonish.

Glück hört man nachts die Kojoten heulen. Elche kommen hin und wieder bis an den Straßenrand.

Halbinsel am Atlantik

Der Cabot Trail führt an drei Seiten um den Park. Zwölf Aussichtspunkte und einige Picknickplätze befinden sich direkt an der Straße und sind nicht zu verfehlen, ebenso wie ein Paar der berühmten roten Stühle am Aussichtspunkt Cap Rouge. In Ingonish und in Chéticamp erfährt man in den Besucherzentren (von Mitte Mai bis Oktober geöffnet) mehr über die Flora und Fauna. Ranger geben Tipps zu passenden Touren und aktuellen Sperrungen. Denn wer Zeit mitbringt, kann aus 26 gemütlichen, mittleren und durchaus anspruchsvollen Wanderungen wählen.
Eine kürzere, abwechslungsreiche Tour führt an der Ostküste zum Middle Head, dem Kliff bei Ingonish. Ein bis zwei Stunden sollte man für den Rundweg auf der Halbinsel einplanen. Vom Parkplatz hinter dem Resort Keltic Lodge geht es zunächst auf einem schmalen Weg durch den Wald, bis die Bäume spärlicher werden und einen Blick in die Bucht erlauben. Nach knapp zwei Kilometern ist das Ziel erreicht: eine Wiese über dem Kliff mit Aussicht auf die Küste.

Berge und Wasserfälle

Für eine ungewöhnliche, aber vergleichsweise einfache Bergtour eignet sich Mica Hill. Der Abzweig zum Wanderparkplatz zwischen Neils Harbour und South Harbour ist ausgeschildert. Zunächst verläuft der Weg durch niedrigen Wald, aber es dauert nicht lange, bis die Baumgrenze erreicht ist und dem im Herbst farbenfroh leuchtenden Bewuchs der Taiga Platz macht. Oben auf dem Hügel warten ein Rundumblick und eine Überraschung: Quarz und Glimmer liegen hier direkt an der Gesteinsoberfläche. Auf demselben Weg geht es zurück. Rund drei Stunden sollte man für die acht Kilometer einplanen.
Anspruchsvoller, mit steilen und ausgesetzten Abschnitten, sind die Bergwanderungen am Franey und Broad Cove Mountain. An Bächen entlang führen die kurzen Wege zu den Beulach Ban Falls, am MacIntosh Brook und Corney Brook, jeweils mit kleinen Wasserfällen am Ziel.
Wer eine Alternative zum möglicherweise überlaufenen *Skyline Trail* sucht, könnte sich etwas südlicher auf den Pfad *Le vieux chemin du Cap-Rouge* begeben – den alten Cabot Trail am Cap Rouge, der oberhalb der Straße verläuft und gleichfalls Ausblicke in den Sankt-Lorenz-Golf bietet. Bis zum Aussichtspunkt und zurück ist der Weg neun Kilometer lang, aber leicht zu gehen.

TIPP

GEMEINSAM DRAUSSEN

Parks Canada lädt in der Hauptsaison zu einer Menge verschiedener Outdoor-Aktivitäten ein, viele davon kostenlos. Geführte Wanderungen gehören ebenso dazu wie Lagerfeuerabende, eine Einführung in den Square Dance oder Laternenspaziergänge mit Geschichten aus der Region (kostenpflichtig), parks.canada.ca (Stichwort: *interpretation breton).*

GOLFEN MIT AUSSICHT

In den 1920er- und 1930er-Jahren ließen verschiedene Nationalparks in Kanada Golfplätze anlegen. Dafür beauftragten sie den Golfplatzarchitekten Stanley Thompson, der besonderen Wert auf die landschaftliche Ästhetik legte. Eines seiner Werke ist der Highland-Links-Platz in Ingonish: golfcapebretonhighlands.ca.

AB INS KÜHLE NASS

Die Sommer in Cape Breton können heiß sein, da kommt ein Bad nach dem Wandern gerade recht. Aber vor dem Schwimmen im Ozean sollte man wissen, dass die meisten Strände keine Rettungsschwimmer haben und es starke Strömungen geben kann. Eine Alternative sind der Warren Lake und der Freshwater Lake. Übersicht über Badeplätze: parks.canada.ca (Stichwort: *swimming breton).*

4

Eine Landzunge am Atlantik zum Verweilen: White Point

WHITE POINT

DEN OZEAN ZU FÜSSEN

Dieser Umweg vom Cabot Trail nach Neils Harbour und White Point verlängert die Route nur um zehn Kilometer, aber er führt zu einer schönen Landzunge und zu einem Leuchtturm, der bloß auf den ersten Blick vielen anderen ähnelt.

Noch Mitte des 19. Jahrhunderts wurde Neils Harbour nur als saisonale Basis beim Fischfang genutzt. Doch schnell entstand daraus ein Dorf mit einer Schule und einem wichtigen Hafen. Bis heute sitzt die Fischerei-Kooperative Victoria in Neils Harbour – die Einzige, die Hummer auf Cape Breton verarbeitet. Seinen Teil zum Erfolg des Fischerdorfs beigetragen hat der 1899 erbaute Leuchtturm. Heute lockt er Touristen an: Im Sommer bekommt man direkt im Turm handgemachtes Eis und im Chowder House daneben bietet ein typischer Küstenimbiss frische Meeresfrüchte und die cremige, dicke Fischsuppe an, die *Chowder* genannt wird.

Bei Neils Harbour abzubiegen und nach White Point zu fahren, war ein gern gegebener Geheimtipp, als ich auf Cape Breton in einem Resort gearbeitet habe. Vom Parkplatz hinter dem Hafen von White Point aus ist es nur ein Spaziergang. Aber der Anblick, wenn man den Hügel erreicht hat und über die Landspitze hinabschaut, ist sagenhaft. Ringsum liegt einem der Atlantik zu Füßen. Ein schmaler Weg führt durch Wiese und Heide hinab auf die stetig schmaler werdende zerklüftete Halbinsel. Rosa-weißes Gestein sprenkelt die Landschaft und im Hintergrund zeichnen sich die Berge und Steilküsten im Norden Cape Bretons ab. Mit ein bisschen Glück kann man Robben oder Wale erspähen.

TIPP

VOGELPERSPEKTIVE FÜR MUTIGE

In South Harbour, wo die White Point Road auf den Cabot Trail trifft, gibt es seit 2024 eine neue Attraktion. Bei Mountain Pine Adventures führt eine der längsten Ziplines im Osten Kanadas übers Wasser: facebook.com/mountainpineadventures.

5

Die Aussicht bei Meat Cove ist einfach traumhaft.

NORDKÜSTE

RAUES ENDE DER INSEL

Dieser Abstecher ist vor allem für jene interessant, die in Meat Cove campen oder Wale beobachten wollen. Vom Boot sieht man die ganze wilde Schönheit der Küste. Der Abzweig nach Bay St. Lawrence ist in Cape North ausgeschildert.

John Cabot, nach dem der Cabot Trail benannt wurde, gebührt eigentlich ein Rang gleich nach Kolumbus – doch auch unter seinem italienischen Namen Giovanni Caboto kennt ihn kaum jemand. Dabei war er der erste Europäer, der Nordamerika betrat. 1497 erreichte er die kanadische Küste. Ob auf Cape Breton oder Neufundland, lässt sich nicht genau belegen. Der kleine Cabots Landing Provincial Park erinnert an diesen historischen Landgang, rund zehn Minuten nördlich von Cape North. Die Mi'kmaq waren von dieser Stelle bereits zuvor nach Neufundland gepaddelt. Heute findet man dort einen herrlichen langen, fast orangefarbenen Sandstrand.

Die Straße leitet nun vom Meer weg nach Bay St. Lawrence, wo um ein geschütztes Hafenbecken ein Dorf entstanden ist. Die Nordküste selbst ist kaum besiedelt. Die Bootstouren von Oshan Whale Watch, die von Juli bis September täglich im Hafen starten, führen in den Sankt-Lorenz-Golf. Dort hat man gute Chancen, Pilot-, Zwerg- und Buckelwale, aber auch Delphine, Robben und Adler zu sehen. Ein unerwartetes Highlight bilden die Klippen, die man nur vom Wasser aus entdecken kann. Auf der Steilküste liegt der Meatcove Campground mit Imbiss, Aussichtspunkt und Wanderwegen. Von Bay St. Lawrence sind es noch 15 kurvenreiche und holprige Kilometer dorthin – aber die Sicht ist es wert.

TIPP

AUF DEM FISCHERBOOT

Wer Einblick in die Fischerei haben oder eine Leine einholen will, ist bei Skipper Scott richtig. Individuelle Chartertouren sind ebenso möglich wie das Begleiten lokaler Fischer – für Frühaufsteher: capebretonnortherntipcharters.com.

QUER DURCH NEUFUNDLAND

Die Insel im Norden Cape Bretons ist etwas größer als Island und hat vor allem für Fans nördlicher Landschaften viel zu bieten. Die Route folgt dem Trans-Canada Highway von Südwesten bis Nordosten, mit Abstechern zu National- und Geoparks, wo (Eis-)Berge, markante Felsformationen und Vögel locken.

Da es aktuell keine Direktflüge ab Deutschland nach St. John's auf Neufundland gibt, ist die Anreise vom Festland über Cape Breton die übliche Route, abgesehen von Inlandsflügen. Von North Sydney legen täglich zwei Fähren nach Channel-Port aux Basques ab. Ungefähr sieben Stunden dauert die Überfahrt. Die Kleinstadt sieht aus, wie man sich Neufundland vorstellt: Holzhäuser in hellen Farben säumen die Straßen zwischen Wiesen und Felsen. Es ist ein guter Ort zum Ankommen, mit Geschäften, Restaurants und Unterkünften, aber ebenso mit Kultur: Neben dem Hafen öffnet jeden Sommer Scott's Cove Park – mit Essständen, Souvenirs und Live-Musik (montags bis donnerstags). Bevor man die Stadt verlässt, kommt man am Railway Heritage Center vorbei, einem kleinen Museum zur Eisenbahn- und Fischereigeschichte der Insel, und kann sich im Besucherzentrum mit Informationen versorgen.

INFO

Start: Port aux Basques
Ziel: St. John's
Länge: 1.550 Kilometer
Dauer: 10–14 Tage
Beste Reisezeit: Juni bis September

Entlang der Flüsse

Der Trans-Canada Highway (TCH) führt aus der Stadt hinaus. Zwar lebt der Großteil der fast 550.000 Einwohner der Provinz auf Neufundland, doch die meisten davon auf der Avalon-Halbinsel im Osten. Wer menschenleere Natur nicht scheut, ist

Die wilde Küste Neufundlands lässt sich auch per Kajak erkunden. Für Anfänger gibt es begleitete Touren.

0
50 km
N
Battle Harbour
Mary's Harbour
Lodge Bay
R. St. Paul
St. Lewis R.
Pinware R.
Red Bay
Red Bay Basque Whaling
Pinware
L'Anse-au-Loup
Blanc Sablon
Rivière-St-Paul
Middle Bay
Vieux-Fort
Shekatika
St-Augustin
Strait of Belle Isle
Détroit de Belle-Isle
L'Anse aux Meadows N.H.S.
Cook's Harbour
Pistolet Bay
Raleigh
Griquet
Great Brehat
Grenfell House
St. Anthony Bight
Eddies Cove
Goose Cove East
Savage Cove
St. Barbe
Main Brook
Grandois
Croque
Brig Bay
Castors River
Roddickton
Conche
Englee
Port au Choix
Port au Choix N.H.S.
Hawke's Bay
Williamsport
River of Ponds
Great Harbour Deep
Bellburns
Portland Creek
Parson's Pond
Cow Head
Broom Point
St. Paul's
Sally's Cove
Gros Morne Nat. Pk.
Norris Point
Woody Point
Trout River
Mt. St. Gregory
Wiltondale
Big Falls
Sir Richard Squires Mem. Prov. Pk.
White Bay
Jackson's Arm
Westport
Pollards Point
Hampden
Sheppardville
West Brook Prov. Ecolog. Res.
Howley
Deer Lake
Lark Harbour
Cox's Cove
Pasadena
Halfway Point
Corner Brook
Lewis Hills
Port au Port Bay
Buchans
Millertown Junction
Millertown
Port au Port
Stephenville
Mainland
Jardin
Abraham's Cove
St. George's
Barachois Pond Prov. P.
Fischells
Robinsons
Highlands
South Branch
Anguille
Andrew's
Red Rock
Burnt Islands
Rose Blanche
Port-aux-Basques
La Poile
Grand Bruit
Burgeo
Blue Hills of Couteau
White Bear R.
Grey River
François
Fleur de Lys
Ming's Bight
Pacquet
Wild Cove
La Scie
Seal Cove
Baie Verte Peninsula
Round Harbour
Back Cove
Nippers Harbour
Burlington
Harry's Harbour
Beachside
Springdale
South Brook
Pilley's Island
Robert's Arm
Hodges Hill
Badger
Exploits R.
Grand Falls-Windsor
Mary March Museum
Bishop's Falls
Botwood
Northern Arm
Laurenceton
Lewisporte
Leading Tickles
Fortune Harbour
Village Cove
Twillingate
Tizzard's Harbour
Pikes Arm
Newstead
Loon Bay
Notre Dame Junction
Glenwood
Gander
Silent Witnesses Memorial
Farewell
Fogo
Joe Batt's Arm
Stag Harbour
Musgrave Harbour
Deadman's Bay
Carmanville
Gander Bay
Westleyville
Indian Bay
Hare Bay
Gambo
Burnside
Salvage
Glovertown
Terra Nova Nat. Pk.
Terra Nova
Ryan Premises N.H.S.
Bonavista
Bonavista-Halbinsel
King's Cove
Catalina
Jamestown
Musgravetown
Southern Bay
Trinity
New Bonaventure
Port Blandford
Clarenville
Monroe
Britannia
Southport
Middle Ridge Prov. Wildlife Res.
Bay du Nord Wilderness Res.
St. Veronica's
St. Alban's
Milltown
Conne River
Pool's Cove
Grand le Pierre
English Harbour East
McCallum
Gaultois
Hermitage
Pass Island
Harb. Breton
Belleoram
Coomb's Cove
English Harbour West
Terrenceville
St. Bernard's
Petit Forte
South East Bight
Marystown
Burin Peninsula
Grand Beach
Winterland
Burin
Fortune
Lawn
Lories
Goobies
Arnold's Cove
Little Harbour
Fair Haven
Long Harbour
Monkstown
Ship Harbour
Argentia
Placentia
Colinet
St. Joseph's
Ship Cove
Angels' Cove
St. Bride's
Branch
Cape St. Mary's Prov. Ecolog. Res.
Cape St. Mary's
Point Lance
St. Mary's Bay
Admiral's Beach
Saint Shott's
St. Vincent's
Trepassey
Trepassey Bay
Mistaken Point
Cape Race
Avalon Wilderness Area
Fermeuse
Cape Broyle
La Manche Valley Prov. Pk.
Witless Bay
Bay Bulls
Mount Pearl
St. John's
Signal Hill N.H.S.
Torbay
Pouch Cove
Conception Bay South
Conception Bay
Holyrood
Whitbourne
Avalon Peninsula
Long Cove
Spaniard's Bay
Carbonear
Heart's Content
Old Perlican
Grates Cove
ATLANTIC OCEAN
OCÉAN ATLANTIQUE
Cabot Strait
Détroit de Cabot
St-Augustin
Baie-Rouge
Mutton Bay

also hier im Inselsüden richtig. Es dauert nicht lange, bis die Landschaft bergiger wird. Nach einem herrlichen Abschnitt mit dem Meer auf der einen und Hügeln auf der anderen Seite biegt der Highway ins Inland ab und folgt dem Codroy Valley nach Norden, einem von Gletschern geformten Tal. Die Feuchtgebiete an der Mündung des Codroy River sind vor allem für Vogelbeobachter interessant. Für einen Ausblick in das Tal wie auf die Long Range Mountains bietet sich nach rund 20 Minuten Fahrt die Wanderung auf dem *Starlite Trail* an, der nach zwei Kilometern auf eine Anhöhe mit phänomenaler Sicht führt und aktuell erweitert wird. Der Parkplatz liegt am Highway.
Hin und wieder zweigen Stichstraßen zu Siedlungen an der Küste ab, aber der TCH zieht sich weiter einsam durch Wald und über Flüsse, bis er Corner Brook erreicht, das dank seiner Lage am Ende eines Fjords gern von Kreuzfahrtschiffen angesteuert wird. Mit rund 20.000 Einwohnern ist Corner Brookes die größte Stadt außerhalb der Avalon-Halbinsel und ein Hotspot für Outdoor-Aktivitäten. Touren durch enge Kalkhöhlen werden ebenso angeboten wie eine Seilrutsche direkt an den 30 Meter hohen Steady Brook Falls im Nachbarort. Mitten im Ort kann man auf den *CB Stream Trails* wandern und biken und sich während der Sommermonate im Margaret Bowater Park im Fluss abkühlen. Die Captain James Cook Historic Site bietet eine gute Aussicht auf die Stadt und die Papiermühle am Hafen sowie in die Bay of Islands. Cook hatte nämlich im 18. Jahrhundert die Aufgabe, eine Seekarte der neufundländischen Küste zu erstellen.
In Deer Lake, rund 40 Minuten nördlich von Corner Brook, verlassen wir den TCH für einen Abstecher in den **1 Gros Morne National Park**. Ab Deer Lake verläuft der Highway dann weitgehend im Binnenland, mit gelegentlichem Blick auf einen See oder entferntere Hügelketten, bis nach rund zwei Stunden die Kleinstadt Grand Falls-Windsor erreicht ist. Sie liegt am Exploits River, dem größten Fluss der Insel und der Heimat wilder Atlantischer Lachse. Im Salmonid Interpretation Centre (Mitte Juni bis Ende September) kann man nicht nur etwas über die Fische lernen, sondern sie auch im unterirdischen Becken oder auf der Fischtreppe wandern sehen. Der Highway folgt noch ein Stück dem Exploits River.

Kanonen künden am Signal Hill in St. John's von der militärischen Geschichte der östlichsten Insel Kanadas.

Giganten der Meere

Nur eine halbe Stunde nach Grand Falls-Windsor, an der Notre Dame Junction, lohnt es sich, nach **2 Twillingate** abzubiegen – ein Ort an der zerklüfteten Nordküste, der sich perfekt eignet, um Eisberge und Wale zu beobachten. Auf der 340, der Route to the Isles, erreicht man zunächst Boyd's Cove, wo vor mehr als 300 Jahren die Beothuk gelebt haben. Ein Museum und ein Spazierweg etwas abseits des Highways erinnern an ihre untergegangene Kultur.
Zurück führen die 331, die nach Boyd's Cove abbiegt, und die 330, die bei Gander auf den TCH trifft. Gander ist bekannt für seinen internationalen Flughafen, der der Kleinstadt den Zusatz *Crossroads of the World* eintrug. Nach dem Anschlag auf das World Trade Center 2001 strandeten hier Tausende Passagiere. Der Flughafen und das North Atlantic Aviation Museum geben Einblicke in die ungewöhnliche Geschichte.
Rund 40 Minuten Fahrzeit von Gander entfernt quert der TCH den **3 Terra-Nova-Nationalpark** mit Fjorden, Seen und vielen Wanderwegen. Eine letzte Abzweigung führt wenig später auf dem *Discovery Trail* zum gleichnamigen Geopark auf der **4 Bonavista-Halbinsel**. Nach einer Runde durch den Park gelangen wir bei Clarenville zurück auf den Trans-Canada Highway. Gelegentlich gibt der Boreale Nadelwald den Blick in die Buchten im Osten frei, bevor der Highway die Avalon-Halbinsel erreicht. Rund 200.000 Einwohner leben allein in und um die Hauptstadt **5 St. John's**, wo der TCH unspektakulär endet. Das Denkmal für die Mile Zero befindet sich an der 35 New Gower Street vor einer Behörde.
Zurück geht es auf dem TCH oder mit der Fähre von Argentia, rund 90 Minuten Fahrzeit von St. John's entfernt, nach North Sydney. Die Fährstrecke wird nur von Juni bis September bedient, und auch nur an drei Tagen die Woche.

RESTAURANTS / ÜBERNACHTUNGEN

EINKEHREN

BUOY & ARROW RESTAURANT AND SUITES/ROCKY HARBOUR

Wer schon immer mal Elch oder Schneeschuhhase probieren wollte, sollte diesem recht neuen und bereits prämierten Restaurant einen Besuch abstatten. Regionale Zutaten spielen die Hauptrolle auf der Speisekarte, die überdies vegetarische Optionen bereithält. Auch zum Mitnehmen.

GEORGIE'S RESTAURANT/ TWILLINGATE

Regionale Küche mit modernem Twist: Seafood, Fleisch, aber auch pflanzenbasierte Gerichte stehen auf der Karte des Restaurants im Anchor Inn Hotel. Weinauswahl und Hafenblick sorgen für zusätzlichen Genuss. Wem der Appetit nach Bar-Food steht, wird im selben Haus im Captain's Pub fündig – mit Live-Musik.

NANNY'S ROOT CELLAR KITCHEN/ ELLISTON

Das ist die Art Restaurant, die man mit gefülltem Bauch und vollem Herzen verlässt. In einer ehemaligen Kirche untergebracht, serviert das Team neufundländische und lokale Spezialitäten wie Dorschzungen oder Rübenkellersuppe (Juni bis September).

QUIDI VIDI BREWERY/ST. JOHN'S

Die Brauerei ist Urheber des berühmten Iceberg Beers und zahlreicher anderer Craft-Bier-Sorten. Verkostungen gibt es vor Ort, an einer Bucht im Fischerdorf Quidi Vidi, im *Tap room* oder auf der Terrasse, dazu schmecken Fish & Chips, Muscheln, Burger und mehr, quidividibrewery.ca.

Bunt und lebensfroh sind die Fassaden von St. John's, und auch seine Pub-Szene.

ÜBERNACHTEN

GROS MORNE INN/SHOAL BROOK

Die nachhaltige und stilvolle Wahl für alle, die ein Hotel bevorzugen. Ruhige Lage, fantastische Aussicht, gemütliche Zimmer, ein gehobenes Restaurant sowie ein Outdoor-Spa runden den Aufenthalt ab, grosmorneinn.com.

WATER'S EDGE GROS MORNE/ SHOAL BROOK

Vom Camper oder dem Bungalow aus fällt der Blick direkt in die Bonne Bay. Wer schon immer mal in einem Leuchtturm übernachten wollte, kann das auf dem Gelände am Ufer tun. Dazu kommen familiäre Herzlichkeit, Ausflugsangebote vor Ort und ein Shop mit Leckereien, watersedgegrosmorne.com.

ECHOES OF THE OCEAN/ TWILLINGATE

Suiten direkt am Wasser, vermietet von Einheimischen – praktisch gelegen für das Spähen nach Eisbergen, die mitunter bis in die Bucht kommen. Einfache Ferienwohnungen mit Blick in die Bucht gibt es in einem weiteren Gebäude etwas oberhalb, echoesoftheocean.com.

NEWMAN SOUND CAMPGROUND/ MALLORYTOWN

Großer Nationalpark-Campingplatz am Newman Sound mit Café, Spielplatz, Grillstellen und oTENTiks – geräumigen Zelten mit Betten und Sitzecke. Einfache und gut ausgestattete Stellplätze (Strom, Wasser, Abwasser), parks.canada.ca (Stichwort: *Newman Sound*).

1

GROS MORNE NATIONAL PARK

GEOLOGIE IN IHRER SCHÖNSTEN FORM

Die Long Range Mountains erreichen Höhen um die 800 Meter an diesem Küstenabschnitt und sorgen für eine felsige Szenerie. In den Wäldern können Wanderer auf Elche oder Karibus treffen. Eine besondere Landschaft innerhalb des Parks sind die Tablelands – sie haben die Region zum UNESCO-Welterbe geadelt.

Normalerweise liegt der Erdmantel unter der Erdkruste verborgen. Doch im Westen Neufundlands, im Gros Morne National Park, hat ihn die Kollision von Kontinentalplatten nach oben geschoben. Mehr als 400 Millionen Jahre Erosion später sind die Tablelands übriggeblieben: kahle Tafelberge aus ungewöhnlich orangefarbenem Gestein. Als Beispiel für Plattentektonik und wegen seiner natürlichen Schönheit wurde der Gros Morne National Park 1987 in die UNESCO-Welterbeliste aufgenommen.

Orange Berge, blaue Buchten

Um die Tablelands zu sehen, nimmt man den Highway 430 in Deer Lake und biegt in Wiltondale links ab auf die 431

Richtung Woody Point. Schon bald tauchen die auffällig gefärbten Berge am Horizont auf. Kurz vor Woody Point gibt es einen Aussichtspunkt in die Bonne Bay, dann macht der Highway eine Spitzkehre, bevor er zu den Tablelands und bis zur Siedlung Trout River führt. Zunächst aber bietet sich ein Stopp am Discovery Centre des Nationalparks (Mitte Mai bis Mitte Oktober) kurz nach der scharfen Kurve an. Dort findet man nicht nur aktuelle Informationen, sondern auch eine Ausstellung über die Geologie der Tafelberge. Direkt dahinter startet der fast sechs Kilometer lange *Lookout Trail,* der auf eine Hochebene führt mit fantastischen Ausblicken auf die Fjordlandschaft, den grauen Koloss des Gros Morne Mountain und die Tafelberge – übrigens eine von einem guten Dutzend Gelegenheiten im Park, auf den typischen roten Stühlen Platz zu nehmen.

Nicht zu allen Attraktionen muss man wandern: Nur wenige Kilometer die Straße hoch stehen ein paar Adirondacks an einem Aussichtspunkt. Für die Erkundung der Tablelands selbst empfiehlt sich, den Wanderparkplatz am Fuß der Berge anzusteuern, bloß einen guten Kilometer weiter. Im Sommer starten hier geführte Touren, aber man kann den zwei Kilometer langen Weg ebenso gut ohne Begleitung gehen.

Das Hafenstädtchen Woody Point eignet sich nicht nur als Basis für die Erkundung des Nationalparks, es ist auch ein kultureller Hotspot der Region, die von First Nations und französischen, englischen und irischen Einwanderern geprägt wurde. Anlaufpunkte für Musik, Lesungen oder Theaterstücke sind das Woody Point Heritage Theatre oder das Merchant Warehouse sowie die Festivals, gleichfalls in Norris Point und Rocky Harbour, und das Theater in Cow Head.

Wandern am Meer

Um den nördlichen Teil des Nationalparks mit Wäldern, Bergen und Seen zu erleben, muss man entweder um die Bonne Bay herumfahren und in Wiltondale links in die 430 einbiegen – oder die Fähre von Woody Point nach Norris Point besteigen, die vier Mal täglich fährt und nur eine Viertelstunde braucht. Ein weiteres Besucherzentrum liegt an der Straße von Norris Point. Das benachbarte Rocky Harbour ist ebenfalls gut ausgestattet mit Unterkünften, Tourenanbietern und einem Wildlife Museum, das präparierte Tiere Neufundlands zur Schau stellt (ab Ende Mai). Aussichtspunkte bietet der Leuchtturm an der Lobster Cove.

Zwar ist es möglich, eine Tagestour auf den Gros Morne Mountain, den zweithöchsten Berg Neufundlands, zu unternehmen, aber dafür ist Erfahrung mit alpinem Gelände nötig. Einfachere, kurze Touren mit tollen Aussichten ermöglichen zum Beispiel *Steve's Trail* am Broom Point, der nach nur einem Kilometer an einem wilden Strand mit Blick auf die Bergkette endet, oder Pfade zum Berry Hill und Berry Pond vom gleichnamigen Campingplatz aus. Insgesamt stehen 18 Wanderwege zur Wahl.

↑ Der *Lookout Trail* belohnt Wanderer für den steilen Aufstieg – mit einem Blick in die Bucht und auf die Berge.
← Auf Neufundland zeigt sich Peridotit-Gestein aus dem Erdmantel an der Oberfläche. Deswegen gehört der Gros-Morne-Nationalpark zum Weltnaturerbe.

TIPP

BOOTSTOUR IM FJORD

Die wohl schönsten Aussichten auf die Felswände im Nationalpark hat man vom Boot auf dem Western Brook Pond. BonTours fährt von Mitte Mai bis Mitte Oktober in das von Gletschern geformte Felstal und bietet Wanderungen zu einem Panoramapunkt über dem Fjord an. Zum Anleger geht es drei Kilometer zu Fuß, bontours.ca.

SCHWIMMEN AN DER WESTKÜSTE

Zwar gibt es schöne Strände am Sankt-Lorenz-Golf, etwa in Shallow Bay, aber Strömungen und kaltes Wasser sind nicht jedermanns Sache. Dafür hat Gros Morne ein eigenes Schwimmbad: Der Recreation Complex in Rocky Harbour ist von Ende Juni bis Anfang September geöffnet.

DER WEG DER WIKINGER

Die Straße von Deer Lake in den Nationalpark ist nur der erste Abschnitt des *Viking Trails*, der über 687 Kilometer bis an den nördlichsten Zipfel der Insel führt. In der Nähe hatten sich vor rund 1.000 Jahren Wikinger niedergelassen.

2

Keine Eisberg-Form gleicht der anderen.

TWILLINGATE

BEI DEN KALTEN KOLOSSEN

Jedes Jahr brechen rund 40.000 Eisberge von Grönlands Gletschern ab. Einige Hundert davon schwimmen im Frühsommer auf der Iceberg Alley an Neufundland vorbei. Und wenn die Eisbergsaison in Twillingate vorüber ist, kommen die Wale.

Pures Eis, groß wie ein Hochhaus und mehr als 10.000 Jahre alt: Eisberge zu beobachten ist ein beeindruckendes Erlebnis. An Neufundlands Nordküste kann man an diesem Spektakel jedes Jahr, am besten von Ende Mai bis Mitte Juni, teilhaben – vom Boot, von der (Steil-) Küste aus oder am Strand, wo gelegentlich kleine Teile angespült werden. Das Wasser der Eisberge wird in St. John's sogar fürs Bierbrauen verwendet. Das Fischerdorf Twillingate ist ein beliebter Ort an der Iceberg Alley, wo die schwimmenden Giganten vorbeiziehen.
Schon der Highway 340 dorthin ist ein Highlight, weil er über zahlreiche Brücken verläuft – sein Beiname Route to the Isles ist nicht übertrieben. Auf den Twillingate-Inseln angekommen, führt er durch den Ort, der sich weit um eine lange Bucht erstreckt. Nach der Brücke auf die Nordinsel zweigt hinter der Canada Post links eine Straße zu Smith's Lookout ab, der nach einem kurzen Aufstieg einen Rundumblick verschafft. Der Highway endet am Long Point Lighthouse mit Aussichtsterrasse und Museum. Auch ohne Eisberge sehenswert sind die Felsformationen und einsamen Buchten auf den 13 Wanderwegen von North und South Island.

TIPP

WO SIND DIE EISBERGE?
Dank Meldungen vom Land und von Satellitendaten lässt sich die Position vieler Eisberge bestimmen (Mai bis Oktober), icebergfinder.com.

NAH AM GESCHEHEN
Drei Anbieter an der 340 fahren zu Eisbergen, Walen und Vögeln: Friday's Bay Zodiac Boat Tours, Capt Dave's Boat Tours und Iceberg Quest Ocean Tours.

3

Vom Ochre Hil geht der Blick weit über die Wildnis.

TERRA NOVA NATIONAL PARK

SCHWARZFICHTEN UND SCHWARZBÄREN

Der östlichste Nationalpark Kanadas wird auf seiner gesamten Länge vom Trans-Canada Highway durchquert. Der 1957 gegründete Park umfasst Wälder, Hügel, Seen, Inseln und Feuchtgebiete rund um den Newman Sound und andere Meeresarme.

Auf genau 43 Kilometern begleitet der Terra Nova National Park den Trans-Canada Highway, der nun von Wäldern gesäumt ist, in denen Schwarzbären, Luchse, Elche, Fischadler und der seltene Neufundland-Marder leben. Der Großteil der Fläche, etwa von der Größe Bremens, ist Wildnis. Doch es gibt dank einem Dutzend Wanderwegen – von barrierefrei bis anspruchsvoll – viele Ecken zu entdecken, zudem nicht weit vom Highway entfernt. Für einen 360°-Blick lohnt es sich, gleich nach dem Eingangsschild links abzubiegen und am zweiten Wanderparkplatz zu halten. Ein kurzer Weg führt auf einen felsigen Hügel, von dem aus man die Mills Cove zu seinen Füßen sieht.

Wer nicht wandern will, kann auf dem Highway noch gut fünf Kilometer weiter und dann auf den Blue Hill fahren – die höchste Erhebung des Parks mit rund 200 Metern. Unweit vom Parkplatz bieten die roten Stühle einen bequemen Sitzplatz mit Aussicht auf den Newman Sound. Am Ufer dieser Meerenge befindet sich das Besucherzentrum (Mitte Mai bis Mitte Oktober) mit einer Ausstellung über Flora und Fauna des Parks. Ungewöhnlich ist der Touch Tank, der eine hautnahe Begegnung mit Meeresbewohnern erlaubt. Ein kurzer *(Heritage Trail)* und ein langer *(Goowiddy Trail)* Wanderweg beginnen vor Ort.

TIPP

VOM WASSER AUS

Boots- und Kajaktouren im Newman Sound bieten Happy Adventure Tours an, die im Visitor Centre ihren Sitz haben. Sie vermieten auch Kajaks, mit denen sich einfache oder mehrtägige Touren vom Sandy Pond aus unternehmen lassen, happyadventureinn.com.

AUSSICHT MIT VERGANGENHEIT

Wenn nicht Cape Breton, dann hat der italienische Seefahrer Giovanni Caboto, vulgo John Cabot, 1497 wohl diese Küste im Nordosten Neufundlands erblickt. »O buon vista!«, soll er ausgerufen haben, und tatsächlich sind die Kliffs der so benannten Halbinsel beeindruckend – auch in geologischer Hinsicht.

John Cabot, in Venedig geboren als Giovanni Caboto, ist also der Grund, warum die Halbinsel und die größte Stadt darauf einen italienisch klingenden Namen tragen. Ein Nachbau seines Schiffs »Matthew«, mit dem er unter britischer Flagge segelte, liegt im Hafen von Bonavista vor Anker (Matthew Legacy, Mai bis Oktober). Im 16. Jahrhundert wurde der Ort von britischen Fischhändlern gegründet und ist damit eine der ältesten europäischen Siedlungen in Nordamerika. Bonavista entwickelte sich zu einem Zentrum der Fischerei und Fischverarbeitung. Heute ist nur die Krabbenfischerei übriggeblieben. 500 Jahre Fischerei- und Ortsgeschichte spiegeln die Ryan Premises, die historischen Gebäude der Stockfischhändler Michael und James Ryan am Hafen. Ein Spaziergang von dort entlang der Church Street führt vorbei an sorgsam restaurierten Holzhäusern und zu Pubs und Cafés.

4

↑ Die Papageitaucher oder Puffins gehören zu den putzigsten Wesen, die an den Steilküsten zuhause sind. ↙ Plötzlich war da ein Loch: Bei Bonavista wurde eine Meereshöhle so lange ausgespült, bis sie einstürzte und nun als Dungeon die Besucher beeindruckt.

Steinbrücken und Säulen

Die Anfänge der europäischen Besiedlung von Bonavista liegen indes im Vergleich nur einen Wimpernschlag zurück: Auf rund 580 Millionen Jahre kommen die ältesten Gesteine und Fossilien, die auf der Halbinsel gefunden wurden. Sie stammen aus dem Ediacarium, jener Epoche, aus der die ältesten mehrzelligen tierischen Fossilien überhaupt vorliegen. Der Discovery Geopark schützt die Felsformationen und Fundorte, der *Discovery Trail* verbindet sie.
Vom TCH biegen wir nach Bonavista ab, der *Discovery Trail* ist ausgeschildert. In Southern Bay fahren wir links auf dem Highway 235 weiter. Rund 20 Kilometer später muss sich erneut links halten, wer den Tickle Cove Sea Arch sehen will – einen massiven roten Steinbogen. Von der Siedlung ist es nur ein Spaziergang bis zur ersten der zehn Geopark-Stätten. Der 235 führt uns nach King's Cove, dort geht es fußläufig von der katholischen Kirche und am Leuchtturm vorbei zum Brook Point mit mehrfarbigen Sedimentschichten. Eine kleine Straße verbindet King's Cove mit Duntara und Keels, wo eigenartige Muster im Gestein zu finden sind. Anschließend bringt einen der Highway 235 nach Bonavista und zu zwei Felsformationen, die die Kraft der Erosion verdeutlichen: zum Dungeon, einer eingestürzten Meereshöhle, und zum Chimney, einer Steinsäule.

Kühlschrank überflüssig

Die Halbinsel liegt ebenfalls an der Iceberg Alley. Als guter Aussichtspunkt für die Eisbergsichtung empfiehlt sich das Cape Bonavista mit der John-Cabot-Statue und einem Leuchtturm von 1843 (Mai bis Oktober). An der Küste leben zudem mehrere Kolonien von Papageitauchern – eine davon am Kap. Zwischen Mitte Mai bis Ende August sind die Beobachtungschancen am besten. Der putzige Vogel gilt als der offizielle Vogel der Provinz, denn 95 Prozent der Population von Nordamerika brüten rings um Neufundland und Labrador.
Eine weitere Insel, auf der man die Vögel sehen kann, liegt vor einer Landzunge südlich von Elliston. Das Dorf selbst ist als »Rübenkellerhauptstadt der Welt« bekannt – wegen der großen Zahl an Kellern, die in Hügel gebaut wurden, um Wurzelgemüse zu lagern. Optisch erinnern sie an Hobbithöhlen. Die ältesten zählen 165 Jahre und sind Teil des Geoparks. Vor dem Rückweg nach Southern Bay auf dem Highway 230 warten noch weitere Fossilienfundorte in Port Union. Um von der Straße zurück auf den Trans-Canada Highway zu gelangen, nehmen wir die Ausfahrt nach Clarenville.

TIPP

ECHT MARKANT

Engagierte Einwohner von Plate Cove West haben drei Wanderwege beschildert und betreuen sie – einer davon führt vom Highway 235 südlich vom Ort zum Naked Man Beach, benannt nach einer Felsformation vor Ort. Außerdem gibt es einen kleinen Wasserfall und weitere Felsen an einer Sandbank am Strand, facebook.com/PCTBP.

WIRKLICH SCHÖN

Im Süden der Halbinsel liegt auf einer Landzunge Trinity. Das Dorf besticht mit alten farbenfrohen Häusern und seiner Lage in einer geschützten Bucht. Vom Gun Hill öffnet sich eine hervorragende Sicht über den Ort, der für seine Theatertradition bekannt ist. In Trinity East, auf der benachbarten Landzunge, beginnt eine Rundwanderung, die unter die Top 35 Nordamerikas und Europas gewählt wurde: der 5,3 Kilometer lange *Skerwink Trail* entlang der Steilküste.

RICHTIG FRISCH

In Clarenville, direkt am Trans-Canada Highway, können sich Selbstversorger in der Markthalle mit regionaler Ware eindecken. Im Farm & Market bieten aber nicht nur Bauern der Umgebung ihre Produkte an, man kann auch Gemüse im Hochbeet selbst ernten. Kunsthandwerk und allerlei Selbstgemachtes stehen ebenfalls zum Verkauf, ein Café und ein Spielplatz laden zum Verweilen ein. Geöffnet: Juni bis Dezember, jeden Samstag immer von 10–15 Uhr, farmandmarketclarenville.com.

5

ST. JOHN'S

KANONEN UND KNEIPEN

Nach vielen Tagen auf den einsamen Straßen und in der unberührten Natur Neufundlands fühlt sich St. John's überraschend großstädtisch an. Tatsächlich leben in der Provinzhauptstadt mehr als 110.000 Menschen und fast noch einmal so viele in der Umgebung. Willkommen am bunten Ende des Trans-Canada Highways!

Ähnlich wie Bonavista gehört St. John's, ganz im Osten Neufundlands, zu den ältesten britischen Ortschaften Nordamerikas. Im frühen 17. Jahrhundert siedelten die ersten Familien auf der Avalon-Halbinsel. Der durch eine Landzunge geschützte Hafen von St. John's war als Umschlagplatz für den Fischfang beliebt und entsprechend umkämpft. Mehrfach eroberten die Franzosen die Siedlung. Noch gegen Ende des 18. Jahrhunderts lebten nicht mehr als ein paar Tausend Menschen in St. John's, denn die Fischerei sorgte nur saisonal für Arbeit. Erst Europas Nachfrage nach Salzfisch ließ die Bevölkerungszahl steigen. 1925 wurde die Memorial University gegründet – im ersten Jahrgang lernten dort 57 Studenten. Heute zählt die Hochschule mit rund 18.000 Studierenden zu den wichtigsten Universitäten des Landes. Sie trägt einen wesentlichen Anteil daran, dass sich St. John's zu einer kleinen Metropole entwickelt hat, in der auch kulturell einiges los ist.

Aufstieg für den Überblick

Der Signal Hill bietet hervorragende Aussichten auf St. John's und den natürlichen Hafen. Und er ist auch historisch bedeutsam: Bereits im 17. Jahrhundert wurden Geschütze auf den Felsen installiert, um die *Narrows,* die schmale Hafeneinfahrt, verteidigen zu können. Bis zum Ende des Zweiten Weltkriegs blieb der Signal Hill eine Militärbasis und Verteidigungsanlage. Doch nicht nur Militärgeschichte wurde auf dem Hügel geschrieben: Die erste kabellose Signalübertragung von Europa über den Atlantik wurde 1901 auf dem Signal Hill empfangen und acht Jahre später das erste transatlantische Telegrafenkabel hierher verlegt. Die Geschichte von Signal Hill hat das Besucherzentrum interaktiv und multimedial aufbereitet (täglich 10–18 Uhr von Juni bis Oktober). Von dort kann man auf den Gipfel des Hügels mit dem Cabot Tower spazieren oder einen der anderen kurzen, überwiegend leichten Wege wählen. Vom Cabot Tower führt eine Wanderung um den North Head mit Ausblick auf den Atlantik und anschließend über The Battery zurück in die Stadt.

Durch bunte Straßen

The Battery ist ein kleines Viertel, in dem sich farbenfroh gestrichene Holzhäuser an den felsigen Hügel schmiegen. Nicht der einzige Farbklecks in St. John's: Ein beliebtes Fotomotiv ist auch die Jellybean Row, eine Siedlung mit bunten Häusern rings um die Ecke Victoria Street/Gower Street. Wer der Victoria Street bergauf folgt und dann einen kleinen Park durchquert, landet zu Füßen der Basilika im Stil der Neoromanik. Die katholische Kathedrale aus dem 19. Jahrhundert beeindruckt mit ihrer Vielzahl an Buntglasfenstern (Mitte Juni bis Anfang September täglich geöffnet). Es gibt noch drei weitere Kirchen in der Umgebung auf dem Church Hill, darunter die neogotische, anglikanische Kathedrale.
Bergab kreuzt die Victoria Street die Water Street, mit ihren Geschäften und Restaurants die Hauptstraße St. John's. Wer abends etwas erleben will, folgt der Water Street bis zur George Street, die an der YellowBelly Brewery beginnt. Hier, neben der *A Time*-Skulptur, starten auch die Walking Tours, bei denen einheimische Stadtführer Hintergrundwissen und Humorvolles über die kleine Großstadt zum Besten geben. In den zahlreichen Pubs und Bars entlang der George Street spielt nahezu jeden Abend Live-Musik.

↑ Am Cabot Tower auf dem Signal Hill liegt einem die Hafenstadt zu Füßen. Hoch geht es auch mit dem Fahrzeug. ← Die schmale Einfahrt machte einst den Hafen begehrenswert. Heute locken Bildung, Arbeit und Kultur nach St. John's, in die Provinzhauptstadt.

TIPP

EUROPA GANZ NAH
Der östlichste Punkt Kanadas liegt nur 20 Fahrminuten vom Zentrum von St. John's entfernt: das Cape Spear. Bis zum westlichsten Punkt Europas in Portugal sind es trotzdem noch fast 3.600 Kilometer. Das verleiht dem Blick von der Aussichtsplattform etwas Perspektive. Am Kap gibt es außerdem zwei Leuchttürme – darunter der älteste Kanadas (Führungen täglich von Juni bis Oktober) – und Verteidigungsanlagen aus dem Zweiten Weltkrieg zu sehen.

NEUFUNDLAND VON INNEN
Das Johnson Geo Centre ist der Anlaufpunkt, um dem *Rock*, wie Neufundland oft genannt wird, ganz nah zu kommen: Das Wissensmuseum wurde auf dem Signal Hill in den Felsen gebaut und somit ist das Gestein der Insel fester Bestandteil der Geologie-Ausstellung. Weitere Themen bilden Planet und Sonnensystem, Meere und Mythologie, aber auch Öl- und Gasindustrie, der wichtigste Industriezweig der Provinz, mun.ca/geocentre.

RÄUME FÜR DIE KUNST
In der Innenstadt, auf der anderen Straßenseite der Basilika, fällt ein Neubau ins Auge: The Rooms ist das große Kulturzentrum der Stadt, das Kunst- und historischen Ausstellungen sowie zahlreichen Veranstaltungen Raum bietet. Vom Rooms-Café hat man zudem einen tollen Blick über die Stadt auf die Bucht, therooms.ca.

GEZEITEN UND GROSSSTÄDTE

Von der Bay of Fundy mit dem größten Tidenhub der Welt führt der Trans-Canada Highway weiter nach Westen und quert dabei Nova Scotia, New Brunswick, Québec und Ontario. Der Abschnitt eignet sich perfekt für einen Städtetrip mit gleich drei Metropolen en passant – aber auch die Natur kommt nicht zu kurz.

Wir verlassen Halifax Richtung Truro, einer Kleinstadt mit guten Einkaufs- und Einkehrmöglichkeiten, wo sich der enorme Tidenhub der Bay of Fundy am Salmon River zu erkennen gibt. Für einen Zwischenstopp nehmen wir Exit 14 auf dem Highway 102 und biegen Richtung Stadtmitte oder im Kreisverkehr zur Fundy Discovery Site (F) ab. Das Besucherzentrum am Fluss informiert über die aktuellen Zeiten von Ebbe und Flut – eine hilfreiche Information auch für den späteren Ausflug an die Küste. Wie die Flut den Salmon River in Form einer Gezeitenwelle vereinnahmt, kann man zwei Mal täglich in Truro beobachten.

INFO

Start: Halifax
Ziel: Ottawa
Länge: 1.580 Kilometer
Dauer: 8 Tage
Beste Reisezeit: Mai bis Oktober

Zurück auf dem Highway 102, kreuzt wenig später der Trans-Canada Highway (TCH, weißes Ahornblatt), der hier die Nummer 104 trägt und uns nach Westen bringt. Nach etwa einer Stunde erreichen wir New Brunswick, ebenfalls eine der maritimen Provinzen und die einzige bilinguale in Kanada. Hügel und Wälder kennzeichnen die Landschaft, bekannt ist New Brunswick aber für seine Küsten – sandig im Nordosten und von der Kraft der Gezeiten geprägt im Süden. Wer auf der Suche nach typischen und schrägen Touristenattraktionen ist, verlässt den TCH, nun mit der Nummer 2 versehen, bei Moncton am Exit 450 und besucht den Magnetic Hill. Auf dem Hügel

Für Oper, Musical, Tanz und Musik ist die Place des Arts in Montréal die erste Adresse der Stadt.

gibt es eine Straße, auf der Fahrzeuge scheinbar bergauf rollen – Magnetismus ist aber nicht die Erklärung. Einst eine der beliebtesten Sehenswürdigkeiten des Landes (nach Banff und den Niagarafällen), haben sich längs der Straße andere Attraktionen wie Zoo und Wasserpark angesiedelt.

Felsen, Brücken, feine Biere

Wir nehmen Exit 446, um den spektakulärsten Küstenabschnitt an der Bay of Fundy mit den von der Erosion geformten Felsen zu sehen, und folgen den Schildern nach Riverview. Gleich hinter der Brücke geht es links auf die 114, die die **1 Hopewell Rocks** erreicht. Die Einfahrt zum Provincial Park ist ausgeschildert. Die 114 führt danach zurück nach Moncton und von Riverview wieder auf den TCH (eine 2 auf weißem Ahornblatt). Rund anderthalb Stunden später erreicht er Fredericton. Alternativ lohnt es sich, am Exit 333 auf die alte Route des TCH, den Highway 105, zu wechseln – er folgt direkt dem Nordufer des Saint John Rivers. Die rostrote Fußgängerbrücke über den Fluss kündigt Fredericton

Im Zentrum Ottawas mündet der historische Rideau-Kanal nach einigen Schleusen in den Ottawa-Fluss.

an, die nächste Brücke bringt die Besucher *downtown* in die Hauptstadt der Provinz und des Bierbrauens. Wer sich durch elf Craft-Beer- und Cider-Brauereien probieren möchte, holt sich in der Touristeninformation die Karte des Fredericton Taproom Trails.

Von Fredericton nehmen wir die 105, kommen etwas gemächlicher als auf dem TCH voran und gelangen am Fluss entlang nach Hartland mit seiner gleichfalls markanten Brücke: In der Kleinstadt verbindet die längste überdachte Holzbrücke der Welt die beiden Ufer. Ein perfekter Stopp, um sich die Beine zu vertreten und am Imbiss beim Parkplatz etwas zu essen. Ein weiterer Zwischenhalt bietet sich eine Stunde später an: Nördlich von Hartland queren wir den Saint John River, um erneut auf den TCH zu biegen. Wir verlassen ihn bei Grand Falls Richtung Innenstadt und parken am Malabeam-Besucherzentrum. Unmittelbar dort verläuft die Schlucht, durch die der Fluss mitten durch die Stadt strömt. Ein Weg führt zu verschiedenen Aussichtsplattformen, von denen man je nach Saison die Wasserfälle sehen kann.

Nun heißt es: Bonjour

Zurück auf dem TCH, passieren wir eine Dreiviertelstunde später die Grenze zur französischsprachigen Provinz Québec, wo der Highway als A85 weitergeht. Nach einer Stunde sind wir in Rivière-du-Loup angelangt. Die Kleinstadt rühmt sich ebenfalls einer Reihe von Wasserfällen im gleichnamigen Fluss. Zudem ist sie bekannt für ihre Sonnenuntergänge über dem Sankt-Lorenz-Strom, die man zum Beispiel vom Parc de la Pointe aus beobachten kann. Der Fluss ist an dieser Stelle noch sehr breit. Wenige Kilometer nördlich bei Cacouna bietet sich die Möglichkeit, von einem Observationszentrum aus im Wahsipekuk, wie die indigene Bevölkerung das Gewässer nennt, nach Belugawalen Ausschau zu halten. Der TCH folgt nun dem Sankt-Lorenz-Strom und erreicht rund zwei Stunden später die Provinzhauptstadt **2 Québec**, deren Altstadt ein wenig europäisches Flair in Kanada verbreitet.

Die Region zwischen Québec und Montréal heißt Centre-du-Québec, obwohl sie im Süden der riesigen Provinz liegt. Sie zu durchqueren, dauert auf dem TCH drei Stunden, aber wer sich für die Geschichte der Region interessiert, sollte auf halbem Weg anhalten: In Drummondville, einer mittelgroßen Stadt, entführt das Village Québécois d'Antan seine Besucher ins 19. Jahrhundert. Darsteller sorgen in dem großen Freilichtmuseum für einen lebendigen Eindruck. Eine halbe Stunde flussabwärts gewährt das Abenaki-Museum, eingerichtet in der ehemaligen Schule des Dorfs Odanak, einen Einblick in die indigene Geschichte und Kultur. Zudem gibt es einen gut zwei Kilometer langen Lehrpfad zu Flora und Fauna.

Nur anderthalb Stunden liegt der größte Ort der Provinz entfernt: die Metropole **3 Montréal**, deren Skyline Großstadtatmosphäre verheißt und die ebenfalls zahlreiche Entdeckungen für ein paar Tage bereithält. Der Highway führt an Montréal und dem Lac des Deux Montagnes, dem »See der zwei Berge«, vorbei. Kurze Zeit später erreichen wir die Provinz Ontario, wo der TCH als Highway 417 weitergeht. Eine Stunde danach sind wir in der kanadischen Hauptstadt **4 Ottawa** am gleichnamigen Fluss angekommen. Hier endet die Osttour durch vier Provinzen und drei Großstädte.

RESTAURANTS / ÜBERNACHTUNGEN

EINKEHREN

LA BUCHE/QUÉBEC CITY

Praktischerweise direkt auf der Rue Saint-Louis in der Altstadt gelegen, ist das La Buche eine perfekte Mischung aus urig-kanadischer Deko, typisch-lokaler Küche und einem Quäntchen Humor. Das familienfreundliche Restaurant serviert vom Frühstück bis zum Abendessen herzhafte, traditionelle Gerichte aus regionalen Zutaten, von der Erbsensuppe über *Pig wings* bis zur geräucherten Forelle. Wenige vegetarische Optionen. Reservieren oder Zeit mitbringen, restolabuche.com.

L'AUBERGE SAINT-GABRIEL/ MONTRÉAL

Das von einem Schweizer geführte Restaurant ist das älteste der Stadt: In der 1688 eröffneten Herberge durfte ab 1754 Alkohol ausgeschenkt werden – die erste Lizenz des Landes. In den historischen Räumen, zwischen Steinwänden, Kamin und Holzbalken, kommt moderne Küche aus lokalen Zutaten auf den Tisch, zum Beispiel Rind und Spargel aus Québec, aubergesaint-gabriel.com.

PLAY FOOD & WINE/OTTAWA

Kleine Teller, kleine Portionen – das ist Programm in dem Restaurant im Byward-Markt, damit Gäste mehr als ein Gericht verspeisen können. Gekocht wird in einer offenen Küche bevorzugt mit lokalen und saisonalen Zutaten. Auf dem Teller landen *Cavatelli* mit Hase oder Hecht mit Pekannussdip. Es gibt auch ein veganes Menü, playfood.ca.

ÜBERNACHTEN

LE MONASTÈRE DES AUGUSTINES/ QUÉBEC CITY

Wer Ruhe sucht und schon immer mal in einem Kloster übernachten wollte, hat in Québec dazu Gelegenheit: In der Altstadt gibt es ein Hotel im historischen Augustiner-Kloster mit einfachen, authentischen oder modernen Zimmern. Ein Museum, ein Wellness-Center und ein Restaurant befinden sich ebenfalls auf dem Gelände. Großer Wert wird auf Nachhaltigkeit und soziale Verantwortung gelegt, monastere.ca.

UVILLE HOTEL/MONTRÉAL

Keine Herberge von der Stange: Das kleine Hotel Uville steht in der Altstadt, nicht weit vom Hafen. Jedes Zimmer hat einen Plattenspieler, keines gleicht dem anderen – mit der individuellen Einrichtung will man an die 1960er- und 1970er-Jahre erinnern, die Zeit, in der die Expo und die Olympischen Spiele Montréal zur vielbeachteten Weltstadt machten, uvillehotelmontreal.com.

BYWARD BLUE INN/OTTAWA

Das Boutique-Hotel liegt mitten im Marktviertel und in laufbarer Distanz zum Parlament und anderen Sehenswürdigkeiten. Für Foodies ist es nicht weit bis zu den Restaurants des Byward-Markts, Frühstück gibt es im Hotel. Die kürzlich renovierten Zimmer haben eine kleine Küchenecke (ohne Herd, mit Mikrowelle und Kühlschrank), manche einen Balkon mit Ausblick, bywardblueinn.ca.

Der Escalier Casse-Cou führt in Quebéc hinab zur Rue du Petit Champlain.

1

HOPEWELL ROCKS

FELSEN WIE BLUMENTÖPFE

Der Tidenhub von 16 Metern in der Bay of Fundy bedeutet nicht nur den Rekord für Gezeitenunterschiede weltweit, er ist auch schwer vorstellbar. Bis man ihn an einem Ort wie dem Hopewell Rocks Provincial Park beobachten kann. An den Felsen vor der Küste haben Ebbe und Flut ganze Arbeit geleistet.

Braune Felsen, auf denen Bäume wachsen? Es ist leicht nachzuvollziehen, warum einige der Sandsteinfelsen vor der Küste von New Brunswick als »Pflanzentöpfe« bezeichnet werden. Jahrtausendelang haben die starken Gezeiten die Felsen geschliffen, die nun die Hauptattraktion des kleinen Provinzparks darstellen. Mindestens einen Tag sollte man für einen Besuch einplanen, um Ebbe und Flut an diesem Ort beobachten zu können. Die Eintrittskarten sind deshalb auch für zwei aufeinanderfolgende Tage gültig. Der Park selbst hat von Mitte Mai bis Ende Oktober geöffnet.

Auf dem Meeresgrund

Mehr als 20 Felstürme stehen vor dem Hopewell-Kap im Meer – jedenfalls bei Flut. Bei Ebbe kann man zu ihnen hinabsteigen und den rund zwei Kilometer langen Küstenab-

schnitt auf eigene Faust erkunden. Ein 800 Meter langer Weg führt vom Haupteingang zu einer Aussichtsplattform an der Staircase Cove und 100 Stufen hinab zum Meeresgrund. Am Nordstrand gibt es eine Rampe, die für Rollstühle geeignet ist, am Grund der Bay of Fundy hört die Barrierefreiheit dann aber auf. Wegen ihrer Formen tragen die Felsen bezeichnende Namen wie E. T. Rock oder Elephant Rock. Andere bilden natürliche Steinbrücken. Auf dem Meeresgrund kann man bei Ebbe Felsenkrabben, Seepocken, Meeresschnecken, Einsiedlerkrebse und Seeanemonen entdecken - auch als Laie.
Der Spaziergang ist je drei Stunden vor und nach der Ebbe möglich. Die aktuellen Zeiten listet das Internet unter NB Parks oder das Besucherzentrum. Festes Schuhwerk mit Profil wird empfohlen, da die Steine am Strand oft rutschig sind.

Per Kajak zum Kap

Die Rekordhöhe von 16 Metern wird bei Flut an den Hopewell Rocks nicht erreicht, aber bis zu 14 Meter Tidenhub sind möglich. Das bedeutet, dass aus den Felsen Inselchen werden und man mit dem Kajak ganz nah an sie heranpaddeln kann, mitunter sogar unter den Felsbrücken hindurch. Offizieller Partner des Provinzparks für Kajaktouren ist Baymount Outdoor Adventures, die ihren Sitz in der Nähe des Parkplatzes am Nordstrand haben. Die geführten Touren sind der Agentur zufolge auch für Anfänger geeignet.
Ohne Bootsfahrt lohnt es sich, bei Flut die Aussichtspunkte im Park anzusteuern, nicht nur die Plattform an der Treppe. Auf halbem Weg zwischen Treppe und Besucherzentrum gibt es einen Panoramapunkt in der Nähe des Elephant Rock. Zwei weitere Plattformen nahe des Infozentrums bieten Aussicht auf den Diamond Rock und die Wellen oder Wattflächen um den Shepody Mountain im Süden.
Das Meer wird allerdings nicht strahlend blau aussehen, sondern braun erscheinen. Das hängt laut der Parkmitarbeiter damit zusammen, dass die Flut über Schlammbänke spült und dabei Sedimente aufwirbelt. Diese setzen sich nie ganz ab und bewirken die Braunfärbung des Wassers. Das Schwimmen ist übrigens nicht erlaubt.
Die Wartezeit auf Ebbe oder Flut lässt sich vor Ort im Restaurant oder im Museum des Besucherzentrums verbringen, wo es nicht nur um die Gezeiten geht, sondern auch um die Wale in der Bay of Fundy und die Legenden der Mi'kmaq. Zudem bietet sich ein Spaziergang zum Demoiselle Beach an: Vom Besucherzentrum gelangt man nach 700 Metern an den Strand, der an einer Seite von niedrigen Kliffs begrenzt wird. Von dort eröffnet sich ein schöner Blick aufs Watt.

↑ In der Nähe des Cafés am Besucherzentrum schaut man nach Süden weit über die Wattflächen.
← An der oft fotografierten Steinbrücke, genannt Lover's Arch, gibt es eine Plattform für den besten Ausblick zu jeder Tageszeit. Die Flut wird den Strand überspülen.

TIPP

SHOREBIRD DISCOVERY CENTRE

Jedes Jahr fliegen Tausende Zugvögel über die Bay of Fundy. Zudem leben in den Feuchtgebieten an der Küste zahlreiche Wattvögel. Ein guter Ort, um sie zu beobachten und mehr über sie zu lernen, ist das kleine Museum in der Shepody National Wildlife Area. Das Naturschutzgebiet schließt sich südlich an die Daniel-Wattflächen an, die man vom Provincial Park aus überblickt. Wanderwege und Beobachtungsplattformen laden zum Erkunden ein. Das Museum an Mary's Point ist von Juli bis September, 9–17 Uhr geöffnet. Auf der Straße dorthin liegt der alte Anderson-Hollow-Leuchtturm.

DER FUNDY-NATIONALPARK

Wer von der wilden Küste nicht genug bekommt, sollte den Fundy-Nationalpark 45 Kilometer südlich der Hopewell Rocks ansteuern. Strände, an denen sich der Meeresgrund bei Ebbe erkunden lässt, gibt es hier auch. Dazu kommen Wanderwege, Wasserfälle und ein bisschen mehr Ruhe in der Wildnis. Das Schutzgebiet erstreckt sich von der steinigen Küste weit ins bewaldete, hügelige Hinterland. Zum Nationalpark gehören auch ein Golfkurs und ein Salzwasser-Freibad. Nebenan liegt das Fischerdorf Alma mit Restaurants, Läden und Unterkünften, parks.canada.ca.

DAS SCHLOSS AM BREITEN FLUSS

Québec wurde auf einer Anhöhe am Sankt-Lorenz-Strom errichtet, von der aus der Blick weit über den Fluss reicht. In der Altstadt dominiert das Château Frontenac das Bild, aber in den Straßen gibt es viel mehr zu entdecken. Die Stadt von der Größe Dresdens lässt sich hervorragend zu Fuß erkunden.

Es ist ihr anzusehen: Die Ville de Québec hat mehr als 400 Jahre auf dem Buckel. 1608 wählte Samuel de Champlain, Seefahrer und Kommandant Neufrankreichs, diesen Ort als Handelsposten aus. Ein Holzhaus diente als Wohnung, Festung und Treffpunkt für den Pelzhandel mit Indigenen. 1620 ließ Champlain das Fort Saint-Louis errichten. Immer wieder gab es Versuche der Engländer, die spätere Hauptstadt Neufrankreichs zu erobern. Nach langer Belagerung fiel Québec 1759 an die Briten und gehörte fortan zur britischen Kolonie. 1867 wurde es zur Provinzhauptstadt der neu vereinigten Kanadischen Konföderation. An Champlain erinnert eine Statue neben dem Château Frontenac.

2

↑ Das Wandbild über die Geschichte Québecs befindet sich an der Rue Notre-Dame, gleich um die Ecke der Place Royal. ↙ Das Château Frontenac ist das bekannteste Gebäude von Québec City und hilft bei der Orientierung. Von der Promenade blickt man über Unterstadt und Sankt-Lorenz-Strom.

Unterwegs in der Oberstadt

Mit seinen Türmchen und der ausgezeichneten Lage prägt das Château Frontenac die Altstadt Québecs. Doch was »Schloss« heißt und auch so aussieht, war nie eines: Es wurde als Hotel der Canadian Pacific Railway errichtet – an der Stelle, wo einst das Fort und das Château Saint-Louis standen. 1893 eröffnet, gilt das Gebäude als meistfotografiertes Hotel der Welt. Hinein geht es bei Führungen mit Cicerone Tours. An das Hotel schließt sich die Dufferin-Terrasse an, eine breite Promenade mit Ausblick über den Strom bis zur Stadt Lévis. Im Kiosk neben dem Champlain-Denkmal lassen sich die Eintrittskarten für eine verborgene Sehenswürdigkeit erstehen: Unter der Terrasse blieben die Überreste des Forts bewahrt. Von ihrem anderen Ende (an dem es im Winter eine Schlittenbahn gibt) führt eine Treppe auf einen Hochuferweg. Er verläuft direkt an der Zitadelle entlang, dem großen Verteidigungsbauwerk der Stadt aus dem 19. Jahrhundert. Auf den Plaines d'Abraham, dem Schauplatz der Schlacht von 1759, erstreckt sich heute ein großer Park mit Blick auf die wenigen Hochhäuser Québecs. An der Außenmauer der Zitadelle geht es hinunter zur Rue Saint-Louis – bis man genau gegenüber vom Parlament steht. Rechts durch das Stadttor führt der Spaziergang in den vor 40 Jahren auf die UNESCO-Welterbeliste gesetzten Altstadtkern und an vielen Restaurants vorbei.
Neben dem Kiosk am Champlain-Denkmal beginnt eine Treppe nach unten. Nach der Unterquerung einer Fußgängerbrücke zweigt rechts ein Weg zum Escalier Casse-Cou ab, der ältesten Treppe der Stadt. Sie mündet in die Unterstadt mit gepflasterten Gassen, einer Menge Charme – und viel Trubel. Nach der Treppe zweimal links abbiegend, landet man auf der Place Royal, wo die Geschichte Québecs begann. An der Stelle von Champlains Haus lässt sich nun die älteste Steinkirche Nordamerikas besichtigen.

Streifzug durch die Unterstadt

Zurück am Fuß der Stufen, geht es geradeaus in die berühmteste Gasse der Stadt: die Petit Champlain. Vom *Architectural Digest* wurde sie 2019 unter die Top 25 der schönsten Straßen der Welt gewählt. Dabei waren die Häuser aus dem 18. Jahrhundert, nun farbenfroh verziert, lange Zeit dem Verfall preisgegeben. Doch vor rund 50 Jahren fanden sich ein Architekt und ein Geschäftsmann zusammen und begannen mit der Sanierung. Künstler und Kunsthandwerker übernahmen die Läden und schließlich als Kooperative den Großteil der Straße. Wer wieder nach oben will, muss nicht die »Draufgänger-Treppe« nutzen, sondern kann gleich daneben in die Standseilbahn steigen. In weniger als einer Minute saust der *funiculaire* von 1879 hoch zum Champlain-Denkmal.

TIPP

WASSERFALL AM STADTRAND
Gerade einmal 15 Minuten vom Zentrum entfernt mündet der Montmorency-Fluss in den Sankt-Lorenz-Strom. Dabei bewältigt er einen Höhenunterschied von beachtlichen 83 Metern – das Ergebnis ist ein beeindruckender Wasserfall. 2021 wurde ein neuer Rundweg eröffnet, der unter anderem über eine alte Eisenbahnbrücke und zum Fuß des Wasserfalls geht. Eine steile Treppe und eine Seilbahn führen auf die Anhöhe, wo man auf einer Hängebrücke den Fluss direkt oberhalb der Montmorency Falls queren kann.

DER JACQUES-CARTIER-NATIONALPARK
Der Nationalpark 50 Kilometer nördlich von Québec ist nach dem Fluss benannt, der dort durch ein breites Gletschertal fließt. Links und rechts ragen bewaldete Berge auf. Wer den Aufstieg nicht scheut, wird mit der Aussicht aufs Flusstal und grüne Gipfel belohnt. Es gibt aber auch zahlreiche kurze Rundwege. Beim Wandern und Kajakfahren stehen die Chancen gut, Elche oder Weißwedelhirsche zu sehen. Empfehlungen für kürzere und längere Touren gibt es im Besucherzentrum. Kajaks und SUPs können vor Ort ausgeliehen werden. Das Tagesticket für den Park am besten vorab kaufen, denn die Besucherzahl pro Tag ist begrenzt, sepaq.com/pq/jac.

3

MONTRÉAL

METROPOLE MIT GRÜNER MITTE

Die Millionenstadt im Süden der Provinz Québec liegt auf einer Insel zwischen dem Sankt-Lorenz-Strom und dem Rivière des Prairies. Mit ihren Einkaufsstraßen, den Wolkenkratzern und namhaften Kunstmuseen eignet sie sich perfekt für einen Städtetrip. Wer Zeit mitbringt, kann weitere Inseln erkunden.

Wo einst ein Treffpunkt der First Nations lag, entstand 1642 auf einer Insel im Sankt-Lorenz-Strom eine französische Siedlung. Um 1700 zählte das Dorf gerade einmal 1.000 Einwohner, wurde aufgrund seiner günstigen Lage aber bald ein wichtiger Handelsplatz. Mit der Anbindung an die Eisenbahn und dank des Schiffsverkehrs entwickelte sich Montréal zur Großstadt. Heute ist sie die zweitgrößte Stadt Kanadas.

Der Name Montréal geht auf den Entdecker Jacques Cartier zurück, der um 1535 die Insel besuchte und an dem Berg, den er Mont Royal nannte, von Tausenden Indigenen begrüßt worden sein soll. Heute befindet sich an dieser Stelle der 190 Hektar große gleichnamige Park. Der Hügel misst nur 233 Meter, aber das reicht für einen Blick auf die Skyline vom Aussichtspunkt Kondiaronk. Hinauf gelangt man mit dem Bus oder über die lange Treppe am Ende der Rue Peel.

Trotz seiner Größe lässt sich das Zentrum Montréals gut zu Fuß erkunden. Von der Treppe ist es weniger als ein Kilometer, die Rue Peel hinunter und dann rechts in die Rue Sherbrooke Ouest, bis zum ältesten Kunstmuseum Kanadas, dem Musée des beaux-arts de Montréal (MBAM). Die Kunstsammlung zeigt Werke aus aller Welt. Zum Museum gehören fünf Gebäude, ein Skulpturengarten und ein Konzertsaal, der wie eine Kirche anmutet.

Zum Schaufensterbummeln

Gegenüber diesem Konzertsaal, dem Salle Bourgie, beginnt die charmante Rue Crescent mit Häusern im viktorianischen Stil und zahlreichen Kneipen und Clubs. Nur zwei Blocks weiter kreuzt sie die Rue Sainte-Catherine. Mehr als elf Kilometer lang, gilt sie als der berühmteste Shopping-Boulevard Montréals. Man muss ihn aber nicht ablaufen, Bus- und Metro-Stationen sind nie weit.
Die Metro ist außerdem ein Zugangspunkt zum Réso, einem gigantischen Tunnelnetzwerk, das seit den 1960er-Jahren große Teile der Innenstadt verbindet – für Fußgänger, die schlechtem Wetter entkommen wollen. Aber auch Läden und Restaurants befinden sich unter der Erde. Einen guten Eindruck vermittelt der Complexe Desjardins, ein großteils unterirdisches Einkaufszentrum an der Rue Sainte-Catherine, gegenüber der Place des Arts.

Auf die Insel

Zum kulturellen Kontrastprogramm führen der Untergrundpfad oder die Metro Richtung Palais des Congrès bzw. Place d'Armes. Dahinter beginnt Vieux-Montréal, die Altstadt. Nur einen Katzensprung entfernt ragen die beiden Türme der Basilique Notre-Dame in den Himmel. Die neogotische Kirche wird seit 2020 restauriert, kann aber besichtigt werden. Wer der Rue Notre-Dame nach Norden folgt, landet am Rathaus. Direkt gegenüber steht das Château Ramezay, in dem das Geschichtsmuseum der Stadt untergebracht ist. Es grenzt an die Place Jacques Cartier, die bergab auf die Rue Saint-Paul zuläuft, eine gepflasterte Spaziermeile. Von hier ist es nicht mehr weit zum Hafen mit dem Riesenrad, ebenso zur Fähre auf die Île Sainte-Hélène, die sogar einen Metro-Anschluss hat. Die Insel mit Blick auf die Skyline (etwa von der Skulptur aus) verfügt zudem über ein Freibad und einen Vergnügungspark. Das ungewöhnlichste Objekt im Park ist aber die Biosphère, der geodätische Dom der Expo 1967, der heute ein Umweltmuseum beherbergt. Abends wird die Kuppel in verschiedenen Farben beleuchtet.

TIPP

REISE DURCH FÜNF ÖKOSYSTEME
Mitten in Montréal einen Blick in einen tropischen Regenwald oder auf die Küste von Labrador werfen? Das geht im Biodôme, einer einzigartigen Einrichtung in der ehemaligen Radrennbahn der Olympischen Sommerspiele von 1976. Dort kann das Zusammenspiel von Tieren und Pflanzen der verschiedenen Ökosysteme beobachtet werden. Das Olympiastadion und der riesige botanische Garten grenzen an, espacepourlavie.ca/en.

SPAZIERGANG DURCH ITALIEN
Wenn plötzlich mitten in Kanada die italienische Flagge weht, dann ist man im ehemaligen Einwandererviertel Little Italy gelandet. Vom Boulevard Saint-Laurent mit Park und Restaurants zur katholischen Kirche Notre-Dame-de-la-Défense ist der Einfluss unverkennbar. Das Herz des Viertels markiert der Marché Jean-Talon, ein Markt mit Läden, Verkaufsständen und Imbissen (täglich geöffnet), marchespublics-mtl.com.

NATUR VOR DER HAUSTÜR
Im Nordosten der Stadt, praktischerweise am TCH, liegt der Îles-de-Boucherville-Nationalpark. Er erstreckt sich über fünf Inseln im Sankt-Lorenz-Strom, die zu Fuß, mit dem Rad oder auf dem Wasser erkundet werden können. Ein Kajak- und Fahrradverleih befindet sich direkt neben dem kleinen Besucherzentrum, sepaq.com/pq/bou.

↑ Außentreppen sind typisch für Montréals Wohnhäuser, weil sie drinnen Platz wegnehmen würden.
↖ Kein Hochhaus darf höher als der Mont Royal, also 233 Meter, sein. Das höchste misst 226 Meter.

DIE JUNGE HAUPTSTADT

Wo gleich mehrere Flüsse zusammentreffen, kreuzten sich jahrtausendelang die Wege verschiedener indigener Völker. Heute liegt dort, nah an der Grenze zu den USA, die Hauptstadt Kanadas. Ihr Name Ottawa wurde einem Begriff aus der Sprache der Anishinàbeg Algonquin entlehnt: *Odawa* heißt »handeln«.

Erst rund 200 Jahre ist es her, dass die ersten europäischen Siedler sich im heutigen Ottawa niederließen. 1857 ernannte Queen Victoria die wachsende Ortschaft zur Hauptstadt. Mit rund einer Million Einwohner ist sie eine vergleichsweise kleine Hauptstadt, dafür jenseits der Wolkenkratzer sehr grün, und bis zum Wasser – den Flüssen Ottawa und Rideau sowie dem Rideau-Kanal – ist es nie weit. Es gibt sogar eine riesige Farm mit Tieren und Feldern mitten in der Stadt: die Central Experimental Farm, deren Gärten samt Agrikultur-Museum besucht werden können.
Die meisten Besucher aber beginnen ihren Aufenthalt am Parlamentshügel: Auf der Anhöhe am Ottawa-Fluss stehen die Parlamentsgebäude im neogotischen Stil. Überragt werden sie vom Peace Tower, der für Ottawa ähnlich symbolhaft ist wie der Big Ben für London. Was wie eine Kathedrale wirkt, ist die Parlamentsbibliothek. Das Parlament selbst

4

wird derzeit saniert, aber durch den westlichen und den östlichen Block werden kostenlose Führungen angeboten. Die Touren beginnen im neuen unterirdischen Besucherzentrum zwischen Parlament und West-Block.
Auf dem Platz davor lodert die Flamme, die anlässlich der Hundertjahrfeier 1966 entzündet wurde. Eigentlich sollte sie nur temporär brennen, doch die Kanadier wollten sie behalten. Gegenüber vom Parlamentshügel beginnt die City mit ihren Hochhäusern, wobei das höchste gerade mal 112 Meter misst und damit nur 20 Meter höher ist als der Peace Tower.

Schlemmen und Schlendern

Wer mehr von der historischen Seite Ottawas sehen will, sollte den Rideau-Kanal queren, vorbei am East-Block und dem Kriegsdenkmal gegenüber. Hinter der Brücke stehen zwei bedeutende Gebäude: rechts der Senat, der im ehemaligen Bahnhof untergebracht ist, und links das Château Laurier, ein Luxushotel im Stil eines Schlosses. Beide wurden 1912 eröffnet, um Bahnreisenden einen angenehmen Aufenthalt zu ermöglichen.
Nur einen Block weiter beginnt auf der linken Seite der historische Byward-Markt. Dazu gehört nicht nur eine Markthalle, sondern ein ganzes Viertel mit Läden, Imbissen, Pubs, Restaurants und Galerien. Von Mai bis Oktober kommen Marktstände dazu. In einem solchen Stand begann 1980 die Erfolgsgeschichte der BeaverTails – ein warmes, süßes Gebäck, das heute kanadaweit und auch noch am Originalplatz vor Ort verkauft wird. An der Yorkstraße, an einem der Parkplätze, steht der vielfach fotografierte Ottawa-Schriftzug.
Für den Verdauungsspaziergang empfehlen sich die Uferwege am Rideau-Kanal. Im Sommer werden dort auch Bootstouren angeboten, Kajaks, Kanus, SUPs und Fahrräder verliehen. Im Winter gefriert der Kanal zum Rideau Canal Skateway, der längsten Eisbahn der Welt.

Kunst und Krieg

Sieben von Kanadas neun Nationalmuseen befinden sich in Ottawa. Die National Gallery, am Park neben dem Château Laurier, ist ein guter Anlaufpunkt, um die Werke der Group of Seven, einer kanadischen Künstlergruppe, sowie indigene Kunst kennenzulernen. Ein eher ungewöhnliches Ziel ist das Kriegsmuseum: Dort gibt es nicht nur Flugzeuge und anderes Kriegsgerät zu sehen, sondern auch Ausstellungen über die kanadische Kriegsgeschichte. Gezeigt wird ebenfalls ein Stück Berliner Mauer, denn Ottawa hat bei der Wiedervereinigung eine bescheidene Rolle gespielt.

↑ Frittierter Teig, original nur mit Zimt und Zucker – die beliebten BeaverTails haben ihren Ursprung in Ottawa.
← Regieren in grüner Lage: Zwischen Parlament (links) und Senat sowie Fairmont-Hotel (rechts) verläuft der Rideau-Kanal mit Wegen zum Spazieren und Radfahren.

TIPP

DORFMUSEUM IN DER STADT
Zwischen Parlament und Château Laurier liegt das Bytown-Museum an den Ottawa Locks, den handbetriebenen Schleusen des Rideau-Kanals. Das Museum nimmt einen mit in die 1820er-Jahre, als aus Bytown Ottawa wurde, aber auch in die Jahrtausende davor zu den Anishinâbeg Algonquin.

BOOTSTOUR AUF DEM OTTAWA-FLUSS
Mit Wassertaxis lässt sich samstags und sonntags die Großstadt bequem vom Fluss aus betrachten. Zustieg an den Ottawa Locks am Canadian Museum of History und am Richmond Landing, watertaxieh.ca.

GATINEAU-PARK
Das große Naturschutzgebiet liegt auf der anderen Seite des Ottawa-Flusses, in der angrenzenden Provinz Québec. Vor allem während der Laubfärbung ist es ein beliebter Ort zum Wandern, Paddeln und Campen, im Sommer locken Badestrände an den großen Seen. Von Mai bis September fährt ein kostenloser Shuttle in den weitläufigen Park.

So sieht es aus, wenn man fast 350 Meter über dem Erdboden steht und vom CN Tower auf Toronto hinabblickt.

ROUTE 5: IM SÜDEN ONTARIOS

EINE RUNDE UM TORONTO

Die Metropole ist der perfekte Ausgangspunkt, um bei einer Rundfahrt verschiedene Seiten der Provinz kennenzulernen: von der Großstadt zu kleinen und großen Seen, Tausenden Inseln, durch historische Städte, an den Strand und in endlose Wälder. Die Niagarafälle dürfen natürlich auch nicht fehlen.

Wer von Ottawa eine Anbindung zur Strecke sucht, kann über die Rideau Heritage Route nach Kingston fahren oder über den Trans-Canada Highway bis Renfrew, wo Anschluss an den Highway 60 durch den Algonquin-Park besteht. Wie viele Reisen durch Ontario startet diese, nicht zuletzt wegen des internationalen Flughafens, in der Provinzhauptstadt **1 Toronto**. Für die Metropole sollten mindestens ein bis zwei Tage bleiben, bevor man sie Richtung Hamilton auf dem Queen Elizabeth Way (Zeichen QEW) verlässt, der bis an die US-amerikanische Grenze führt. Er ist einer der meistgenutzten Highways, aber Angst vor dem Verkehr in und um Toronto, wo auch mal zehn und mehr Fahrspuren nebeneinanderliegen, muss niemand haben. Nur den Highway 401, der um die Innenstadt herumführt, sollte man im Berufsverkehr meiden.

Die Umgebung bleibt urban, denn an Toronto schließt sich die Metropolregion

INFO

Start: Toronto
Ziel: Toronto
Länge: 1.256 Kilometer
Dauer: 10 Tage
Beste Reisezeit: Mai bis Oktober

Greater Toronto Area an, in der rund sieben Millionen Menschen leben. Nach Burlington quert der QEW eine Landzunge zwischen Lake Ontario und der angrenzenden Bucht. Sofort folgt mit Hamilton die nächste Großstadt. Häufig tauchen nun Rebstöcke am Autofenster auf, denn die Halbinsel zwischen Ontario- und Eriesee bietet ein ideales Klima für den Weinanbau. Den QEW verlassen wir Richtung Niagara Falls auf den Highway 420, wo nach etwa anderthalb Stunden dann die gleichnamige Kleinstadt mit den berühmten **2 Niagarafällen** erreicht ist.

Am und übers Wasser

Auf dem Rückweg nutzen wir den Niagara River Parkway, der nach Norden am Niagara River entlang zum Lake Ontario führt. Winston Churchill hat die Niagarafälle während des Zweiten Weltkriegs besucht und soll den Parkway als »schönste Sonntagsfahrt der Welt« bezeichnet haben. Sobald die Hotels hinter einem liegen, ist es eine angenehme Fahrt durchs Grüne, vorbei an einem interessanten Aussichtspunkt, von dem aus der Blick über die riesigen Anlagen zur Stromerzeugung auf kanadischer und US-amerikanischer

Der Nadelwald spiegelt sich im Canoe Lake im Algonquin Provincial Park – nicht nur dem Namen nach ideal zum Kanufahren, auch einen Bootsverleih gibt es vor Ort.

Seite reicht. Zahlreiche Weingüter grenzen an den Parkway. Nach einer halben Stunde kündigt das Ortsschild Niagara-on-the-Lake an, wo der Niagara River in den Lake Ontario mündet. Die Kleinstadt rühmt sich ihrer idyllischen Altstadt – ideal für einen Spaziergang und Lunch-Stopp an der Queen Street oder zum Picknick am Wasser im Queen's Royal Park. Danach führt der Highway 55 zurück zum QEW, den wir in Burlington verlassen, um auf der 407 durch die Metropolregion zu fahren – weiter weg vom Zentrum. Wir folgen ihr bis zur Kreuzung mit dem Highway 115, der uns nach insgesamt rund drei Stunden Fahrt nach Peterborough bringt. Die Stadt liegt am Trent-Severn Waterway, der seit 1922 durch zahlreiche Schleusen den Ontariosee mit dem Huronsee verbindet. Insgesamt misst er 386 Kilometer, aber wer gern paddelt, ist in Peterborough richtig – wegen des Schiffshebewerks und des Canadian Canoe Museums, das die weltweit größte Sammlung von Paddelbooten besitzt.

Das seenreiche Hügelland

Die Highways 29 und 23 führen durch die Kawartha Highlands nach Norden. Sie gehören bereits dem Kanadischen Schild an, der grob den Nordosten des Kontinents ausmacht und aus präkambrischem Gestein besteht. Die Region wurde glazial überformt – die Erklärung für die zahlreichen Seen und Feuchtgebiete. Um sich die Beine zu vertreten, kann man kurz hinter Buckhorn den Wanderparkplatz auf der rechten Seite ansteuern (blaues Schild Mississagua River) und das Flusstal erkunden. Wir folgen der Landstraße bis Bobcaygeon, wo wir an der Tankstelle rechts abbiegen. Über die 49, die 121 und schließlich die 35 fahren wir nach Minden, benannt nach Minden in Nordrhein-Westfalen. Vorbei an Seen und Laubwäldern geht es bis Dorset, wo man einen Aussichtsturm (kostenpflichtig) auf einem Hügel besteigen kann – die Laubfärbung im Herbst kommt dort von oben besonders gut zur Geltung. Kurz danach biegen wir rechts auf den Highway 60 ab, der nach zweieinhalb Stunden zum Westtor des **3 Algonquin-Provinzparks** gelangt.
Von dort folgen wir dem Highway 60 bis Barry's Bay (mit Einkaufs- und Imbissmöglichkeiten) und wechseln auf den Highway 62 gen Süden. Wir halten uns im nächsten Ort links nach Palmer Rapids und fahren nun durch eine ländliche Gegend mit grünen Hügeln, Wäldern und kleinen Siedlungen. Hinter der Kirche von Schutt zweigt links die Straße nach Denbigh ab, wo wir Anschluss an den größeren Highway 41 in Richtung Ontariosee bekommen. Unterwegs kann man am Bon Echo Provincial Park rasten und einen Blick auf das Kliff am Mazinawsee werfen. In Napanee nehmen wir den Highway 401, der ostwärts nach Kingston führt – rund drei Stunden ab Algonquin. Die historische Stadt ist der Ausgangspunkt für Schifffahrten zu den Thousand Islands im Sankt-Lorenz-Strom.

Der Sandstrand wartet

Auf der 401 geht es zurück nach Toronto, aber nicht ohne den Abstecher zum **4 Prince Edward County**, einer Insel im Ontariosee. Dazu biegen wir auf die 49 Richtung Picton ab und überqueren wenig später die Brücke auf die Insel. Der Highway 33 verläuft über einen Kanal dann wieder aufs Festland und über die 40 zurück zur 401, die anderthalb Stunden später – und vorbei an einem gigantischen Apfel – Toronto erreicht. Wer das Land anschließend weiter auf dem Trans-Canada Highway bereisen will, kann zum Beispiel von Toronto aus die schöne Route über die Bruce Peninsula, mit der Fähre nach Manitoulin Island, und über den Highway 6 bei Espanola fahren.

RESTAURANTS / ÜBERNACHTUNGEN

EINKEHREN

EL CATRIN DESTILERIA/TORONTO
Sich im historischen Distillery District für ein Restaurant zu entscheiden, fällt nicht leicht. Das El Catrin überzeugt wegen seiner Terrasse, dem urig-schrägen Innenraum mit dem riesigen Mural und vor allem dem authentisch mexikanischen Essen mit *Tacos al pastor, Ceviche, Tres Leches* und vielen anderen Leckereien. 2014 als bestes mexikanisches Restaurant der Stadt ausgezeichnet, elcatrin.ca.

BILLY BONES BBQ/NIAGARA FALLS
Das Restaurant gehört zur Niagara Distillery, die ihren Wodka aus dem Wasser der Wasserfälle herstellt. Auf dem Menü steht klassisch nordamerikanische Küche mit Burgern, Hühnchen und *Mac N'Cheese;* die karamellisierten Rippchen sollen preisgekrönt sein, niagaradistillery.com.

BARTLETT LODGE/ALGONQUIN-PROVINZPARK
Fine Dining mitten in der Natur: Die Bartlett Lodge serviert jeden Abend ein Vier-Gänge-Menü aus überwiegend lokalen, nachhaltig produzierten Zutaten (vegan, glutenfrei und mehr möglich). Um zur Lodge zu kommen, muss man am Cache Lake parken und wird mit dem Wassertaxi abgeholt. Reservierung notwendig, bartlettlodge.com.

LIGHTHOUSE RESTAURANT PICTON
Direkt am Hafen von Picton liegt die Terrasse des Restaurants, das sich auf Frühstück und Lunch spezialisiert hat und zum Harbour Inn gehört. Natürlich gibt es Eier in sämtlichen Variationen, aber auch Pancakes, Burger, Sandwiches und sogar eine Frühstücks-*Poutine.* Für alle, die es schon morgens deftig mögen. Seafood-Fans werden The Blue Sail in Picton bevorzugen, pictonharbourinn.com.

ÜBERNACHTEN

CADILLAC MOTEL/NIAGARA FALLS
Typisches Motel im Retro-Stil der 1960er-Jahre. Die Zimmer sind mit Cadillac-Bildern dekoriert und mit Mikrowelle und Mini-Kühlschrank ausgestattet. Kurze Wege zu den Sehenswürdigkeiten, Parkplatz inklusive, cadillacmotelniagara.com.

WOLF DEN NATURE RETREAT/ ALGONQUIN HIGHLANDS
Am Highway 60, in der Nähe zum Westeingang des Algonquin-Provinzparks gelegen, stellt das Wolf Den eine preisgünstige Alternative zu den Lodges im Park dar. Gäste können zwischen gemütlichen, einfachen, aber komplett ausgestatteten Bungalows und dem Haupthaus, einem Hostel mit *dormitory* und Privatzimmern, wählen. Am Westeingang gib es mehrere Motels in Whitney, wolfdenbunkhouse.com.

THE INN AT HUFF ESTATES/ BLOOMFIELD
Übernachten zwischen Weingut, Galerie und Skulpturengarten: Wer einen der 21 Räume der Huff Estates Winery bucht, bekommt nicht nur Frühstück, sondern auch eine Weinverkostung dazu – und kann danach gleich ins Bett sinken. Das Weingut liegt nicht in einer Ortschaft, hat aber eine eigene Pizzeria, huffestates.com.

Im Royal Ontario Museum, dem größten in Kanada, kommt man Dinosauriern ganz nah.

FÜR FILME WIE GESCHAFFEN

Mit mehr als drei Millionen Einwohnern, Dutzenden Museen, unzähligen Shopping- und Einkehrmöglichkeiten, mit der Lage am Lake Ontario und dem gigantischen Fernsehturm hat die Metropole für alle etwas zu bieten. Kein Wunder, dass Toronto als Blaupause für Großstädte in Filmen so gut funktioniert.

Lange bevor französische Pelzhändler einen Handelsposten im heutigen Toronto errichteten, lebten an Ort und Stelle unter anderem Irokesen. Aus der Mohawk-Sprache stammt auch der Name *Tkaronto,* was »wo die Bäume im Wasser stehen« bedeutet und ursprünglich einen Ort zum Fischfang am Lake Simcoe bezeichnete. Heute hat weniger als ein Prozent der Bevölkerung Torontos indigene Wurzeln, aber über die Hälfte ist eingewandert. Seit einigen Jahren wird der Name *Tkaronto* wieder vermehrt genutzt. Nahezu egal, wo man in Toronto übernachtet, ist die Union Station mit den öffentlichen Verkehrsmitteln gut erreichbar. Dieser fast 100-jährige Bahnhof im neoklassizistischen Stil

1

↑ Das Eaton Centre an der Yonge Street ist eines der größten Einkaufszentren des Landes mit über 230 Geschäften.
↙ Sieht vertraut aus? Kein Wunder: Torontos Bahnhof, die 1927 vollendete Union Station, diente schon in vielen Kinofilmen als Kulisse.

katapultiert einen direkt ins Zentrum, zu Fernsehturm und Wolkenkratzern. Der Bahnhof taucht im Finale von *Suicide Squad* und *Chicago* mit Richard Gere auf. Toronto wird nicht umsonst »Hollywood des Nordens« genannt und ersetzt in zahlreichen Filmen New York, Chicago oder futuristische Städte. In der Serie *The Handmaid's Tale* spielt die Metropole sich selbst, aber auch Szenen aus Boston oder dem fiktiven Land Gilead wurden in Toronto gedreht – zum Beispiel an der City Hall.
Großstadtflair, wie es die Blockbuster brauchen, findet sich in der Yonge Street auf der Ostseite des Bahnhofs – eine der längsten urbanen Straßen der Welt. An ihr liegen Museen wie die Hockey Hall of Fame, Shoppingmalls wie das Eaton Centre und der Sankofa (ehemals Dundas) Square, der an den Times Square in New York erinnert. *Kick-Ass* und *The Incredible Hulk* wurden auf der Yonge Street gedreht.

Legendäre Küche

Ins Fernsehen hat es auch das Essen in Toronto geschafft, unter anderem durch Anthony Bourdains *The Layover.* Einige der Orte, an denen der Chefkoch gespeist hat, existieren noch. Vom Bahnhof liegt der St. Lawrence Market in Laufnähe. Die südliche Halle ist nur montags geschlossen. Dort verkaufen die Händler frische Zutaten und jede Menge Snacks. Im ersten Stock sticht die Carousel Bakery ins Auge. Bourdain hat ihre Spezialität verkostet: das *Peameal Bacon Sandwich* mit Speck aus der Schweinelende. Wer danach einen Verdauungsspaziergang braucht, kann die Esplanade, einen Grünstreifen, entlangspazieren. Nach einem Kilometer ist der Distillery District erreicht, eine alte Spirituosenfabrik, die restauriert wurde und nun zahlreiche Galerien, Bars und Restaurants beherbergt.

Entspannen am Wasser

Die Küstenlinie von Toronto misst 43 Kilometer. An ihr entlang verläuft der *Waterfront Trail,* der alle großen Seen der Provinz verbindet. Für einen Blick auf die Küste empfiehlt sich die Fährfahrt ab dem Jack Layton Ferry Terminal zu den nahen Inseln, unter denen Ward's Island die größte ist. Während der Passage und an den Aussichtspunkten hat man einen hervorragenden Blick auf die Skyline. Die Inseln dienen überwiegend zur Freizeitgestaltung – mit Stränden, Parks, Spazierwegen und einem kleinen Vergnügungspark. Wenn die letzten Boote kurz vor Mitternacht den Rückweg antreten, spiegeln sich die Lichter der Stadt im Wasser.

TIPP

DER HÖCHSTE BLICK

Der CN Tower ist über 550 Meter hoch und war bis 2007 das höchste freistehende Bauwerk der Welt. Er hält nach wie vor den Rekord für den Edgewalk, den höchsten begehbaren Weg im Freien auf 356 Metern Höhe. Zehn Meter darunter liegt die Hauptaussichtsplattform, es gibt aber auch eine weiter oben – auf der man die Bewegung des Turms im Wind spüren soll. Der Fernsehturm ist über den Skywalk mit der Union Station verbunden, cntower.ca.

DAS GRÖSSTE MUSEUM

Das Royal Ontario Museum, kurz ROM, ist nicht nur von außen ein Hingucker. Als größtes Museum in Kanada verfügt es über eine beeindruckende Sammlung von Artefakten aus der ganzen Welt. Die Dauerausstellungen befassen sich mit der Evolution des Lebens und verschiedenen Kulturen. Dazu kommen wechselnde Ausstellungen aus Kunst, Natur und Geschichte. Entsprechend braucht die Besichtigung Zeit. Wer Tickets vorbestellt, spart beim Eintritt, rom.on.ca.

DER URBANE NATIONALPARK

Im Osten Torontos, in der Nähe des Zoos, liegt der Rouge National Urban Park. Das Schutzgebiet umfasst einen grünen Streifen bis hinunter an den Ontariosee, sogar ein Strand gehört dazu. Mit Rundwegen und Picknickplätzen ausgestattet, lädt der Park dazu ein, Feuchtgebiete, Flusstäler, Wiesen und Wälder zu erkunden, parks.canada.ca.

2

NIAGARAFÄLLE

ZWEI LÄNDER, DREI FÄLLE

Sie sind weder die höchsten noch die breitesten, aber sie zählen zu den wasserreichsten und dadurch spektakulärsten Wasserfällen der Welt: die Niagarafälle an der Grenze zwischen den USA und Kanada. Von Inseln unterteilt stürzen sich Horseshoe, Bridal Veil und American Falls über die Klippen.

Exakt 52 Meter tief fallen hier die Wassermassen, die den Niagara River zwischen Erie- und Ontariosee hinabfließen. Zuvor ein breites Flusstal, hat das Wasser an dieser Stelle aufgrund des brüchigen Untergrunds eine tiefe Schlucht ausgewaschen, durch die heute eine Ländergrenze verläuft. Mit der Bezeichnung Niagarafälle sind zumeist die Horseshoe Falls auf der kanadischen Seite gemeint, die eine Hufeisenform haben. Durch die Goat-Insel und das winzige Luna Island davon getrennt, stürzen auf US-amerikanischer Seite die schmalen Bridal Veil Falls, also die Brautschleierfälle, sowie die American Falls hinab.

Seit mehr als 200 Jahren lockt dieser Anblick nun schon Touristen aus aller Welt an. Ihr Name geht auf indigene Ursprünge zurück: Wahrscheinlich stammt das Wort *Nia-*

gara aus dem Irokesischen und bedeutet »donnerndes Wasser« oder »Hals«, bezogen auf die Verbindung zweier Seen.

Erstaunliche Umgebung

Wer in die kanadische Stadt Niagara Falls kommt, findet natürlich eine Menge Hotels und Restaurants vor. Man kann auf dem Hochufer den Fußweg am Niagara River Parkway entlanglaufen und immer wieder die Aussicht auf die Wasserfälle genießen. Mehr Verwunderung – als wären die spektakulären Fälle nicht Grund zum Staunen genug – löst das Vergnügungsviertel der Umgebung aus. Einige Casinos, 4D-Kinos, ein Spaßbad und eine ganze Straße voller Touristenattraktionen wie Wachsmuseen und Spiegelkabinette verteilen sich über den Ort in Laufweite von den Niagarafällen. Der Clifton Hill ist auch als *Street of Fun* bekannt. In zweiter Reihe schließt sich ein Platz mit Mini-Golf, Riesenrad und Go-Kart-Bahn an – alles in XXL, versteht sich. Wer mit Kindern reist, weiß das Angebot sicher zu schätzen.

Vielfältige Blickwinkel

Abhängig von der Abenteuerlust können Besucher die Niagarafälle aus verschiedenen Perspektiven erleben: Niagara City Cruises fahren mit ihren Booten die Schlucht hinauf, mitten hinein in den Sprühnebel der herabstürzenden Wassermassen. Ebenfalls sehr nah kommt man den Horseshoe Falls auf der Journey Behind the Falls – aber mit festem Boden unter den Füßen. Über Aufzüge geht es vom Table Rock Welcome Centre neben den Fällen fast 40 Meter hinab. Von dort führt ein Tunnel zu Aussichtsplattformen und -fenstern, vor denen das Wasser ganz nah und ohrenbetäubend herabstürzt. Flussabwärts existiert ein weiterer Tunnel zum White Water Walk, einem Holzsteg an den Stromschnellen des Niagara Rivers. Den Blick von oben auf die Fälle ermöglichen die Observatorien im Skylon Tower und im Tower Hotel. Und schließlich gibt es auch noch Seilrutschen und Helikopterflüge für Ausblicke mit Nervenkitzel.
Es lohnt sich, vor Ort zu übernachten, um die Fälle auf mehrere Arten zu sehen. Im Dunkeln werden sie bunt beleuchtet und etwa von Mitte Mai bis Mitte Oktober sowie während des Winterfestivals gibt es Punkt 22 Uhr ein kurzes Feuerwerk über dem Fluss. Für eine gute Sicht darauf empfiehlt sich der Fußweg am Queen Victoria Park, mit etwas Abstand zu den Horseshoe Falls. Aber auch die Bootstour, das Sky Wheel oder den Skylon Tower kann man während des Feuerwerks nutzen. Frühaufsteher werden am Morgen mit einem Sonnenaufgang über den Horseshoe Falls belohnt.

TIPP

FLUSSAUFWÄRTS
Wer den Fußweg oberhalb der Horseshoe Falls noch ein wenig weiterläuft, landet bei zwei zusätzlichen Attraktionen: Die Niagara Parks Power Station ist ein Museum in einem historischen Wasserkraftwerk. Bei Führungen wird unter anderem eine Tesla-Spule in Aktion gezeigt. Ein eigener Tunnel geht zu einer Aussicht auf den Wasserfall. Jeden Abend ab 18 Uhr erweckt eine Lichtshow die Generatorenhalle zum Leben. An die Power Station schließen sich die Floral Gardens mit dem Floral Showhouse an, eine Blumenausstellung in großen Gewächshäusern, niagaraparks.com.

DIE ANDERE SEITE
Je nach den aktuellen Einreisebestimmungen ist von Niagara Falls aus ein Abstecher in die USA möglich. Zu Fuß kann man den Niagara River über die Rainbow Bridge überqueren und auf der anderen Seite bei den Grenzbeamten ein Visum erhalten (bitte aktuelle Voraussetzungen prüfen). Auf US-amerikanischer Seite liegen die Fälle in einem State Park, in dem ein Wanderweg von einem Aussichtspunkt zum nächsten führt. Auf Luna Island sieht man beide Fälle neben sich in die Tiefe rauschen. Goat Island hat einen kostenpflichtigen Aufzug hinunter zum Cave of the Winds genannten Pfad, der bis an den Aufprallpunkt der Fälle geleitet.

↑ Eine andere Perspektive liefert ein Tagestrip in die USA, wo es mehrere Aussichtspunkte mit Fernrohren gibt.
↖ Auf kanadischer Seite liegt die Panoramaplattform ganz nah an der Abbruchkante. Für diese Lichtstimmung – und weniger Trubel – heißt es früh aufstehen.

Ein Sonnenaufgang am Bow Lake gehört zu den besonderen Erlebnissen am Icefields Parkway.

MEINE TOP-TEN-REISEZIELE IN KANADA

ICEFIELDS PARKWAY: Mit dieser Panoramastraße, die von Süden nach Norden durch die Rocky Mountains verläuft, macht man nichts falsch. Hinter jeder Kurve wartet ein neuer Blick auf Seen, Berge, Gletscher und Wasserfälle sowie die Chance, Bären oder Bergziegen zu sehen.
▶ **WEIL … jeder einzelne der 230 Kilometer sehenswert ist.**

CAPE BRETON HIGHLANDS: Die grünen Hügel im Norden der Insel Cape Breton ragen steil empor, in den Tälern fließen dunkle Bäche Richtung Atlantik. Jeden Herbst leuchtet die Landschaft in den schönsten Farben.
▶ **WEIL … man nicht zwischen Bergen und Meer entscheiden muss.**

VANCOUVER ISLAND: Die Insel an der Westküste ist etwas größer als Belgien und extrem vielfältig. Vor der Küste tummeln sich Wale, die Wälder wirken verwunschen und die Aussicht von den Straßen ist spektakulär.
▶ **WEIL … Wildnis, Regenwälder und Wale eine großartige Mischung ergeben.**

4 **DRUMHELLER:** Statt Wäldern oder Farmland beherrschen die flachen Hügel der Badlands die Szenerie und auch Flora und Fauna erinnern plötzlich an trockene, südlichere Gefilde.

▶ WEIL ... **die einzigartige Landschaft nicht nur Dinofans begeistert.**

5 **ICEBERG ALLEY:** Vor der Nordostküste Neufundlands tauchen in jedem Frühsommer Eisberge auf. Bei geführten Bootstouren kommt man den Giganten noch näher.

▶ WEIL ... **ein 10.000 Jahre alter Eisberg einfach Eindruck macht.**

6 **CASCADE MOUNTAIN:** Dem Hausberg von Banff in Alberta fehlen nur zwei Meter zum Dreitausender. Selbst ohne Bergsteiger-Erfahrung kann man zum sogenannten Amphitheater auf der Rückseite aufsteigen oder zum Wasserfall, der ihm den Namen gab, gehen.

▶ WEIL ... **er dank Pyramidenform wie der perfekte Berg aussieht.**

7 **TUMBLER RIDGE:** In den nördlichen Rockies liegt das ehemalige Bergbaustädtchen, in dem zwei Kinder den Fund ihres Lebens gemacht haben – Dinospuren am Fluss. Dazu kommt ein Wasserfall im benachbarten Monkman Provincial Park, der höher ist als die Niagarafälle.

▶ WEIL ... **es auch abseits bekannter Hotspots viel zu entdecken gibt.**

8 **WINNIPEG:** Die Hauptstadt Manitobas ist etwas kleiner, steht anderen Großstädten kulturell aber in nichts nach. Die extremen Temperaturunterschiede der Prärie tragen angeblich dazu bei, dass die Bewohner als äußerst entspannt gelten.

▶ WEIL ... **Winnipeg inspiriert – nicht zuletzt im Museum für Menschenrechte.**

9 **CHURCHILL:** Die Hudson Bay und Eisbären – braucht es mehr, um Sehnsucht zu wecken? Die abgelegene Stadt in Manitoba ist nur per Zug oder Flugzeug erreichbar, doch das lohnt sich, wenn im Herbst die Bären kommen.

▶ WEIL ... **man den Anblick von Eisbären in freier Wildbahn nie vergisst.**

10 **NIAGARA FALLS:** Die Wassermenge, die über die Klippen im Süden Ontarios stürzt, ist rekordverdächtig. Das touristische Angebot in der Kleinstadt auch.

▶ WEIL ... **sich die mächtigen Wasserfälle mit allen Sinnen erfahren lassen.**

Laura Kaiser hat Kanada mit dem Mini-Van, dem Schiff und in Wanderschuhen bereist.

ALGONQUIN-PROVINZPARK

AUF DEN SPUREN DER GLETSCHER

Kanada vor rund 20.000 Jahren: Der Laurentidische Eisschild bedeckt den Großteil des Nordens und Ostens. Beim Abschmelzen lässt er Rinnen, Moränen und andere typische Landschaftsformen zurück. Der Provinzpark ist ein gutes Beispiel dafür, mit Tausenden Seen, Feuchtgebieten und bewaldeten Hügeln.

Obwohl der Algonquin Provincial Park einer der ältesten (gegründet 1893) und größten Provinzparks Ontarios ist und Einheimische wie Touristen gleichermaßen anzieht, ist er ein ziemlich wilder Ort geblieben. Elche, Weißwedelhirsche, Flussotter, Wölfe und Schwarzbären leben in dem weitläufigen Schutzgebiet. Der Park umfasst eine Fläche größer als Südtirol, aber bloß ein kleiner Teil ist für Fahrzeuge erschlossen – der Rest lässt sich nur zu Fuß oder per Boot erkunden.

Im Süden führt der Highway 60 durch den Park. Längs des rund 60 Kilometer langen Abschnitts verteilen sich Lodges und Campingplätze, Museen, Wanderwege sowie Schwimm- und Paddelgelegenheiten in den Seen links und rechts der Straße. Da es viel zu entdecken gibt, lohnt es sich, über Nacht

3

zu bleiben und entsprechend vorab zu reservieren. Wer nur einen Tag hat, braucht ein Tagesticket für den Park, das man bis zu fünf Tage vorher online buchen sollte. Zur Hauptsaison gehört auch die Zeit der Laubfärbung, grob von Mitte September bis Mitte Oktober.

Ziele zu Fuß

Hinter dem Westtor dauert es nicht lang bis zu den ersten Picknick- und Wanderparkplätzen. Insgesamt starten 15 Wanderwege am Highway 60. Für eine anspruchsvolle Halbtagestour durch Wald, über Lichtungen und an etlichen Teichen vorbei kann man nach gut 15 Kilometern Fahrt links am Mizzy-Lake-Wanderparkplatz starten. Auf dem Rundweg stehen die Chancen auf Tiersichtungen nicht schlecht, doch auch am Straßenrand lassen sich die Elche blicken. Zum *Track and Tower Trail* bei Kilometer 25 brechen Wanderer am besten frühzeitig auf, denn die Aussicht auf den Cache Lake etwa auf halbem Weg ist wunderschön und entsprechend beliebt. Als kurz, aber steil erweist sich der *Lookout Trail* nach rund 40 Kilometern, wo von einem Kliff aus der Blick in die ewige Wildnis des Parks reicht. Nach 45 Kilometern Fahrt liegt der Wanderparkplatz für die Biberteiche. Auf dem kurzen Weg kann man die Bauwerke des kanadischen Nationaltiers sehen. Bessere Chancen, auf die Nager selbst zu treffen, bestehen morgens oder abends.

Sportliche Erlebnisse

Die Ausstattung für eine Bootstour stellen zwei Verleihstationen am Highway 60 bereit: nach 14 Kilometern links am Canoe Lake und nach rund 46 Kilometern links am Opeongo Lake. Mit eigenen Kanus oder Paddle Boards ausgerüstet, bieten sich auch andere Orte als Startpunkte an. Das Seen-Netzwerk ist riesig, aber Empfang selten, sodass man die Etappen vorab planen sollte. Zwei Mountainbike-Routen sowie eine ebenere Fahrradstrecke entlang eines ehemaligen Bahndamms beginnen gleichfalls am Highway 60. Fahrräder verleiht der Two Rivers Store nach rund 31 Kilometern. Auch beim Fahren liegen immer wieder schöne Aussichtspunkte an der Strecke – Picknickplätze und Strände wie etwa am Canisbay Lake (Kilometer 23) oder am Lake of Two Rivers (Kilometer 34) laden zum Anhalten ein. Unterwegs bietet sich nach 20 Kilometern außerdem ein Stopp im Algonquin Art Centre an, nach 43 Kilometern im Besucherzentrum mit Aussichtsplattform und Ausstellungen sowie am Algonquin Logging Museum bei Kilometer 55 mit Ausstellung und Lehrpfad über die Holzindustrie früher und heute.

↑ Eine der 38 Arten der Gattung Trilium, der Waldlilie, die auf dem nordamerikanischen Kontinent wachsen.
← Wer mit dem Kanu auf dem Opeongosee fährt, kann ferne Ufer und Inseln entdecken – mit Zelt oder ohne.

TIPP

ABENTEUER OHNE EIGENE AUSRÜSTUNG
Wer das *Backcountry* entdecken will, abseits der Straßen, aber weder Boot noch Campingausrüstung dabeihat, kann beides mieten: Algonquin Outfitters verleihen im Park ganze Sets, auf Wunsch sogar mit Essen, sodass man mehrtägige Kanutrips unternehmen und auf Zeltplätzen unterwegs übernachten kann. Geführte Touren sowie Einweisungen für Neulinge werden gleichfalls angeboten. Insgesamt stehen 2.100 Kilometer Kanu-Routen zur Verfügung, algonquinoutfitters.com.

VON EXPERTEN LERNEN
Im Park ein Tier oder eine Pflanze entdeckt, die man nicht zuordnen kann? Kein Problem! »Ask a Naturalist«, heißt es im Besucherzentrum, wo man Bilder zeigen und Fragen loswerden kann. Flora und Fauna stehen zudem im Fokus von geführten Wanderungen und Infoveranstaltungen an verschiedenen Orten im Park, ontarioparks.ca/park/algonquin.

4

PRINCE EDWARD COUNTY

AB AUF DIE SOMMERINSEL

Die durch einen Kanal mit Drehbrücke vom Festland getrennte Insel wird auch schlicht »The County« genannt. Mit zahlreichen Sandstränden am Ontariosee, guten Unterkünften und hübschen Kleinstädten eignet sie sich perfekt für eine Auszeit. In dieser Genussregion Ontarios gibt es mehr als 40 Weingüter.

Bevor es wieder zurück in die Großstadt geht, kommt ein Abstecher ins Prince Edward County – nicht zu verwechseln mit der kleinsten Provinz Kanadas im Osten – gerade recht. Felder und Siedlungen mit wenigen Häusern bestimmen die Aussicht beim Fahren, hin und wieder deuten Schilder auf eine Galerie oder ein Weingut hin. Die größte Stadt ist Picton an der Bay of Quinte. Die Main Street mit ihren vielen Geschäften, darunter Galerien und Cafés, lädt zum Schlendern ein und hat mit dem über hundertjährigen Regent Theatre eine besonders nostalgische Sehenswürdigkeit vorzuweisen. In dem restaurierten Gebäude finden Konzerte und Theateraufführungen statt, es dient aber auch als Kino. Noch weiter zurück reicht die Geschichte des Macaulay Heritage Parks, wo das Haus des Missionars der Gegend besichtigt werden kann – zudem eine Ausstellung in der ehemaligen Kirche, die sich mit Vergangenheit und Zukunft des Zusammenlebens indigener und nicht-indigener Einwohner der Region beschäftigt. Ein einzigartiges Ziel bindet vom Park aus der *Heritage Trail* an: Birdhouse City. Dahinter verbirgt sich ein Projekt von Freiwilligen, die kreative Vogelhäuschen auf einer Wiese aufgestellt haben.

Kleine Städte, viele Künstler

Aus der Mainstreet wird der Highway 33, der wenig später die Kleinstadt Bloomfield erreicht, die von Galerien und Kunsthandwerkern nur so strotzt. Die Gegend ist außerdem bekannt für gutes Eis *(Slickers County Ice Cream)*, den Lavendel- und Weinanbau sowie für zahlreiche Galerien auf dem *Art Trail*. Chardonnay, Pinot Noir und Riesling lauten die erfolgreichsten Rebsorten der Region, die als eher kühle Weingegend gilt. Nach Bloomfield zweigt der Highways 62 und dann links die Nummer 1 zu etlichen Weingütern ab, die mit weißer Schrift auf blauen Schildern angekündigt werden. An der Closson Road reiht sich ein Winzer an den nächsten. Auch eine von zwei Lavendelfarmen der Insel befindet sich an dieser Straße: Bei Prince Edward County Lavender kann man während der Blütezeit von Ende Juni bis Ende Juli durch die Lavendelreihen spazieren und Produkte erwerben, an zwei Juliwochenenden wird auch ein Lavendelfest gefeiert. Anschließend geht es über den Loyalist Parkway zurück zur Küste, wo am Wellington Beach einige schöne Picknickplätze warten.

Rekordverdächtige Dünen

Es gibt drei Provinzparks im County – als der beliebteste gilt Sandbanks. Ihn zeichnet die zwölf Kilometer lange und bis zu 25 Meter hohe Sandbank aus, die sich vor einer Bucht im See gebildet hat. Es soll die längste Süßwasser-Nehrung der Welt sein. Der *Sandbank Dunes Trail*, ein Rundweg von zweieinhalb Kilometern Länge, gibt einen Einblick in das besondere Ökosystem der Dünen. Besondere Anziehungskraft im Sommer haben vor allem die drei Strände des Provinzparks, die zu den schönsten Kanadas gezählt werden. Am Outlet Beach geht es sanft ins Wasser, was ihn für Familien besonders attraktiv macht. Mehr als 500 Stellflächen stehen auf den fünf Campingplätzen zur Verfügung, dennoch werden Reservierungen empfohlen – schließlich ist das County auch eine beliebte Wochenendflucht aus der Greater Toronto Area. Tagestickets können bis zu fünf Tage vorher online gebucht werden. Im Frühling oder Herbst zeigt sich am Himmel über Sandbanks ein besonderes Spektakel: Dann fliegen Tausende Zugvögel vorbei.

TIPP

AUF ZWEI RÄDERN DURCHS COUNTY

Drei Orte, Seeblick, ländliche Abschnitte, Galerien und Weingüter: Der *Town & County Road Ride* fasst sie in einer Tour zusammen. Die 60 Kilometer lange Runde führt überwiegend über Straßen mitten durch die Insel. Als Alternative auf unasphaltierten Wegen und einem ehemaligen Bahndamm bietet sich der *Millennium Trail* zwischen Wellington und Carrying Place an – in einer Richtung misst er 46 Kilometer. Fahrräder können unter anderem in Wellington, Bloomfield und Picton ausgeliehen werden.

VERSTECKTER MINI-PARK

Im Südosten des Countys, kurz bevor es nur noch auf Schotterstraßen weiter auf die Landzunge geht, liegt an der County Road 13 die Little Bluff Conservation Area. Am Parkplatz beim Schutzgebiet starten Wanderwege zu einem 20 Meter hohen Kalkstein-Kliff, von dem aus sich eine tolle Sicht auf die Prince-Edward-Bucht bietet. Ein steiler Weg führt hinab zu einem Steinstrand (Wasserschuhe empfohlen). Die Ruinen eines Getreidespeichers, viele Vögel und Amphibien, die das Feuchtgebiet hinter dem Steinstrand anzieht, und mit etwas Glück Fossilien werden aufmerksame Beobachter gleichfalls entdecken. Die hohen Parkgebühren fließen in den Parkbetrieb, quinteconservation.ca.

↑ Die historischen Häuser in Bloomfield wurden farbenfroh gestaltet. Heute sind darin Geschäfte untergebracht.
↖ Wein reift auf sonnigen Hängen und dahinter glitzert der Lake Ontario – kein ungewöhnliches Bild im Prince Edward County, hier bei der County Cider Company.

Der Sternenhimmel erstreckt sich über dem Grasslands-Nationalpark. Bäume haben hier Seltenheitswert.

ROUTE 6: DURCH DIE PRÄRIEN

WILLKOMMEN IN DER WEITE

Wer sagt, dass man Wald braucht, um in der Natur zu sein? Die Graslandschaften in der Mitte Kanadas haben ihre eigene Schönheit. Städte wie Calgary und Winnipeg stehen dem in nichts nach. Und bei Drumheller verbarg die nahezu vegetationslose Landschaft für Jahrmillionen Überreste aus dem Zeitalter der Dinosaurier.

Einen Roadtrip durch die Prärien haben wohl die wenigsten im Sinn – es sei denn, sie wollen das Land durchqueren. Selbst dann muss dieser Abschnitt keine langweilige Pflicht sein, sondern kann mit Highlights gespickt werden. Wer auf dem Trans-Canada Highway (nun Highway 1) aus Ontario nach Manitoba kommt, wird noch eine Weile von Wald begleitet. Fast die Hälfte der Provinz bedecken Wälder, ein gutes Drittel ist Farmland. Ähnlich sieht es im benachbarten Saskatchewan aus. Der Süden entlang des TCH eignet sich gut zum Ackerbau, weshalb auf weiten Strecken die Felder scheinbar endlos bis zum Horizont reichen.

INFO

Start: Whiteshell
Ziel: Calgary
Länge: 1.910 Kilometer
Dauer: 10–12 Tage
Beste Reisezeit: Mai bis Oktober

Manitoba: bei den Pionieren

Für einen Einblick in das Leben der europäischen Siedler bietet sich in Manitoba ein Abstecher nach Steinbach an, rund 20 Kilometer südlich vom TCH (Exit 375A). Die Kleinstadt wurde Ende des 19. Jahrhunderts von deutschsprachigen Mennoniten aus Russland gegründet. Die frühen Jahre lassen sich im Mennonite Heritage Village, einem Freilichtmuseum, nachempfinden und im Restaurant »nachschmecken«, wo mennonitische Küche auf den Tisch kommt. Zurück auf dem Highway, ist es noch eine halbe Stunde bis nach **1 Winnipeg**, der Hauptstadt Manitobas. Hinter der Großstadt geht es weiter durch die Ebenen – und wer lange Highway-Fahrten aus den USA und Australien kennt, erinnert sich an die übergroßen Skulpturen am Straßenrand. Solche *Giants* stehen auch am TCH: In Portage la Prairie kann man hinter einem Motel die weltgrößte Cola-Dose erblicken, sofern man den Highway 1a nutzt. Bei der Gelegenheit lässt sich am Ortseingang ein Stopp am Fort La Reine Museum über Pioniergeschichte einlegen.

Rund 80 Kilometer später lohnt es sich, den Highway Richtung Carberry (auf der 5 nach Süden) zu verlassen. 20 Minuten südlich liegt der kleine Spruce Woods Provincial Park am Assiniboine River. Lehrpfade führen zu den Spirit Sands genannten Sanddünen und Aussichtspunkten. An den Wochenenden fahren Kutschen in die Mini-Wüste.

Zurück auf dem Highway, ist es noch eine reichliche Stunde bis Brandon, der zweitgrößten Stadt Manitobas und aufgrund der guten Böden *Wheat City* genannt. Alle, die sich

Badlands werden Landschaften genannt, die stark von Erosion geprägt sind und tiefe Rinnen aufweisen.

für die Luftfahrtgeschichte des Zweiten Weltkriegs interessieren, biegen gleich nördlich vom TCH zum Commonwealth Air Training Plan Museum ab. Dort werden auch Rundflüge angeboten. In Elkhorn, kurz vor der Grenze zu Saskatchewan, kommen Fans von Oldtimern im Manitoba Antique Automobile Museum auf ihre Kosten.

Saskatchewan: Charmante Orte, grünes Land

In Saskatchewan begleiten uns weite Felder – kein Wunder, denn die Provinz ist verantwortlich für ein Drittel des weltweiten Hartweizen-Exports und Spitzenreiter im Export von Linsen und Trockenerbsen. Mehr als die Hälfte der über eine Million Einwohner lebt in den beiden größten Städten Regina und Saskatoon, der Rest ist dünn besiedelt. Um den fast 250 Kilometer langen Abschnitt nach Regina abwechslungsreich zu gestalten, kann man in Whitewood am kleinen Museum und Besucherzentrum halten und picknicken oder in Wolseley über die Hängebrücke spazieren und im Garden Club einen Imbiss zu sich nehmen. Für den erfrischenden Abstecher ins Grüne empfiehlt es sich, bei Qu'Appelle nach Norden abzubiegen und – keine halbe Stunde später – am Echo Lake Beach baden zu gehen. Anschließend ist es nur noch eine Dreiviertelstunde bis in die Hauptstadt **2 Regina**. Der TCH verläuft danach weiter Richtung Moose Jaw, wo Mac the Moose, ein überdimensionaler Elch, Reisende begrüßt. Die Abfahrt Main Street bringt uns ins Zentrum. Hier führt eine Tour in die Vergangenheit der »berüchtigsten Stadt Kanadas«. Schauspieler begleiten durch die »Tunnels of Moose Jaw« und erzählen von der Prohibition und Al Capone. Danach fahren wir auf dem Highway 2 weiter nach Süden. Bald sieht es so aus, wie man sich die Prärie vorstellt: sanfte Hügel, bedeckt mit grünem Gras. Wir biegen rechts ab auf die 43 nach Gravelbourg. Der Ort hat eine katholische Kirche mit französischen Buntglasfenstern und eignet sich als Zwischenstopp zum Einkaufen und Auftanken. Über die 58 gelangen wir nach Lafleche und dann auf der 13, dem Red Coat Trail, nach Cadillac. Von dort ist es noch eine halbe Stunde auf der 4 nach Süden bis Val Marie, zum Ausgangspunkt und Besucherzentrum für den **3 Grasslands National Park**.

Alberta: Streetart und Badlands

Zurück in Cadillac, bringt uns die 13 weiter nach Westen, bis über die 37 Anschluss an den TCH besteht. Eine Stunde später ist die Grenze zu Alberta erreicht, aber an der Aussicht auf Felder ändert sich nichts, bis zum Halt in Medicine Hat eine halbe Stunde später. Die Stadt ist bekannt für das vom Highway sichtbare Saamis Tepee, das weltgrößte Tipi, und hat eine mit zahlreichen Murals bemalte Altstadt zu bieten. Hinter Medicine Hat verlassen wir nach rund 170 Kilometern den TCH mit dem Ziel **4 Drumheller**. Nach rund 60 Kilometern auf der 56 nach Norden ändert sich die Landschaft deutlich. Felder machen Badlands Platz, kahlen Hügeln, die der Erosion ausgesetzt sind und in denen bedeutende Dinosaurierfunde gemacht wurden. Von Drumheller bringt uns die 9 zurück nach Süden auf den TCH und nach anderthalb Stunden fahren wir in **5 Calgary** ein.

RESTAURANTS / ÜBERNACHTUNGEN

EINKEHREN

FEAST CAFÉ BISTRO IN WINNIPEG/MANITOBA
Essen für Körper, Geist und Seele – das ist es, was Köchin Christa ihren Gästen servieren will. Aufgewachsen in Winnipeg als Mitglied der Peguis First Nation, verwendet sie traditionelle Zutaten wie Bison und *Bannock*, das Fladenbrot, feastcafebistro.com.

BUSHWAKKER BREWPUB IN REGINA/SASKATCHEWAN
Authentisch, historisch, urig – so lässt sich die Kneipe im ehemaligen Warenhausdistrikt beschreiben. Seit 1991 stellen sie hier Craft Beer her und servieren *Pub cuisine* – typisch für Saskatchewan mit Kohlrouladen, Piroggen und Sauerkraut. Oft wird Live-Musik gespielt. Kein Zutritt für Minderjährige, bushwakker.com.

WILLOW TEA ROOM IN EAST COULEE/ALBERTA
Das nostalgische Café befindet sich im East Coulee School Museum, in einer ehemaligen Schule. Angenehmer Stopp bei der Erkundung der Badlands zum Lunch oder frühen Abendbrot mit hausgemachten Suppen, Sandwiches und Kuchen, ecsmuseum.ca.

HOSE AND HOUND PUB IN CALGARY/ALBERTA
Traditionelle Kneipe in einem ehemaligen Feuerwehrdepot. Das Menü ist so bunt wie die Einwohnerschaft Calgarys. An der Ausgehmeile im Stadtteil Inglewood gelegen, thehose.ca.

ÜBERNACHTEN

NR. 5 EAST IN WINNIPEG/MANITOBA
Das charmante Bed & Breakfast am Assiniboine River ist trotz seiner ruhigen Lage nur einen Spaziergang von den Sehenswürdigkeiten entfernt. Komfortable Zimmer mit modernen, geräumigen Bädern. Gutes Frühstück und Parkplatz inklusive, no5east.com.

KICHE MANITOU CAMPGROUND/MANITOBA
Großer Campingplatz im Spruce Woods Provincial Park am Fluss und am Seeufer. Sport- und Spielplätze, Bootsverleih, Imbiss, Picknickhütten und Besucherzentrum vor Ort. Es gibt auch Jurten (Schlafsäcke und Kochausrüstung nötig), manitobaparks.com.

DRAGON'S NEST BED & BREAKFAST IN REGINA/SASKATCHEWAN
Liebevoll eingerichtete Zimmer und gemütliche Gemeinschaftsräume sowie erfahrene Gastgeber sind die Pluspunkte dieser Pension. Sie liegt logistisch praktisch zwischen Downtown und Wascana-Park. Frühstück inklusive, dragonsnestbb.com.

TYRANNOSAURUS REST BED & BREAKFAST IN DRUMHELLER/ALBERTA
Familiengeführte kleine Pension in einem liebevoll sanierten Altbau zentral in Drumheller. In den Zimmern (mit einer familienfreundlichen Suite unterm Dach sowie drei Doppelzimmern), den Gemeinschaftsräumen und auf der Terrasse fühlt man sich wie zuhause, während einen die fürsorglichen Gastgeber mit Tipps und gutem Frühstück versorgen, t-rest.ca.

CALGARY CITY VIEW IN CALGARY/ALBERTA
Das privat geführte Bed & Breakfast liegt am Scotsman's Hill und damit direkt an der Festivalfläche der Stampede. Die Zimmer mit Kingsize- oder Einzelbetten haben eigene Bäder, Balkone und einen Kühlschrank. Alle Gäste teilen sich eine Terrasse mit tollem Stadtblick. Gutes Frühstück inklusive, calgarycityview.com.

Die Wonderland-Skulptur steht vor dem Bow, einem der höchsten Gebäude Calgarys.

SCHATZ IM LANDESINNEREN

Von Manitobas Hauptstadt ist es in beide Richtungen weit bis zum Meer und auch die nächste Metropole liegt 570 Kilometer entfernt. Trotz dieser Abgeschiedenheit verströmt Winnipeg viel Großstadtflair. Manche sagen, die extremen Temperaturunterschiede der Prärie sorgten für die entspannten Menschen.

Zentral und zugleich abgelegen zu sein, bringt Winnipeg auch Vorteile: Kunst und Kultur mussten sich unabhängig von fremden Einflüssen entwickeln, wodurch eine einzigartige Szene entstand. Neil Young ist wahrscheinlich der berühmteste Sänger der Stadt. Der Singer-Songwriter zog als Teenager nach Winnipeg und trat dort erstmals auf. Mit Randy Bachman hat er mehrere Stücke über die Stadt veröffentlicht. Es waren aber The Weakerthans, die über Nordamerika hinaus das Bild von Manitobas Hauptstadt geprägt haben: »I hate Winnipeg«, sangen sie 2003 im Song *One great city!* und packten all die Hassliebe hinein, die eine unperfekte Stadt erzeugen kann.

Nichtsdestotrotz können Reisende eine hervorragende Zeit in Winnipeg erleben: Bester Ausgangspunkt dafür sind The

1

Forks, der Park am Zusammenfluss von Assiniboine und Red River. Schon vor 6.000 Jahren haben sich dort Mitglieder der First Nations versammelt, viel später kamen die Europäer zum Pelzhandel dazu. Ein Treffpunkt ist der Park noch immer und wer die indigene Geschichte erfahren möchte, kann sich per App von Parks Canada auf eine Tour begeben.

Dinos, Markt und Menschenrechte

Herausragend im wörtlichen Sinn ist das architektonisch ungewöhnliche Gebäude des Canadian Museum for Human Rights am nördlichen Ende des Parks. Das 2014 eröffnete Museum widmet sich den verschiedenen Bereichen, in denen Menschen um ihre gemeinsamen Rechte streiten, für sich und andere. Eindrücklich macht es etwa auf die unsichere Situation indigener Frauen aufmerksam, aber legt mit wechselnden Ausstellungen den Fokus ebenso auf andere Länder und marginalisierte Gruppen. Die Dauerausstellung vermittelt die Menschenrechte und ihre Entstehung sowie bedeutende Fort- und Rückschritte – mit informativen Displays in einer auch im Inneren spannenden Architektur.
Danach kann man im Forks Market, einem ehemaligen Pferdestall, eine Pause einlegen. Herz der Markthalle ist ein großer Essbereich, wo sich jeder nach Lust und Laune mit Leckereien versorgen kann. Der kleine Turm daneben hat eine zugängliche Aussichtsterrasse, von der der Blick auf den alten Hafen, zu den Hochhäusern im Zentrum und dem ikonische Fort Garry Hotel reicht.
Von den Forks aus führt ein Spaziergang am Assiniboine River entlang, zum Beispiel bis zum Aufgang am Parlament von Manitoba, erkennbar am »Golden Boy« auf der Turmspitze. Auf der anderen Seite beginnt der Memorial Boulevard, an dem nur 400 Meter weiter die Winnipeg Art Gallery Qaumajuq steht: Die große Sammlung, vor allem von Kunst der Inuit, ist erst 2021 in das ausgefallene Gebäude gezogen, das an einen Eisberg erinnern soll. Im Sommer ist zudem die Dachterrasse mit einer Skulpturenausstellung zugänglich.
Um die Provinz Manitoba besser kennenzulernen – und zwar umfassend, von den Dinosauriern bis heute –, bietet das Manitoba Museum, gleich nördlich des historischen und architektonisch interessanten Exchange-Districts, den besten Anlaufpunkt. Darin lässt sich auch der Nachbau eines englischen Handelsschiffs aus dem 17. Jahrhundert erkunden. Winnipeg ist außerdem bekannt dafür, dass in der Royal Canadian Mint alle kanadischen Münzen hergestellt werden. Die Münzprägeanstalt am Stadtrand ist für die Öffentlichkeit geöffnet und erlaubt während der Führungen sogar, bei der Produktion zuzuschauen.

↑ Täglich geöffnet hat The Forks Market mit zahlreichen kulinarischen Angeboten und lokalen Geschäften.
← Voller Symbolik ist das Gebäude des Canadian Museums for Human Rights von Antoine Predock. Das gilt auch innen: Besucher treten aus dem Schatten ins Licht.

TIPP

DER ASSINIBOINE-PARK

Für eine Auszeit im Grünen eignet sich die weitläufige Anlage im Westen der Stadt hervorragend – und dank The Leaf auch zu jeder Jahreszeit. Dahinter verbirgt sich eine Art gigantisches Gewächshaus mit Indoor-Wasserfall, gekoppelt an den Botanischen Garten. Im Park liegt zudem der Zoo, berühmt für seinen Tunnel durch den Eisbärenpool und den Leo-Mol-Skulpturengarten mit den Bronzefiguren des ukrainisch-kanadischen Künstlers, assiniboinepark.ca.

PER BUS ÜBERS WASSER

Im Winter dienen die Wasserwege der Stadt als Eislaufbahn, im Sommer kann man sie für eine ungewöhnliche Busroute nutzen. Der Wasserbus verkehrt auf dem Assiniboine und dem Red River und verbindet mehrere Viertel miteinander – vom Exchange District bis Little Italy. Klassische Sightseeing-Touren zu Wasser werden auch angeboten, winnipegwaterways.ca.

2

Der Sitz des Parlaments spiegelt sich im Wascanasee.

REGINA

HEIMAT DER MOUNTIES

Saskatchewans Hauptstadt ist von überschaubarer Größe. Von den First Nations eingedenk der Bisons »Knochenhaufen« genannt, verliehen ihr die Europäer zu Ehren Queen Victorias einen neuen Namen. Ihr Wahrzeichen sind die Mounties.

Braune Hüte, rote Uniformen und hoch zu Pferd: Die Mounties kennt man auch außerhalb Kanadas, nicht zuletzt durch Serien wie *Ein Mountie in Chicago*. Ausgebildet werden die Mitglieder der Royal Canadian Mounted Police, so der offizielle Titel, seit 1885 in Regina. Eine interaktive Ausstellung im Heritage Centre auf dem Akademie gelände vermittelt die Geschichte der berittenen Polizisten. Regina zeichnet zudem sein grünes Stadtzentrum aus: Viele Sehenswürdigkeiten liegen im Wascana Centre, dem Park rund um den gleichnamigen großen See. Ins Auge fällt das Regierungsgebäude von 1912, das an ein Schloss erinnert und während einer kostenlosen Führung besichtigt werden kann. An das Legislative Building grenzt ein Garten, der Queen Elizabeth II. gewidmet ist. Am Ostufer steht ein Totempfahl, ein Geschenk aus British Columbia. Royal Saskatchewan Museum, Science Centre und Imax-Kino befinden sich gleichfalls in dem 1962 angelegten Park. Kilometerlange Wege mit schönen Aussichtsplattformen laden zum Spazieren und Radeln ein, an der Marina kann man Kanus und Kajaks leihen. Regina rühmt sich einer Vielzahl an Galerien und Veranstaltungsstätten, darunter die MacKenzie Art Gallery, die älteste Saskatchewans im Wascana-Park. Dort ist vor allem indigene und moderne Kunst zu sehen.

TIPP

SPEKTAKEL IN WEISS UND GRÜN
Wer während eines Football-Matches in der Stadt weilt, sollte das Spiel im Mosaic Stadium anschauen. Die Saskatchewan Roughriders spielen in der Canadian Football League. Zum Spektakel gehört eine Party im Park mit Live-Musik und Food-Trucks, riderville.com.

3

Ein Bison ziert die Aussicht im Nationalpark.

GRASSLANDS-NATIONALPARK

WO BISONS GRASEN

An der US-amerikanischen Grenze in Saskatchewan liegt der Nationalpark, der die einzigartige Flora und Fauna der südlichen Prärie unter Schutz stellt. Wer es abgelegen, wild und weit mag, ist in den Grasslands richtig.

Gras ist nicht gleich Gras: 70 verschiedene Arten wachsen auf den Ebenen im Grasslands National Park. Diese ursprüngliche Vegetation wurde durch die großen landwirtschaftlichen Flächen buchstäblich an den Rand gedrängt, sie bildet aber einen wichtigen Lebensraum, unter anderem für Bisons, Präriehunde, Pronghorns, Beifußhühner, Klapperschlangen und viele andere Tiere. Wer den Nationalpark besucht, bekommt einen Eindruck davon, wie die Prärien früher ausgesehen haben – als die Völker der A'aninin, Nakoda, Nehiyawak, Niitsitapi, Dakota and Lakota in der Region lebten und auf Bisonjagd die Hügel durchstreiften. Funde reichen zehntausend Jahre zurück.

Heute ist der Nationalpark einer der wenigen Orte, an denen man Bisons in freier Wildbahn beobachten kann. Eine Chance bietet sich auf dem Ecotour Scenic Drive, einer Rundfahrt durch den Park. Aussichtspunkte, historische Orte, Picknickplätze und Wanderwege liegen an der 20 Kilometer langen Route. Von Val Marie, wo das Besucherzentrum alle Interessierten mit einer Karte und aktuellen Tipps versorgt, und zurück sind es etwa 80 Kilometer durch eine abgelegene Gegend – ohne Tankstelle oder Empfang. Geführte Touren oder Veranstaltungen der Ranger bringen einem Land und Tiere, etwa die putzigen Kaninchenkäuze, näher.

TIPP

BADLANDS PARKWAY

Der Nationalpark hat auch einen Ost-Teil, zwei Stunden östlich von Val Marie. Dieser Abschnitt ist von Badlands geprägt und bekannt für Fossilienfunde. Eine elf Kilometer lange Panoramastraße erschließt sechs Aussichtspunkte in der wilden Landschaft, parks-canada.ca (Stichwort: *badlands parkway*).

BESTE FESTE

Seinen Aufenthalt rund um ein Festival zu planen, kann sinnvoll sein, um etwas Besonderes zu erleben. Jede Jahreszeit hat ihre Höhepunkte und jede Region zelebriert ihre Traditionen auf einmalige Weise. Die Anlässe sind dabei äußerst vielfältig – seien es Hummerfang, Powwows oder Pride.

FRÜHLING

MANITO AHBEE FESTIVAL

Am langen Mai-Wochenende wird im Red River Park in Winnipeg/Manitoba die indigene Kultur gefeiert: Kunst, Musik, Sport, Kunsthandwerk und Essen stehen im Fokus. Beim Powwow – ein traditionelles Treffen mit Tanz und Gesang – kann man Tänzer in traditionellen Gewändern bestaunen und beim Inter-Tribal-Dance selbst mitmachen, manitoahbee.com.

SOMMER

PRIDE TORONTO

Das größte Pride-Festival Kanadas wird jährlich in Toronto gefeiert – mit Parade, Konzerten und Shows. Die Veranstaltung folgt der Vision, dass alle Menschen unabhängig von Geschlecht und sexueller Orientierung sicher leben und wertgeschätzt werden sollen, und zieht rund drei Millionen Menschen an. Auch kleinere Städte haben Pride-Paraden, pridetoronto.com.

FESTIVAL INTERNATIONAL DE JAZZ DE MONTRÉAL

Das größte Jazz-Festival der Welt startet jährlich Ende Juni/Anfang Juli in Montréal. Seit 40 Jahren kommen Jazz-Fans in der für den Verkehr abgeriegelten Innenstadt zusammen, um zehn Tage lang Hunderten Konzerten zu lauschen, montrealjazzfest.com.

CANADA DAY

Überall im Land wird am 1. Juli der Geburtstag Kanadas – die Unterzeichnung der Verfassung 1867 – gefeiert. Die größte Party mit Live-Events steigt in der Hauptstadt Ottawa, doch auch viele kleinere Orte organisieren Konzerte und Feuerwerke. Wer will, kann sich wie die Kanadier in Rot und Weiß kleiden.

WRITERS AT WOODY POINT

Lesungen, Konzerte und Wanderungen mit Künstlern, nicht nur aus Neufundland, locken jeden Sommer in den Gros Morne National Park. Im Woody Point Heritage Theater folgt ein Comedy-Festival, in Cow Head ein Theaterfestival, writersatwoodypoint.com.

SOMMER

CALGARY STAMPEDE

Zehn Tage lang dreht sich in Calgary alles um die Cowboy-Kultur: Parade, Rodeo-Vorführungen, Tanz- und Musikshows, Kutschen- und Pferderennen, Stunt- und Magie-Darbietungen und vieles mehr sorgen für Unterhaltung. Ein indigenes Camp und der Stampede Powwow vermitteln indigene Traditionen. Jeder Abend endet mit der Grandstand-Show und einem großen Feuerwerk, calgarystampede.com.

FESTIVAL DE LA POUTINE DE DRUMMONDVILLE

Immer im August steht das kanadische Nationalgericht im Zentrum des *Poutine*-Festivals in Québec. Über ein Wochenende kann man sich von einem Foodtruck zum nächsten durchprobieren und Konzerten lauschen, festivaldelapoutine.com.

SHEDIAC LOBSTER FESTIVAL

Das älteste Festival von New Brunswick steigt jährlich im Juli in der Küstenstadt Shediac bei Moncton, wo auch die riesige Hummer-Statue steht. Ein Hummer-Dinner auf der Main Street gehört ebenso dazu wie Konzerte und Sportevents, shediaclobsterfestival.com.

CELEBRATE BC

Am ersten Montag im August feiert British Columbia sich selbst – mit Musik, Angeboten der verschiedenen Regionen und dem größten Lachs-BBQ der Provinz. Der Ort wechselt jährlich.

HERBST

CELTIC COLOURS INTERNATIONAL FESTIVAL AUF CAPE BRETON

Jahr für Jahr im Oktober wird die Kultur der Insel zelebriert. Neun Tage lang stehen Konzerte, Tanzvorführungen, Workshops, Wanderungen und vieles mehr auf dem Programm. Die Veranstaltungsorte sind über die ganze Insel verteilt, was dazu führt, dass man nebenbei die herrlichen Herbstfarben und die verschiedenen Gemeinden kennenlernt, celtic-colours.com.

WINTER

WINTERLUDE IN OTTAWA UND GATINEAU

Jährlich im Januar und Februar säumen Eisskulpturen die Straßen – ganze drei Wochen lang. Das Programm mit Shows und Rahmenprogramm ist überwiegend kostenlos.

YUKON SOURDOUGH RENDEZVOUS

Seit über 50 Jahren wird im Februar in Whitehorse mit einem verrückten Festival gegen Winterfrust angekämpft. Wettbewerbe wie Axtwerfen und Mehlpacken sowie launige Shows gehören dazu, yukonrendezvous.com.

4

DRUMHELLER

HAUPTSTADT DER DINOSAURIER

Eine der weltgrößten Ausstellungen von Dinosauriern zeigt eine Kleinstadt in Alberta, da dort bedeutende Knochenfunde gemacht wurden. Die Region nordöstlich von Calgary ist durch die Badlands gekennzeichnet, eine raue Landschaftsform, die in Europa selten ist – von Wind und Wasser geformte Hügel.

Vor 75 Millionen Jahren sah Süd-Alberta noch vollkommen anders aus: Dinosaurier lebten in subtropischen Wäldern mit riesigen Bäumen und Farnen. Heute ist scheinbar nur trockenes Land übrig geblieben, doch zugleich sind die Bodenschichten der Badlands reich an Fossilien aus jener Zeit. Das »schlechte Land« besteht aus von der Erosion geschliffenen Hügeln aus weichem Sedimentgestein, mit sichtbaren Rinnen und Sandsteinsäulen, die man hier *Hoodoos* nennt. Einen großen Anteil an der Landschaftsgestaltung hatte das Schmelzwasser der Gletscher der letzten Eiszeit.

Der Name Badlands geht zurück auf die Lakota, die die Gegend *Mako sica,* »schlechtes Land«, nannten – weil sich die Hügel nur schwer durchqueren ließen: Die Landschaft ist trocken und, wenn es mal geregnet hat, glitschig und es fällt schwer, die Orientierung zu behalten. Die europäischen Pioniere übernahmen die Bezeichnung. Auf der 56 aus Süden kommend, folgen auf Felder recht plötzlich die flachen Hügel mit deutlichen Schichten. Auch Flora und Fauna sind in den Badlands so, wie man sie in trockenen Gegenden erwartet – samt Kakteen, Eidechsen und Klapperschlangen. Bevor es nach Drumheller geht, biegen wir rechts auf die 10 Richtung Atlas Coal Mine ab, um einem Rundkurs durch die Willow Creek Hoodoos zu folgen. Auf dem kurzen, befestigten Weg bekommt man einen guten Einblick von den Formationen. Die Badlands um Drumheller sind indes nicht einzigartig, sondern erstrecken sich von Red Deer bis zur US-amerikanischen Grenze. Aber ein Dinosaurier-Museum von Weltklasse gibt es nur dort, weshalb wir nun auf der 10 zurück- und weiter auf der 56 in die Kleinstadt hineinfahren. Den Stolz auf die Dinosaurierfunde verkörpert dort deutlich sichtbar Tyra, der weltgrößte T-Rex und ein Hingucker zum Reinklettern an der Besucherinformation.

Tyrrell und der Albertosaurus

1884 befand sich der Geologe Joseph Burr Tyrrell im Auftrag der kanadischen Regierung auf einer geologischen Erkundung, als er in der Nähe des heutigen Drumheller auf den Schädel eines 70 Millionen Jahre alten Dinosauriers stieß. Er wurde später Albertosaurus sarcophagus, fleischessender Saurier aus Alberta, getauft. Das Museum und die Forschungseinrichtung in Drumheller tragen den Namen des Geologen.
Das Royal Tyrrell Museum der Paläontologie wurde allerdings erst über hundert Jahre später eröffnet und gilt heute als eines der bedeutendsten Dinosaurier-Museen der Welt. Die meisten der ausgestellten Skelette wurden in der Provinz Alberta entdeckt und neue Funde kommen nach wie vor dazu. Das Museum organisiert Fossiliensuchen. Herzstück der Ausstellungen ist die große Dinosaurierhalle, wo man sich angesichts der Giganten ziemlich klein fühlt. Auch der riesige Ichthyosaurus, die frühesten Fossilien und die ersten Säugetiere sind bemerkenswert.
Nach dem Museumsbesuch kann man auf einem kurzen Lehrpfad Luft schnappen: Der gut einen Kilometer lange Rundweg führt durch die Badlands im Midwest Provincial Park. Wer will, setzt die Wanderung bis zum Picknickplatz am Red Deer River fort.
Auf dem Weiterweg nach Calgary lohnt sich noch ein Zwischenstopp, rund eine Viertelstunde nach Drumheller, am Highway 9: Der Horseshoe Canyon sollte zwar nicht mit seinem spektakulären Namensvetter in den USA verwechselt werden, dennoch handelt es sich um ein fotogenes Badland-Gebiet mit Campingplatz, Aussichtspunkt und mehreren Erkundungspfaden.

↑ Gut erhaltene Dinosaurier-Skelette stehen in enormer Anzahl und Vielfalt im Royal Tyrrell Museum.
← Der Große Wagen leuchtet über den Hoodoos am Willow Creek. Ihre Entstehung begann vor Millionen von Jahren. Der Deckel schützt die Sandsteinsäulen vor der Erosion.

TIPP

STAR-MINE-HÄNGEBRÜCKE

Von einem Park- und Picknickplatz in Rosedale, nur zehn Minuten Fahrt von Drumheller, führt eine Hängebrücke über den Red Deer River. 1931 wurde sie für Minenarbeiter errichtet. Nun bietet sie Zugang zu den Badlands auf der anderen Uferseite.

ATLAS COAL MINE

Die letzte erhaltene der einst zahlreichen Minen in der Gegend von Drumheller kann auf eigene Faust, mit dem Zug oder bei Führungen (die auch unter Tage gehen) erkundet werden. Bis 1984 wurde bei East Coulee noch Kohle abgebaut. Viele Gebäude und Maschinen sind erhalten geblieben – darunter eine hölzerne Kippvorrichtung zum Sortieren der Kohle, atlascoalmine.ab.ca.

GEISTERSTADT ROWLEY

Eine halbe Stunde nördlich von Drumheller liegt ein fast verlassenes Dorf, durch das der Geist alter Zeiten weht – und das manch einen beherbergen soll. Kirche, Saloon und die Getreidespeicher geben tolle Motive für Fotografen ab. Einmal im Monat gibt es einen Live-Musik-Abend in Rowley, um Geld für die Erhaltung zu sammeln, facebook.com/RowleyAlberta.

TOR ZU DEN ROCKIES

Dank seines internationalen Flughafens ist Calgary ein beliebter Ankunftsort für Kanadareisende. Zugleich ist das Ende der Prärien fast erreicht. Das Hochgebirge liegt nur noch eine Stunde entfernt, gut sichtbar an klaren Tagen – zum Beispiel von der höchsten Aussichtsplattform in West-Kanada aus.

Schon bevor 1875 das Fort Calgary erbaut wurde, war der Ort am Zusammenfluss von Bow und Elbow River bei den Blackfoot, Nakoda und anderen First Nations bekannt – unter verschiedenen Namen. Heute gilt die Metropole mit rund 1,4 Millionen Einwohnern und Einwohnerinnen und weit mehr als hundert gesprochenen Sprachen zu Recht als diverse Stadt. Als sonnenreichster Ort Kanadas nennt sich Calgary zudem Blue Sky City. Zum besten Überblick fahren der Bus oder eine Straßenbahn, der CTrain, nach Downtown, wo an der 9th Avenue SE der Calgary Tower steht. Im Erdgeschoss erhält man Stadtpläne und von oben, auf 191 Metern Höhe, die höchste Sicht auf die Stadt. Von der 360°-Panoramaplattform reicht die Fernsicht von den Prärien im Osten über den Bow River und den Flughafen im Nordosten, über

5

↑ Entlang der 8th Avenue verläuft eine Fußgängerzone durch die Innenstadt, genannt Stephen Avenue Walk.
↙ Die Peace Bridge, die Friedensbrücke, ist ein Wahrzeichen Calgarys am Bow River. Sie verbindet das Wohnviertel Sunnyside und Downtown für Radfahrer und Fußgänger.

die Wolkenkratzer hinweg sogar bis zu den Rocky Mountains am westlichen Horizont. Für alle, die weiter in diese Richtung reisen, ein verheißungsvoller Anblick. Trotzdem sollte man die Großstadt nicht links liegen lassen.
Nur einen Block südlich, an der Seite eines Apartmenthauses, befindet sich seit 2022 das größte Mural der Welt. Federführend war der deutsche Künstler Mirko Reisser, genannt DAIM. 543 Spraydosen waren nötig, um das ungefähr 95 Meter hohe Kunstwerk an die Wand zu bringen. Das BUMP-Festival, bei dem es entstanden ist, lädt seit 2017 Künstler nach Calgary ein, sodass man bei der Erkundung der Innenstadt die Augen nach farbenfrohen Wänden offen halten oder die Mural-Karte der BUMP-Veranstalter nutzen sollte.

Fußwege ohne Regenrisiko

Bei ungemütlichem Wetter kann man auf eine Spezialität der Stadt zurückgreifen: Was das Untergrund-Netzwerk für Montréal, ist der Plus 15 Skywalk für Calgary – ein 16 Kilometer langes Netzwerk überdachter Wege über der Erde. Es verbindet zum Beispiel den Calgary Tower mit dem Glenbow, einem Kunstmuseum mit einer bedeutenden Sammlung historischer Artefakte, das 2026 neu eröffnet wird.
Nur vier Blocks östlich an der 9th Avenue steht das Studio Bell: ein Bau, der eine Straße und ein historisches Hotel überspannt und das Herz der kanadischen Musikszene bildet. Darin befinden sich Studios und Bühnen, aber auch das National Music Centre, ein interaktives Museum für Musikliebhaber. Von dort sind es nur 600 Meter zum Ufer des Bow River, der die türkise Farbe seinem glazialen Ursprung in den Rockies verdankt. An seinem Ufer kann man herrlich spazieren oder radeln – nach Westen vorbei an Downtown, Chinatown und Prince's Island bis hin zur roten Peace Bridge.

Die Stadt am Abend

Für den schönsten Blick auf den Sonnenuntergang und die Lichter der Stadt – wenn nicht vom Calgary Tower aus – lohnt sich der Weg zum Scotsman's Hill. Am Elbow River, etwa auf Höhe des Saddledoms, führt eine Treppe auf eine Anhöhe mit Panorama auf die Skyline und den Stampede-Festplatz. Ausklingen im wörtlichen Sinn kann der Tag in Inglewood, an der Musikmeile der Stadt. Entlang der 9th Avenue SE, auf der anderen Seite des Elbow Rivers, reihen sich die Pubs aneinander. Drinnen oder draußen gibt es täglich Live-Musik und einmal im Monat einen Nachtmarkt auf der 10th Avenue. In einer der Kneipen sollte man eine schräge Erfindung der Stadt probieren: den *Caesar*. Wichtigste Zutat des typischen Cocktails ist Clamato-Juice aus Tomatensaft und Muschelbrühe.

TIPP

PARK MIT ZEITMASCHINE
Am Glenmore-Stausee in Calgary liegt auf einer Halbinsel Kanadas größtes Freilichtmuseum, das das Leben in einer Präriesiedlung demonstriert – vom Pelzhandel über die ersten Siedler bis ins 20. Jahrhundert. Der Heritage Park umfasst eine Vielzahl an originalen oder nachempfundenen Gebäuden, historischen Fahrzeugen, sogar einen Dampfzug und einen Raddampfer, die Rundfahrten anbieten, heritagepark.ca.

FLUSS VOLLER LEBEN
Nicht nur für Angler interessant ist der Ausflug zur Bow Habitat Station am Bow River in Calgary. Das Museum mit zahlreichen Aquarien zeigt die heimischen Fisch- und andere Tierarten und präsentiert eine aktive Fischzucht. An einem Teich lernen Besucher verantwortungsvolles Angeln und können ein Feuchtbiotop mitten in der Stadt erkunden, bowhabitat.alberta.ca.

HANG MIT SPORTGESCHICHTE
Auf dem TCH Richtung Banff liegt am Ortsausgang der ehemalige Olympiapark von Calgary mit Sprungschanzen und Skihang. Heute von WinSport betrieben, wird auf dem Gelände immer noch Ski gefahren – und im Sommer Mountainbike. Auch eine Minigolfanlage gehört dazu, winsport.ca.

Der Trans-Canada Highway verläuft bei Banff durchs Tal des Bow Rivers, umgeben von Dreitausendern.

ROUTE 7: AUF DEM TCH DURCH DIE BERGE

DER SPEKTAKULÄRE WESTEN

Vier Nationalparks, Hochgebirge, zahlreiche Wasserfälle, beeindruckende Flusstäler, regenreiche Wälder und trockene Steppen: Der Westen Kanadas ist vielfältiger als vermutet und das sorgt für Abwechslung auf der langen Strecke. Zudem hat auch der Highway 1 einige weniger befahrene Teilstücke.

Es ist ein besonderer Moment, Calgary auf dem Trans-Canada Highway Richtung Westen zu verlassen, mit Blick auf die Rocky Mountains am Horizont. An der Strecke liegt zuerst der Ferienort Canmore, dann folgt der Eingang zum 1 **Banff-Nationalpark**. In Kanadas ältestem Nationalpark bleiben wir ein paar Tage, bevor wir dem TCH mit der Nummer 1 weiter durchs Bow Valley an Lake Louise vorbei folgen. Parallel zur ersten transkontinentalen Bahnstrecke fahren wir über den relativ niedrigen Kicking-Horse-Pass nach British Columbia. Oben, auf 1.627 Metern, beginnt der 2 **Yoho-Nationalpark**. Überraschend steil geht es danach hinab. Den »großen Hügel« mussten einst auch die Züge bewältigen – eine gefährliche Strecke. Doch 1909 wurden die Spiraltunnel nach Schweizer Vorbild eröffnet. Von einem Aussichtspunkt an der rechten Straßenseite lässt sich der Lower Spiral Tunnel und mit etwas Glück ein Zug sehen, der in der Röhre etliche Höhenme-

INFO

Start: Banff
Ziel: Vancouver
Distanz: 1.000 Kilometer
Dauer: 12–14 Tage
Beste Reisezeit: Mai bis September

ter überwindet. Bald darauf erreichen wir die Talsenke und folgen dem Kicking Horse River, vorbei am fast 3.200 Meter hohen Mount Stephen auf der linken Seite. Im Tal liegt Field, einzige Siedlung im Nationalpark mit Besucherzentrum, Tankstelle, Imbiss und Unterkünften.

Auf dem Weg nach Golden geht es weiter teils steil bergab. Die Kleinstadt hat jüngst ihr Flussufer aufgehübscht, von dem man über die überdachte Holzbrücke, die längste in Kanada, und am anderen Ufer rechts auf dem *Rotary Trail* spazieren kann, bis der Kicking Horse River in den Columbia River mündet. Wer es abenteuerlich mag, findet bei Golden die höchste Hängebrücke des Landes und Raftingtourenanbieter.

Zu den Regenwäldern

Keine halbe Stunde nach Golden beginnen die Columbia Mountains. Wir fahren durch den **3 Glacier-Nationalpark** und über den Rogers-Pass. Die Gegend bekommt Pazifikwetter ab – das lässt Regenwälder in niedrigeren Lagen gedeihen. Nur 20 Kilometer und einige Tunnel liegen zwischen Glacier-

Gemäßigte Regenwälder, wie am Bridal Veil Falls Trail, sind typisch für den Westen British Columbias.

und **4 Mount-Revelstoke-Nationalpark**. Revelstoke selbst, einst bedeutender Umschlagplatz an der Canadian Pacific Railway, ist eine nette Kleinstadt, in der eine Hängebrücke den breiten Columbia River überquert.

Bald darauf verlassen wir die Columbia Mountains. Bei Sicamous, keine Stunde von Revelstoke entfernt, beginnt die Shuswap-Region, geprägt von langgestreckten Seen und beliebt für Hausboottouren. Wer baden möchte, folgt dem Abzweig zum Canoe Beach, nach der Sägemühle rechts. Der TCH verläuft danach direkt durch Salmon Arm, den größten Ort der Gegend und unter Vogelbeobachtern bekannt. Am Marine Peace Park gibt es ein kleines Natur-Infozentrum und einen Bootssteg mit wunderbarem Blick auf die bergige Umgebung.

Über die Goldrausch-Route

Bei Chase verlassen wir die Seen und steuern eine Region an, die in starkem Kontrast zu den feuchtgrünen Wäldern um Revelstoke steht: das **5 Thompson Valley** um Kamloops, eine ziemlich trockene Hügellandschaft. Wir gelangen im Flusstal bis Lytton, wo der Thompson in den Fraser River mündet. Das Dorf muss nach einem verheerenden Brand im Jahr 2021 neu aufgebaut werden, das Chinesische Museum wurde aber schon wieder eröffnet. Am anderen Ufer beginnen die Ausläufer der Coast Mountains und so wird die Aussicht grüner, während wir dem Fraser Canyon nach Süden folgen. Der Fluss hatte eine große Bedeutung als Nahrungsquelle und Reiseroute für die First Nations. Später wurde er von den Goldsuchern genutzt und gehört deshalb jetzt zu den *Gold Rush Trails*. Zugleich zählt diese Strecke zu den weniger befahrenen Abschnitten, es mangelt jedoch nicht an Haltebuchten. Ein Highlight ist die Airtram, die Gondel über den Fluss 55 Kilometer südlich von Lytton. Von oben bietet sich eine gute Sicht auf die *Hell's Gate* genannte Engstelle. Der Europäer Simon Fraser hat das »Höllentor« so bezeichnet, nachdem er es mithilfe seiner indigenen Führer durchsteigen konnte. 30 Kilometer weiter liegt das Örtchen Yale, das während des Goldrauschs deutlich größer war – in diese Zeit entführt dort ein Freiluftmuseum.

Eine Viertelstunde später kommen wir in Hope an, wo der Fraser River und der Highway nach Westen abbiegen. Die Kleinstadt hat sich einerseits als Blockbuster-Drehort, andererseits als Ausgangspunkt für die Wanderung durch die Othello-Tunnel einen Namen gemacht. Die ehemaligen Bahntunnel führen durch eine spektakuläre Schlucht und konnten 2025 nach einem Flutschaden teilweise wieder eröffnet werden. Auf der Weiterfahrt bieten sich die Bridal Veil Falls für eine Pause an, ein Wasserfall, der fein wie ein Brautschleier hinabstürzt. Anschließend queren wir eine landwirtschaftlich genutzte Ebene, in der die großen Städte Chilliwack und Abbotsford liegen, bevor wir rund eine Stunde nach dem Wasserfall die Metropolregion und schließlich mit Vancouver die größte Stadt Westkanadas erreichen – das Ende einer Reise oder eine Zwischenstation zu Route 10.

RESTAURANTS / ÜBERNACHTUNGEN

EINKEHREN

GOOD FOLK/BANFF
2024 eröffnetes Restaurant im Otter-Hotel mit gehobener Küche. Serviert werden kanadische Speisen neu interpretiert – von Austern der Ostküste über Rind aus Alberta bis zu den Muscheln der Westküste. Craft Beer aus der Region und große Wein-Auswahl. Nachmittags herzhafte Snacks und Drinks, goodfolkrestaurant.com.

WHITETOOTH BISTRO/GOLDEN
Familienfreundliches, entspanntes Bistro mit schöner Terrasse am Fluss, vom Frühstück bis zum Abendessen geöffnet. Die Betreiber legen Wert auf lokale Zutaten und regionale Weine. Auf den Tisch kommen Rind, Bison und der Fang des Tages, aber auch vegane und glutenfreie Gerichte stehen auf der Karte, whitetoothbistro.com.

MONTE CREEK WINERY/ MONTE CREEK
Am Weg nach Kamloops, am South Thompson River und am Trans-Canada Highway, liegt dieses Weingut. Von der geschützten Terrasse hat man einen tollen Blick und kann dort zur Weinverkostung, zum Lunch oder auf einen herzhaften Nachmittagssnack einkehren. Auf dem Alfresco-inspirierten Speiseplan stehen Pizza, Bowls und Fingerfood, montecreekwinery.com.

OLD TOWNE INNE CHUCKWAGON BAR & GRILL/BOSTON BAR
Urige Kneipe im Fraser Canyon im Wild-West-Stil mit Saloon-Bar. Entsprechend herzhaft ist die Küche mit *Poutine,* 21 verschiedenen Burgern, Fingerfood, Pizza und Suppentheke, es werden auch Hütten und Zimmer vermietet, oldtowneinne.com.

Im Glacier-Nationalpark stehen die Ruinen einer ehemaligen Bahnstrecke.

ÜBERNACHTEN

AT WITS END BED & BREAKFAST/ BANFF
Drei Gästezimmer, jeweils mit Bad und Zugang zu Gemeinschaftsraum, Snackküche und Terrasse zu fairen Preisen. Tolle Lage – ruhig, aber nah an den Cascade Gardens mit schönem Blick über die Stadt, atwitsendbb.com.

CATHEDRAL MOUNTAIN LODGE/ FIELD
Luxus-Resort im Yoho-Nationalpark am Kicking Horse River nördlich von Field mit urigen, geschmackvoll eingerichteten Bungalows und einem Restaurant mit gehobener Küche. Shuttle zum Moraine Lake inklusive. Gegenüber vom Kicking Horse Campground, cathedralmountainlodge.com.

LAMPLIGHTER CAMPGROUND/ REVELSTOKE
Kleiner privater Campingplatz mit schattigen Wiesenplätzen, modernem Waschhaus, Spielplatz und Campingküche. 400 Meter von der Big-Eddy-Brücke über den Columbia River entfernt, lamplightercampground.com.

BLUE SHORE RESORT/SAVONA
Privat geführte Pension am Ufer des Kamloops Lake, mit Zimmern in verschiedenen Größen, manche mit kleiner Küchenecke. Schönes Grundstück direkt am See, Boote und Paddle Boards gibt es zum Mieten, blueshoreresort.ca.

HIGH HOPES BED & BREAKFAST/ HOPE
Frühstückspension mit toller Aussicht am Stadtrand. Komfortable Zimmer und Suiten, darunter eine Honeymoon-Suite mit großer Badewanne, alle ausgestattet jeweils mit Privatbädern und Sitzbereich im Freien, warmes oder kontinentales Frühstück, highhopesbandb.com.

WO ALLES BEGANN

Eine heiße Quelle in einer Höhle und der Wunsch, den teuren Eisenbahnbau in den Westen profitabel zu machen, führten 1885 zur Gründung eines Schutzgebiets. Später deutlich vergrößert, wurde daraus der weltbekannte Banff-Nationalpark – der mit vier Millionen Gästen im Jahr meistbesuchte Park in Kanada.

Die Thermalquelle, bei der indigenen Bevölkerung seit Generationen bekannt, wurde 1883 auch von drei Bahnarbeitern entdeckt. Als historisch bedeutender Ort kann sie in der Hauptsaison täglich besichtigt werden: Zur Cave and Basin National Historic Site gehören Ausstellungen und Lehrpfade. Der Besuch ist eine gute Idee für Regentage, die selbst an einem der schönsten Orte in den Rocky Mountains vorkommen. Mit dem Banff Park Museum, einem historischen Naturkundemuseum, und dem Buffalo Nations Luxton Museum über die Geschichte der indigenen Bevölkerung gibt für diesen Fall zwei weitere empfehlenswerte Optionen in der Nähe. Sie liegen beide am Bow River direkt in Banff – von dort lässt sich ein Bummel durch den Ferienort mit unzähligen Shops anschließen.

1

Aber der große Anziehungspunkt des Nationalparks sind natürlich die Berge, Seen und Tiere der Umgebung. Hier leben Braun- und Schwarzbären, Wölfe, Pumas, Vielfraße, Dickhornschafe, Wapitis und viele mehr. Die Chancen, mindestens eines der großen Wildtiere zu sehen, stehen richtig gut.

Fotogene Seen

Für die Erkundung sollte man sich einige Tage Zeit nehmen, denn der Nationalpark umfasst rund 6.600 Quadratkilometer. Wo also anfangen? Ein guter Start ist die Rundfahrt zum Lake Minnewanka nordöstlich der Stadt. Die 13 Kilometer lange Straße führt (gegen den Uhrzeigersinn) durch Wald und über offene Wiesen, wo häufig Wapitis grasen, zum Two Jack Lake mit Blick auf Mount Rundle, zum tiefen Lake Minnewanka und zurück vorbei an Bankhead. Von dieser aufgegebenen Siedlung aus der Zeit des Kohlebergbaus geht es weiter zum Cascade Mountain. Am Lake Minnewanka, den die Stoney Nakoda als »See der Geister« kennen, gibt es einen Weg am nördlichen Ufer. Man muss nicht weit laufen, um Postkartenmotive von baumbestandenen Inselchen vor fast 3.000 Meter hohen Bergen einfangen zu können. Mit dem Boot gelangt man weit auf den See hinaus. Da sich die Parkplätze schnell füllen (den aktuellen Stand postet BanffNow), kann man auch die Roam-Buslinie 6 zum See nutzen und auf dem Rückweg am Johnson Lake baden gehen.
Im Südwesten der Stadt liegen die Vermilion Lakes. Hier spiegeln sich an windstillen Tagen die Rundle- und Sundance-Bergketten. Zu Fuß findet man über den *Fenland Trail* Anschluss an die Vermilion Lakes Road. Aber die vielleicht schönste Art, die Seenkette zu entdecken, ist die vom Boot aus. Das verleiht zum Beispiel der Banff Canoe Club, der auch begleitete Touren anbietet.

Für Radler reserviert

Der Nationalpark erstreckt sich weiter nach Norden am Bow River entlang. Parallel dazu und zum Highway verläuft der Bow Valley Parkway – eine reizvolle Straße die ganzen 48 Kilometer bis Lake Louise (siehe Route 8). Zahlreiche Aussichtspunkte, Picknick- und Campingplätze liegen an der Strecke sowie der Weg durch den Johnston Canyon mit zwei spektakulären Wasserfällen, der allerdings oft überlaufen ist. Eine Alternative bieten die Silverton Falls. Auf den ersten 17 Kilometern des Parkways sind als Teil eines Pilotprogramms im Mai und Juni sowie von Ende August bis Anfang Oktober nur Fahrräder zugelassen, die man im Ort ausleihen kann. Anschluss besteht über die Vermilion Lakes Road.

↑ Mehrere Wapiti-Herden sind um Banff heimisch. Nicht nur die Bullen können eine stattliche Größe erreichen.
← Kanadagänse schwimmen in den Vermilion Lakes, gleich neben Banff. Im Frühjahr sind die Seen noch nicht ganz aufgetaut. Dahinter erhebt sich der keilförmige Mount Rundle.

TIPP

HOCH HINAUS

Rund um Banff gibt es drei Seilbahnen, die auch im Sommer in Betrieb sind: Die Banff Gondola fährt auf den Sulphur Mountain, der einen Rundumblick auf den Ort, in abgelegene Täler und auf unzählige Gipfel bietet. Am Mount Norquay endet der Sessellift im Cliffhouse Bistro. Mutige buchen dort geführte Klettertouren an Via-Ferrata-Routen. Am Sunshine Resort geht es per Gondel und Sessellift auf 2.385 Meter zu einer Hochebene mit blühenden Wiesen. Nach einem kurzen Spaziergang blickt man auf drei kleine Seen, zu denen ein Wanderweg führt.

AUSFLUG IN DEN KOOTENAY-NATIONALPARK

Der von Banff aus nächste Pass liegt auf dem Banff-Windermere Highway nach Radium Hot Springs: eine knapp 100 Kilometer lange, abgelegene, sehenswerte Strecke durch den Kootenay-Nationalpark. Fährt man an der Castle Junction vom Highway 1 ab und dann nach links, kann man nur 17 Kilometer später den Marble Canyon oder weitere drei Kilometer entfernt die Paint Pots besichtigen.

DER PERFEKTE TAG

Wer in Banff lebt und arbeitet, hat meistens schon einen Plan für den nächsten freien Tag im Kopf. Im Nationalpark, aber auch in der Kleinstadt selbst gibt es viel zu sehen und zu erleben – von Sport bis Wellness, von Bergtour bis Wine Wednesday.

VOR 6 UHR – SONNENAUFGANG ANSCHAUEN: Frühaufsteher können beobachten, wie die aufgehende Sonne Mount Rundle einfärbt. Das geht am Two Jack Lake, an den Aussichtspunkten bei den Tunnel Mountain Campgrounds oder von den Vermilion Lakes aus.

7 UHR – MIT DROP-IN-YOGA achtsam in Bewegung kommen, umgeben von Bergen: Gibt es einen schöneren Start in den Tag? In Banff finden regelmäßig offene Community-Yoga-Kurse statt, zum Beispiel im Sommer im Central Park oder im Fenlands Banff Recreation Centre. Yoga-Studios vergeben auch Einzelstunden.

8 UHR – ZEIT FÜR KAFFEE: Vom Park, vorbei am Rathaus, geht es die Bear Street hoch. Sie verläuft nach dem Abzweig nach rechts gerade auf den Cascade Mountain zu. In der Wildflower Bakery und im Banff-National-Perk-Kaffeehaus gibt es ab sieben Uhr Frühstück, guten Kaffee und leckere Teilchen oder Sandwiches zum Mitnehmen für Ausflüge.

9 UHR – WANDERN IM NATIONALPARK: In Banff kann es noch so trubelig sein, auf den meisten Wanderwegen (Johnston Canyon ausgenommen) sieht das ganz anders aus. Ein paar Vorschläge: Lang, aber einfach ist die Runde am Spray River. Ungewöhnlich verläuft die Tour zum C-Level Cirque am Cascade Mountain, vorbei an den Hinterlassenschaften des Kohlebergbaus. Anspruchsvoll gestaltet sich der Rundweg über den Cory Pass durch alpines Gelände.

15 UHR – WELLNESS: Nach dem Wandern tut es gut, die Füße hochzulegen. Die Buslinie 1 Richtung Sulphur Mountain bringt die Fahrgäste zu den Banff Upper Hot Springs, deren Entdeckung zur Gründung des Nationalparks führte. In dem kleinen Thermalbad mit Café entspannt man sich mit Bergblick im Außenpool im 37 bis 40 °C warmen Wasser.

18 UHR – ESSEN UND ANSTOSSEN: Sich für ein Restaurant zu entscheiden, ist in Banff gar nicht so einfach. Nicht nur am Taco Tuesday empfiehlt sich El Toro, das mexikanische Restaurant im Irwin's Mountain Inn. Für ihre gute kanadische Küche und eine tolle Dachterrasse ist die Sports Bar Elk & Oarsman bekannt. Wer danach nicht müde in die Kissen sinken will, stattet dem ältesten Pub von Banff, dem Rose & Crown, einen Besuch ab und tanzt zu Live-Musik.

← Der Weg über Cory's Pass ist eine Herausforderung, aber der Blick auf Felswände, Gipfel und hinab ins Tal macht jede Anstrengung wett.
↖ Baum- und Bergpose fallen einem mit Aussicht auf die Rocky Mountains besonders leicht.
↑ Der Boardwalk am Sulphur Mountain verläuft über mehrere hundert Meter unterhalb des Gipfels in 2.281 Metern Höhe.
↗ Manche Hotels haben eigene Hotpools. Für alle anderen gibt es das Thermalbad in der Nähe der Talstation der Gondel.
↓ Deftiges Essen ist nach so einem Tag ein Muss – das haben die Kanadier verstanden.

2

YOHO-NATIONALPARK

HERRLICHE AUSSICHTEN

Große Wasserfälle, smaragdfarbene Seen und hohe Gipfel sorgen in diesem Nationalpark für Staunen. Nur ein Jahr nach dem Banff-Nationalpark gegründet, wurde Yoho nach einem Cree-Ausdruck für genau dieses Gefühl der Begeisterung benannt. Das dürften auch Hobby-Paläontologen beim Fossilienfund haben.

Wer den Nationalpark nur quert, sieht zwar das tiefe Tal des Kicking Horse Rivers und die aufragenden Berge zu beiden Seiten, aber Yohos Hauptattraktionen abseits der Straße bleiben ihm verborgen. Ein paar Tage einzuplanen, um abzufahren und vielleicht auch kurze Wanderungen zu unternehmen, ist also nicht verkehrt.
Die Burgess Shale ist überhaupt nur zu Fuß und im Rahmen von Führungen zugänglich – aber jeden Umweg wert. Dahinter verbirgt sich eine mehr als 500 Millionen Jahre alte Gesteinsschicht, die besonders reich an Fossilien ist, speziell an Trilobiten. In den 1880er-Jahren waren Bahnarbeiter am Mount Stephen auf die »Steinkäfer« im Schiefer gestoßen und rund ein Jahrhundert später begann die ausführliche Erforschung der Gegend, die 150.000 Fossilien aus 200 Arten zutage förderte. Die Führungen zu den Fossilienfeldern am Walcott Quarry oder am Mount Stephen sind anspruchsvolle

Bergtouren – etwas weniger Höhenmeter legt man auf der Stanley-Glacier-Tour im benachbarten Kootenay-Nationalpark zurück. Mit erfahrenen Guides von Parks Canada geht es hinauf zu den Fundorten, wo man nach Lust und Laune stöbern darf. Nur die Mitnahme von Fossilien oder Schiefer ist untersagt. Stöcke, Wanderschuhe und wetterfeste Kleidung sowie Verpflegung müssen selbst mitgebracht werden. Das Reservieren lohnt sich – vor allem für Hobby-Paläontologen.

Intensive Farbspiele

Gleich nach der Ankunft im Kicking Horse Valley geht es rechts hoch zu den Takakkaw Falls, die zu den höchsten Wasserfällen in Kanada gehören. Allerdings wird die Yoho Valley Road jährlich zwischen Mitte Oktober und Mitte Juni gesperrt und ist für Wohnwagenanhänger nicht geeignet. Fahrzeuge über sieben Meter Länge müssen in den Spitzkehren zurücksetzen, um sie zu bewältigen. Abgesehen davon lohnt die kurze Ausfahrt mit ihren schönen Aussichtspunkten auf den Upper Spiral Tunnel und die rauschenden Gebirgsbäche. Der Parkplatz am Ende empfiehlt sich als Ausgangspunkt für den Spaziergang zu den Takakkaw Falls und für Wandertouren ins höhere Yoho Valley.
Der zweite, recht populäre Abstecher beginnt kurz nach Field, wo wir rechts auf die Emerald Lake Road abbiegen. Der erste Stopp ist an der Natural Bridge, unter der der Kicking Horse River durch eine enge Steinbrücke rauscht, der zweite erfolgt am Emerald Lake sieben Kilometer später mit seiner auffallenden, türkis-hellblauen Farbe. Morgens oder abends stehen die Chancen am besten, einen Parkplatz zu bekommen. Und auch die Boote sind trotz ihres stolzen Mietpreises oft alle ausgeliehen. Kostenlos ist die Nutzung des Rundwegs um den See, der rund fünf Kilometer lang über Stock und Stein herumführt. Zurück geht es auf Holzplanken, durch den ufernahen Wald und über die Halbinsel mit der Lodge und zwei Restaurants.

See mit Besucherlimit

Yoho hat auch noch einen See, der normalerweise sicher ähnlich beliebt wäre. Doch der Zugang zum Lake O'Hara ist limitiert, um das sensible alpine Gelände zu schützen. Die elf Kilometer lange Zufahrtsstraße bedient ein Shuttlebus. Die Plätze dafür werden aufgrund der großen Nachfrage jährlich im Frühjahr ausgelost. Wer Glück hat, kann den türkisfarbenen See in dem hochgelegenen Tal umrunden und auf spektakulären Wanderrouten weitere Seen und Aussichtspunkte erkunden oder vor Ort zelten.

TIPP

BREITER WASSERFALL

Wenn es an der Natural Bridge zu voll wird, bieten sich kurz vorm Verlassen des Nationalparks die mächtigen Wapta Falls als Alternative an. Die zwei Kilometer lange Zufahrt zum Wanderparkplatz knickt kurz nach der Brücke über den Kicking Horse River links ab. Der einfache, zum Teil schmale und überwiegend flache Waldweg bringt uns nach zwei Kilometern zum ersten Aussichtspunkt auf den Wasserfall, der 150 Meter breit und 30 Meter hoch ist. Fußwege führen zum Flussbett darunter. Hin und zurück sind dann fast fünf Kilometer zurückzulegen.

AUF ZWEI RÄDERN

Den Yoho-Nationalpark durchziehen komfortable Fahrradwege, zum Beispiel auf ehemaligen Feuerschutz-Straßen wie dem *Kicking Horse Trail*, der am Natural-Bridge-Parkplatz beginnt und bis zum Otterhead River relativ flach ist und für Familien geeignet sein soll. Hin und zurück beträgt die Strecke weniger als 13 Kilometer. Es ist auch möglich, vom Lake-O'Hara-Parkplatz über den alten asphaltierten Highway 1a auf die Great Divide, die kontinentale Wasserscheide, in drei Kilometern Entfernung zu radeln oder weiter Richtung Lake Louise bis zur Zufahrtsstraße zum See in gut zehn Kilometern. Umsichtiges Fahren ist wegen anderer Wegenutzer, inklusive wilder Tiere, jederzeit geboten.

↑ Die Burgess Shale genannte Ablagerung in den Rockies ist reich an Fossilien, besonders an Trilobiten.
↖ Zu Fuß erreichbar sind die Wapta Falls im Südwesten des Nationalparks. Wanderer werden nach einer halben Stunde mit der Aussicht auf den tosenden Wasserfall belohnt.

Camper genießen die Aussicht vom Hoodoos Viewpoint auf den Mount Rundle im Banff-Nationalpark.

3

Memorial Park am Rogers Pass, berüchtigt für Lawinen

GLACIER-NATIONALPARK

ZWISCHEN WALD UND EIS

Der Glacier-Nationalpark macht seinem Namen alle Ehre: 129 Gletscher gibt es in diesem Park in den Columbia Mountains, doch sie sind gefährdet. Vor 40 Jahren waren es noch gut 200 mehr. In den Tälern stehen gemäßigte Regenwälder.

Durch den Glacier-Nationalpark zu fahren, lässt einen schöne Aussichten auf teils eisbedeckte Gipfel, zum Beispiel am Rogers Pass, genießen – doch wie immer sieht man nur einen Bruchteil von der Straße aus. 20 Wanderwege stehen zur Auswahl, um mehr zu erleben. In der Regel sind die Picknickplätze und Wanderwege an der Straße ab Mitte Juni nutzbar, wenn der Schnee geschmolzen ist. Noch vor dem Pass geht links die Zufahrt zum kleinen Wanderparkplatz für die Bear Creek Falls ab. Ein kurzer, steiler Weg geht hinab ins Bachtal, wo man vom Sprühnebel eines rauschenden Wasserfalls erfrischt wird – leider vor dem anstrengenden Aufstieg.
Nach dem Pass, gleich an den beiden Zeltplätzen, beginnen drei einfache Wege. Besonders für Bahnfans interessant ist der *Loop Brook Trail*. Für den Rundweg braucht man etwa eine Dreiviertelstunde und folgt dabei zum Teil einer früheren Bahnstrecke samt Brückenpfeilern.
Der kürzeste Weg, am westlichen Parkausgang, ist barrierefrei und führt in einen besonderen Wald: Temperierter Regenwald im Landesinneren existiert nur hier in den Columbia Mountains, wo sich der Regen vom Pazifik niederschlägt. Der Hemlock Grove Boardwalk gibt auf 400 Metern einen Einblick in die Welt der Hemlocktannen und riesigen Zedern.

TIPP

ROGERS PASS CENTRE

Das Museum auf dem Pass bietet einen guten Überblick über Geschichte, Landschaft und Tierwelt der Umgebung. Das Besucherzentrum musste jedoch 2025 für Reparaturen geschlossen werden. Alternativ übernimmt ein Infostand den Besucherservice, parks.canada.ca (Stichwort: *Rogers Pass*).

4

Ausblick auf Revelstoke und den Columbia River

MOUNT-REVELSTOKE-NATIONALPARK

ROADTRIP AUF DEN BERG

Der Nationalpark rund um den Mount Revelstoke ist einer der kleinsten im Land, hat aber vom Regenwald bis zum subalpinen Berggipfel einiges zu bieten. Zu verdanken ist er Anwohnern, die 1914 den Schutz der Bergwiesen vorantrieben.

Der Park beginnt, wie der Glacier-Nationalpark endet, mit einem Spaziergang unter 500 Jahre alten Rotzedern neben dem TCH. Die kurze Strecke auf dem *Giant Cedars Boardwalk* führt allerdings – nicht barrierefrei – über Stufen. Ein Teil des Wegs ist aufgrund von Schäden gesperrt, doch die begehbaren 500 Meter sind trotzdem sehenswert und beginnen gleich am Highway 1.

Dafür stehen auf der anderen Seite des Bergs jede Menge Wanderwege durch den Wald, über Bergwiesen und zum Gipfel zur Verfügung, leicht erreichbar und das ohne Seilbahn. Vom Ort Revelstoke führt eine Serpentinenstraße von 470 auf 1.835 Meter Höhe: der 26 Kilometer lange Meadows in the Sky Parkway. Fahrzeuge über 7,90 Meter Länge und Anhänger sind auf der schmalen Straße nicht gestattet. Aufgrund der Schneemengen öffnet sie erst am langen Mai-Wochenende rund um den Victoria Day, und zwar lediglich bis zur Schneegrenze. Der Gipfelbereich ist in der Regel nur zwischen Anfang Juli und Ende September offen. Hunde dürfen bloß bis Kilometer 12 mitfahren.

Aussichtspunkte unterbrechen die kurvige Auffahrt. Ungewöhnlich ist der Nels Nelsen Viewpoint nach vier Kilometern, an dem man sich wie der berühmte Skispringer fühlen kann. Vom höchsten Parkplatz geht es zu Fuß weiter auf den nahen Gipfel oder die Bergwiesen.

TIPP

GEOCACHING IM NATIONALPARK

Süßigkeiten gibt es in diesen Geocaches nicht, schon um Tiere fernzuhalten. Aber wer fünf Geocaches im vorher ausgedruckten Geocaching-Passport vermerkt, erhält von Parks Canada eine Münze. Start ist am Kinder-Bike-Park.

5

THOMPSON VALLEY

PROVINZ DER GEGENSÄTZE

Nach den Regenwäldern rund um Revelstoke ist das Thompson Valley eine Überraschung: Rings um das Flusstal kommt in der trockenen Steppe Wild-West-Feeling auf. Außerdem liegt dort, wo North und South Thompson River zusammenfließen, Kamloops – die erste Großstadt am Trans-Canada Highway seit Calgary.

Im Inland von British Columbia, am Thompson River, ist es warm und trocken – so trocken, dass dort Pflanzen wie Wüsten-Beifuß, Steppenläufer (das sind die trockenen Büsche, die in Western über die Straße kullern), Kakteen, Ponderosa-Kiefern, aber auch Gräser für die Viehhaltung wachsen. Die Landschaft war bereits in einigen Hollywoodfilmen zu sehen und ersetzt darin Mexiko, Afghanistan oder Ägypten – oder den Yellowstone-Nationalpark im Weltuntergangsfilm *2012*. In dieser Umgebung liegt Kamloops, zweitgrößte Stadt der Region, mit mehr als 100.000 Einwohnern. Kamloops rühmt sich einer lebendigen Kunst- und Kulturszene, die sich in Galerien und Theatern niederschlägt. Die Back Alley Art Gallery macht ihrem Namen alle Ehre: In den innerstädtischen Hinterhöfen, die man auf eigene Faust besuchen kann, leuchten Murals von den Wänden. Direkt ans Zentrum grenzt der Riverside Park mit Spielplatz, Strand und Aussicht auf die Stelle, wo sich die Flüsse vereinigen. Die Stadt ist ein bedeutender Ort für die indigene Kultur: Schon der Name entspricht der englischen Übersetzung von *Tk'emlúps,* dem Shuswap-Wort für »wo sich die Flüsse treffen«. Einmal im Jahr kommen Indigene aus Kanada und den USA sowie Besucher aus aller Welt zu einem Powwow zusammen, einem dreitägigen Treffen mit Trommeln und Tanz, Festkleidung, Kunsthandwerk und Essen. Neben der Veranstaltungsfläche im Nordosten der Stadt befindet sich das Secwépemc-Museum, das mit Artefakten und interaktiven Elementen einen Einblick in die Geschichte und Kultur der First Nation gibt. Das Museum bietet auch Touren in die benachbarte Kamloops Indian Residential School an, wo Kinder ehedem gezwungenermaßen ein Internat besuchten – das nicht alle überlebten. Die Schule wurde 2025 in die Liste der *National historic sites* aufgenommen.

↑ Auch das gehört zur Geschichte: wie in Internaten, etwa in Kamloops, mit indigenen Kindern umgegangen wurde.
← Im Frühjahr noch grüne Wiesen, aber auch trockene Steppen und rötliche Felsen prägen die Landschaft rund um den Thompson River – Szenen wie aus einem Western.

Felsen und Farmen

Im Westen der Stadt weitet sich das Flusstal zu einem knapp 30 Kilometer langen See mit steilen Ufern. Eine tolle Sicht auf den Kamloops Lake bietet sich 35 Kilometer nach dem Stadtzentrum vom Aussichtspunkt am rechten Straßenrand. Am Ende des Sees queren wir eine Brücke und folgen nun dem Nordufer des Thompson Rivers. Farmen, schroffe Felsen und sanfte Hügel wechseln sich ab. Ein spannender Zwischenstopp, erkennbar am weißen Tipi, sind die McAbee Fossil Beds, wo 53 Millionen Jahre alte Fossilien gefunden wurden. Der Ort wird von der Bonaparte First Nation touristisch entwickelt – mit Trails und geführten Touren.
Nur zehn Minuten später erreichen wir Cache Creek, das an einer wichtigen Kreuzung liegt und wo demzufolge Unterkünfte und Restaurants zu finden sind. Über den Highway 97 geht es nach Prince George und über den abknickenden Highway 99 über Whistler nach Vancouver. Wir bleiben auf dem TCH, der nun nach Süden führt. Knapp fünf Kilometer weiter, am Abzweig der Straße nach Ashcroft, fahren wir an einem auffälligen Hügel vorbei, dem Elephant Hill. Als eines der trockensten Gebiete der ganzen Provinz und aufgrund seiner Fauna und Flora, zu der auch Klapperschlangen und Schweifhühner zählen, steht er unter Schutz. Dann nähern wir uns wieder dem Fluss und genießen den Ausblick aufs andere Ufer und die teils steilen Hänge. Bei Spences Bridge wechseln wir erneut die Flussseite, bevor das Tal schmaler und der Fluss wilder wird. Zwei Stunden nach Kamloops mündet der Thompson in den Fraser River.

TIPP

SOMMER IM SKI-RESORT
Nördlich von Kamloops liegen zwei Skigebiete, Sunpeaks ist sogar das zweitgrößte in Kanada. Es hat selbst im Sommer geöffnet, unter anderem als Bike-Park. Der Sunburst-Sessellift bringt zwischen Mitte Juni und Ende September auch Wanderer auf 1.850 Meter. Von der Bergstation ziehen sich kürzere und längere Wanderwege über alpine, etwa von Mitte Juli bis Mitte August blühende Bergwiesen. Im Resort finden den ganzen Sommer über jede Menge Festivals und Veranstaltungen statt. Sunpeaks liegt etwa eine Dreiviertelstunde Fahrt von Kamloops entfernt, sunpeaksresort.com.

GESCHÜTZTES GRASLAND
Nördlich vom Kamloops Lake erstreckt sich die Lac du Bois Grasslands Protected Area, die die besondere Flora und Fauna der Region, von den trockenen Hängen über das Grasland bis zu bewaldeten Flächen, unter Schutz stellt. Der einfachste Zugang zu dem abgelegenen Gebiet führt über die Tranquille Road am Airport im Nordwesten von Kamloops vorbei. Wo sich die Straße teilt, geht es rechts weiter. Kurz nach dem Queren der Bahnstrecke liegt ein kleiner Wanderparkplatz, dort beginnt der gut drei Kilometer lange Mara-Lehrpfad, der als Rundweg gegen den Uhrzeigersinn empfohlen wird, bcparks.ca.

Typische Aussicht auf der Route: gletscherblaue Flüsse, schneebedeckte Berge und viel Grün dazwischen

ROUTE 8: ICEFIELDS PARKWAY

TRAUMSTRASSE DURCH DIE ROCKIES

Es ist die perfekte Ausfahrt: vorbei an Seen, Wasserfällen und Gletschern, mit einem neuen Bergpanorama hinter jeder Kurve. Von Lake Louise im Banff-Nationalpark nach Jasper im Jasper-Nationalpark mangelt es nicht an Gründen, um anzuhalten. Mit dem Icefields Parkway macht man nichts verkehrt.

Eine Straße durch zwei Nationalparks, ohne Städte oder sonstigen Empfang, dafür gespickt mit Aussichtspunkten und Wanderwegen – das ist der Icefields Parkway. Er führt mitten durchs Hochgebirge, über Pässe und durch Flusstäler. Am Straßenrand, in Büschen oder Wiesen, ist es gut möglich, Bären, Dickhornschafe und andere Tiere zu sehen. Die Straße ist das ganze Jahr geöffnet, aber vom 1. November bis 1. April herrscht Winterreifenpflicht. Hotels und Gaststätten sind rar und unterwegs kommt nur eine Tankstelle. Auch diese Route will also gut vorbereitet sein. Parks Canada stellt in den Besucherzentren und online eine Karte zur Verfügung, die außer den vielen Sehenswürdigkeiten auch (barrierefreie) Toiletten, Orte zum Übernachten, Einkehren, Telefonieren und Tanken entlang der Straße aufzeigt.

Zwar verbindet der Icefields Parkway Lake Louise mit Jasper, doch das war nicht der Grund für den Straßenbau. Wo einst Jagd-

INFO

Start: Lake Louise
Ziel: Jasper
Länge: 233 Kilometer
Dauer: 4-5 Tage
Beste Reisezeit: Juni bis September

und Handelswege der First Nations verliefen, fanden vor rund 100 Jahren erste touristische Exkursionen auf dem als *Wonder Trail* bezeichneten Weg statt. Erst 1931 begann der Ausbau zur Straße – als Arbeitsbeschaffungsmaßnahme Kanadas während der Weltwirtschaftskrise. 600 Männer, ausgestattet mit minimalem Equipment, brauchten zehn Jahre für die Fertigstellung. Ab den 1950er-Jahren entdeckten immer mehr Reisende die Schönheit der Route, die 1961 erneuert wurde. Laut Parks Canada sind es mittlerweile rund 1,2 Millionen Besucher pro Jahr.

Gletscher in Krähenform

Der Icefields Parkway beginnt in **1 Lake Louise**, dem weltbekannten Wintersportort. Während der Trans-Canada Highway nach Westen weitergeht, biegt der Parkway als Highway 93 rechts nach Norden ab. Es sind nur sechs Kilometer, bis die Aussicht über den Herbert Lake einen Vorgeschmack auf das Kommende gibt: endlose Wälder, schimmernde Seen und dahinter die Gipfel, viele um die 3.000 Meter hoch. Ein erster Blick auf einen Gletscher eröffnet sich 30 Kilometer weiter, am südlichen Ende des Bow Lakes. Vom Parkplatz

Vom Parkplatz am Parkway ist es nur ein kurzer Weg bis zur Brücke über den Mistaya Canyon. Achtung: Insbesondere nach Regenfällen können die Felsen rutschig sein!

auf der linken Seite sind zwei der drei Krähenkrallen zu sehen, an die die Form des Gletschers erinnert, die dritte ist bereits abgeschmolzen. Gegenüber beginnt die Wanderung zum Helen Lake, auf der man ab und zu ebenfalls den Blick zum Crowfoot Glacier werfen kann, bevor sich eine Bergkette dazwischenschiebt. Der Helen Lake selbst ist nicht groß, aber idyllisch zwischen bunten Wiesen gelegen. Der Aufstieg auf den Bergkamm dahinter wird mit einer Aussicht ins wilde Hinterland belohnt. Wanderungen wie diese sind ein Grund, warum wir den Parkway nicht an einem Tag fahren. Zudem sind Sonnenauf- und -untergänge an den beliebten Aussichtspunkten nicht nur toll für Fotografen, sondern auch eine Gelegenheit, die Schönheiten bei weniger Trubel zu genießen. Wer das Bergglühen sehen will, zum Beispiel über dem nahen Bow Lake oder nur sechs Kilometer und einen Spaziergang weiter am Peyto Lake, dem See in Form eines Hundekopfs, übernachtet am besten in der Nähe, um Fahrten im Dunkeln zu vermeiden.

Nach dem Peyto Lake ist auch der Bow Pass (auf rund 2.070 Metern) geschafft. Auf der anderen Seite geht es hinunter ins Tal, nun entlang des Mistaya Rivers. Der sorgt 31 Kilometer nach dem Pass für eine Sehenswürdigkeit anderer Art: Mit viel Schaum und Getöse stürzt der Fluss in eine enge Felsschlucht, nur einen Spaziergang vom Parkplatz entfernt. Im Hintergrund des Mistaya Canyons thront der gletscherbedeckte Mount Sarbach.

Wilde Flüsse und weinende Wände

Wenig später mündet der Fluss in den North Saskatchewan River. Auf sein breites Tal und den Bergpass dahinter reicht der Blick vom Howse Pass Viewpoint, nur fünf Kilometer weiter. Der Pass hatte für die indigene Bevölkerung wie für die europäischen Pelzhändler eine große Bedeutung. Einer von ihnen war David Thompson, zugleich Kartograf. Der nach ihm benannte Highway biegt nun rechts ab. Er führt an den Abraham Lake, einen langen, türkisfarbenen Stausee, und nach Nordegg, der nächsten kleinen Siedlung in rund 90 Kilometern Entfernung. Das ist der einzige Abzweig vom Icefields Parkway, entsprechend liegt an der Kreuzung eine Raststätte mit Motel und Tankstelle – das Crossing Resort. Die nächsten rund 30 Kilometer folgt der Parkway dem Flussbett so nah, dass keine Bäume den Blick verstellen. In der Ferne schiebt sich zunehmend eine Felswand ins Bild, an deren Fuß man parken kann. Die Weeping Wall wird so genannt, weil viele Wasserfälle an ihr hinablaufen. Kurz danach führt die Straße steil hoch zum Sunwapta Pass auf über 2.000 Metern, der die Grenze zwischen Banff und Jasper National Park markiert. Wir nähern uns nun dem **2 Columbia Icefield**, einer Gletscherfläche zwischen mehreren Gipfeln. Anschließend folgt der Parkway dem Sunwapta River, verlässt aber kurzzeitig das Tal. Am Berghang passieren wir den Skywalk, die Tangle Falls und einen weiteren Gletscher-Blick – alles innerhalb von fünf Minuten. Fast 50 Kilometer nach dem Icefield Centre hat der Sunwapta River seinen großen Auftritt und stürzt durch einen tiefen Canyon. Wer noch 20 Minuten durch den Wald bergab läuft, gelangt zu einem weiteren Wasserfall. Es ist nicht der letzte an der Strecke, aber vorher stoppen wir am Goats and Glaciers Viewpoint, 17 Kilometer weiter. Auch ohne Bergziegen ist das Panorama über den Athabasca River und die Bergkette dahinter wie aus dem Kanada-Kalender. Der breite Fluss stürzt sieben Kilometer später an den Athabasca Falls rund 23 Meter hinab, aber es ist eher die Wassermasse als die Tiefe, die an der Engstelle für Staunen sorgt. 30 Kilometer später erreichen wir und der Fluss das Städtchen **3 Jasper**.

RESTAURANTS / ÜBERNACHTUNGEN

EINKEHREN

THE STATION RESTAURANT/ LAKE LOUISE

Zum Mittag- und Abendessen die ungewöhnlichste Location in Lake Louise, denn hier isst man direkt im historischen Bahnhofsgebäude, was uriger und gemütlicher ist, als es klingt. Herzhafte Küche, zum Beispiel Bisonrippchen und -lasagne, stehen als beliebte Klassiker auf der Karte, lakelouisestation.com.

THE RESTAURANT AT SUNWAPTA FALLS/ICEFIELDS PARKWAY

Auch wer nicht in dem Resort übernachtet, kann zum Frühstück, Mittagessen oder Dinner in dem einfachen, aber günstig gelegenen Restaurant einkehren. Morgens kann man auch Lunch zum Mitnehmen für die nächste Wanderung erwerben, mittags warme Snacks. Abends gibt es viel Fleisch und Fisch zur Auswahl, doch ebenso glutenfreie oder vegane Optionen, sunwapta.com/restaurant.

EVIL DAVE'S GRILL/JASPER

Kein bisschen böse, sondern familiengeführt, offen und kreativ zeigt sich dieses Restaurant im Norden von Jasper an der Marmot Lodge, das Wert auf lokale Produkte legt. Auf der Karte stehen Vorspeisen zum Teilen wie *Hot Mess* für Käseliebhaber und *Cowboy Sushi*, Burger und Sandwiches, klassische Küche aus Alberta mit Beef, Bison und Wildschwein, aber auch global inspirierte Bowls, vegane und glutenfreie Alternativen inklusive. Sitzgelegenheiten drinnen und draußen, evildavesgrill.com.

ÜBERNACHTEN

PARADISE LODGE & BUNGALOWS/ LAKE LOUISE

Kleines Resort in praktischer Lage an der Zufahrtsstraße zum Lake Louise, nur 20 Minuten zu Fuß entfernt. Der Shuttle zum Moraine Lake und eine E-Bike-Vermietung gehören zum Service der Anlage mit Spielplatz, Kaminzimmer und Waschraum. Suiten und Bungalows mit Bädern und Küchenecken stehen zur Auswahl, paradiselodge.com.

SILVERHORN CREEK CAMPGROUND/ICEFIELDS PARKWAY

Einfacher Campingplatz für Zelte, Wohnwagen und Wohnmobile. Tolle Lage mit Teichen auf dem Gelände und Bergblick. Kein Strom, kein Wasser (Auffüllen und Entsorgen am ebenfalls schönen Waterfowl Lakes Campground möglich), nur Trockentoiletten. Kurze Fahrt zum Peyto und Bow Lake, parks.canada.ca.

PATRICIA LAKE BUNGALOWS/ JASPER

An einem einsamem Bergsee gelegen und trotzdem nur zehn Minuten Fahrt von Jasper: Diese Unterkunft ist für alle perfekt, die es ruhig mögen und nicht weit, um die Stadt und die Umgebung zu erkunden. Auf dem Waldgrundstück werden kleinere und größere Bungalows sowie Suiten vermietet. Hot Tub und ein BBQ-Platz stehen zur Verfügung, patricialakebungalows.com.

Nur Plumpsklos, aber zwei Teiche und diese Sicht gibt es auf dem Silverhorn Creek Campground.

MEHR ALS SEEN SEHEN

Wenn es typische Postkartenmotive aus den Rockies gibt, dann findet man sie hier: Der türkisfarbene Lake Louise mit Bootshaus und dem Gletscher im Hintergrund oder der Moraine Lake, überragt von mehreren Gipfeln – diese Orte kennen wohl alle Kanada-Fans. Wird es dort voll, braucht man Alternativen.

Warum ist der Lake Louise so türkisblau? Das fragen viele Touristen, die das Wasser mit eigenen Augen erblicken. Eine häufige Antwort der Kanadier lautet: »Weil wir den Seegrund regelmäßig blau anstreichen.« Das ist natürlich nicht ernst gemeint und ging 2015 als Aprilscherz mit gefälschten Bildern durchs Internet. Tatsächlich liegt es an den Sedimenten, die aus sechs Gletschern in den Lake Louise gespült werden. Bei den Stoney Nakoda war er als »See der kleinen Fische« bekannt, und der erste Europäer, der ihn zu Gesicht bekam, nannte ihn Smaragdsee. Mit einer Berghütte für zwölf Gäste begann 1890 der Tourismus am Seeufer. Heute steht dort das in Etappen gewachsene Chateau Lake Louise mit 550 Zimmern. Tag für Tag kommen Zehntausende Menschen, um den See zu sehen. Am

1

Moraine Lake geht es ähnlich zu. Nur rund 15 Kilometer vom Lake Louise entfernt liegt er noch höher in den Bergen, im »Tal der zehn Gipfel«.

Shuttlebusse und Wanderschuhe

Die Zeiten, in denen man einfach zu den Seen fahren konnte, sind vorbei. Am Lake Louise gilt es als unwahrscheinlich, dass man einen freien Parkplatz findet, und die Straße zum Moraine Lake – ohnehin nur von Juni bis Mitte Oktober befahrbar – ist für Privatfahrzeuge gesperrt. Bei privaten Anbietern und Parks Canada kann man einen Shuttle zu beiden Seen buchen. Die Plätze werden teils Monate vorher, teils zwei Tage vor dem gewünschten Datum vergeben. Vor Ort konzentrieren sich die meisten Besucher zunächst aufs Seeufer, doch mit jedem Kilometer, den man zu Fuß zurücklegt, nimmt ihre Zahl ab. Vom Lake Louise gibt es beispielsweise zwei Halbtagestouren zu schön gelegenen Teehäusern, sonst eine Seltenheit in den Rockies. Eins liegt am Lake Agnes vor dem Aufstieg auf den Big Beehive für einen Blick aus der Vogelperspektive auf Lake Louise.
Am Moraine Lake sollte man zunächst den Rockpile, den Steinhaufen, erklimmen, um den besten Blick auf den See und die ihn einrahmenden Gipfel, alle über 3.000 Meter hoch, zu bekommen. Vor allem im September ist die Wanderung ins hochgelegene Larch Valley reizvoll, wenn sich die Lärchen gelb färben und dahinter die Ten Peaks aufragen.

Das Skiresort im Sommer

Die beiden Bergseen sind jedoch nicht alles, was Lake Louise zu bieten hat. Der gleichnamige Ort im Tal ist klein und durch Urlaubsunterkünfte geprägt, aber die Samson Mall und das benachbarte Besucherzentrum sind gute Ausgangspunkte, um sich mit Tipps und Vorräten auszustatten, bevor es auf eine größere Tour oder zum Campen geht.
Lake Louise ist seit den 1980er-Jahren als Wintersportort bekannt. Ins Skigebiet am Whitehorn Mountain fahren auch im Sommer Gondeln und Sessellifte, übrigens vom selben Parkplatz aus, den auch die Parks-Canada-Shuttle nutzen. Das Besondere an der Gondelfahrt: Sie verläuft über einen Wildlife-Korridor, sodass Bärensichtungen keine Seltenheit sind. Oben, auf über 2.000 Metern Höhe, führen kurze Wanderwege zu Aussichtspunkten (Bärenspray nicht vergessen!), in ein Museum und ein gehobenes Restaurant. Unvergesslich: Der Ausblick reicht bis zum Lake Louise, der aus dieser Perspektive winzig wirkt im Vergleich zum Mount Temple (3.543 Meter) als höchstem Gipfel in der Nähe.

↑ Frühe Ankunft erhöht die Chancen, im urigen Lake Agnes Teahouse oder auf der Terrasse freie Plätze zu finden.
← Ist es am Moraine Lake oft voll? Ja, aber die Aussicht vom Steinhaufen am Ufer auf den See und die Ten Peaks ist einfach wunderschön, nicht nur im Sonnenuntergang.

TIPP

AUF VIER HUFEN HINAUF

Die nahen und ferneren Ziele am Lake Louise kann man auch reitend erkunden, sei es der Lake Agnes oder die Plain of Six Glaciers. Seit über 100 Jahren zeigen die Brewsters und ihre Nachfahren ihren Gästen die Umgebung bei Ausritten – die von einer Stunde bis zu mehreren Tagen dauern können. Im Winter bieten sie Kutschfahrten am Seeufer an. Der Stall liegt gleich hinterm Chateau Lake Louise und hat eigene Parkplätze, brewsteradventures.com.

INS ABGELEGENE TAL

Auf der Rückseite des Whitehorn Mountains, wo im Winter die Skifahrer hinabgleiten und wo die Temple Lodge steht, können Wanderer im Sommer zum einsamen Ptarmigan Lake aufsteigen und weiter über den Deception Pass zur Skoki-Lodge gehen, einer historischen Holzhütte im Skoki-Tal. Dort begann 1931 das Kapitel Skifahren in Lake Louise. 2011 übernachteten hier Prinz William und Prinzessin Catherine, frisch verheiratet, in der abgelegenen Lodge, skoki.com

2

COLUMBIA ICEFIELD

DEN GLETSCHERN GANZ NAH

Kurz nach dem Sunwapta Pass kommen die hohen, schneebedeckten Gipfel in Sichtweite. Nicht nur ein Gletscher, sondern ein großes Eisfeld, gespeist von acht mächtigen Gletschern, liegt nun unmittelbar am Parkway. Entdecken kann man es mit Snowcoaches, Fahrzeugen auf speziellen Rädern, oder zu Fuß.

Das Columbia Icefield ist das größte Eisfeld in den Rocky Mountains und zugleich eines der am leichtesten zugänglichen. Denn im Osten reicht eine Gletscherzunge, der Athabasca Glacier, fast bis an den Icefields Parkway heran. Das Icefield erstreckt sich zwischen den Gipfeln von Mount Athabasca und Mount Andromeda im Osten, beide knapp 3.500 Meter hoch, und Mount Columbia im Westen. Letzterer ist mit 3.747 Metern Höhe der höchste Berg Albertas. Das Eis, das hier einst fast alle Gipfel mit einer Eisschicht bedeckte, hat sich in der letzten Eiszeit gebildet. Keine fünf Kilometer nach dem Sunwapta Pass erreichen wir das Columbia Icefield Glacier Discovery Centre. Als eine der Hauptattraktionen am Parkway zieht es viele Menschen an, aber die Parkplätze reichen in der Regel aus. Das Gebäude

vereint ein Besucherzentrum mit Ausstellungen, einem Hotel, einem Restaurant, Cafés und Shops sowie einer Aussichtsterrasse. Vor allem aber ist es der Ausgangspunkt für verschiedene Gletschertouren, die auch vor Ort buchbar sind. Seit den 1960er-Jahren fahren spezielle Geländebusse hoch auf den Athabasca-Gletscher, wo man aussteigen und sich umschauen darf. Neuerdings chauffieren zudem Geländewagen kleinere Gruppen an eine andere Stelle für etwas abenteuerlichere Touren, genannt Ice Odyssey. Seit 2014 lässt sich – ebenfalls über dasselbe Unternehmen – zudem eine Besichtigung des Skywalks anhängen, eine zum Teil verglaste Aussichtsplattform über dem Sunwapta-Flusstal, zu der ein Shuttle fährt.
Wanderer laufen vom Icefield Centre aus auf eigene Faust in die Moränenlandschaft. Für den *Toe of the Glacier Trail* sollte man eine Stunde einplanen, erreicht den »Zeh« des Gletschers dabei aber nicht mehr. Der Athabasca-Gletscher ist in den vergangenen 125 Jahren stark abgeschmolzen. Wer zwei Mal da war, kann die enorme Veränderung – laut Parks Canada ein direkter Hinweis auf die Auswirkungen des Klimawandels – schnell feststellen. Allein 2023 ist er um neun Meter zurückgegangen.

Zu Fuß zum Aussichtspunkt

Andere kostenlose Optionen, um die Gletscher besser sehen zu können, sind Wanderungen auf Bergkämme und Pässe in der Nähe. Zwei beliebte, lohnenswerte und nicht zu lange Touren führen auf die Parker Ridge oder den Wilcox Pass. Neun Kilometer südlich vom Icefield Centre liegt der Wanderparkplatz für die Parker Ridge, einen Höhenzug in der Nähe des Sunwapta-Passes. Der insgesamt elf Kilometer lange Weg gilt als mittelschwer. Nach wenigen Minuten ist die Baumgrenze erreicht und das offene Terrain bietet keinen Schutz mehr vor Wind und Wetter, aber dafür Wildblumen und tolle Aussichten. Erst geht der Blick zurück auf den Icefields Parkway, dann, auf der Anhöhe angelangt, auf ein Gletschertal, das man von der Straße nicht zu sehen bekommt. Links den Kamm entlang zeigt sich mit jedem Schritt der Sasketchewan Glacier immer besser, eine weitere Zunge des Columbia Icefields.
Die Tour zum Wilcox Pass startet an der Zufahrtsstraße beim Wilcox Creek Campingplatz. Für einen tollen Gletscherblick muss man nicht den ganzen Weg zum Pass wandern (fast 400 Höhenmeter, hin und zurück acht Kilometer), sondern nur knapp zwei Kilometer durch den Wald bis zu einem Felsvorsprung, wo zwei der klassischen roten Stühle einen echten Logenplatz bieten.

↑ Die »Ice Explorer« sind spezielle Geländebusse, die über Geröllhänge hoch auf den Athabasca-Gletscher fahren.
← Vom Columbia-Eisfeld schiebt sich der Stutfield Glacier eine steile Felswand hinunter. Am Parkplatz, neun Kilometer nach dem Icefield Centre, steht ein Fernrohr bereit.

TIPP

ÜBER DEN GLETSCHER WANDERN

Mit zertifizierten Bergführern ist es möglich, auch die restliche Zunge des Athabasca-Gletschers zu Fuß zu erkunden. Tourenanbieter wie zum Beispiel Ice Walks und Rockaboo haben Halbtags- oder Ganztagsausflüge im Programm, bei denen man verschiedene Gletscherformationen aus der Nähe sehen kann, etwa Gletscherspalten oder Abflüsse, und natürlich jede Menge über die Entstehung der Eisriesen lernt. Teilnehmer sollten wetterfeste Kleidung tragen und fit genug für die fünf bis acht Kilometer langen Touren in teils unwegsamem Gelände sein. Die Ausflüge werden frühestens ab Mitte Mai bis Mitte Oktober angeboten.

MEHRERE GLETSCHERZUNGEN

Mit dem Sasketchewan und dem Athabasca Glacier hat man zwei der insgesamt acht Gletscher gesehen, die zum Columbia Icefield gehören. Ein weiterer ist von der Straße aus auf der Weiterfahrt sichtbar: Fast neun Kilometer nach dem Icefield Centre befindet sich links ein Parkplatz mit Sicht auf den Stutfield Glacier. Das Gletschertal liegt zwischen Stutfield Peak (3.450 Meter) im Norden und Mount Kitchener (3.505 Meter) im Süden. Der Gletscher fließt eine steile Felswand hinab – ein spektakulärer Anblick.

Der Lohn nach dem Aufstieg: die Sicht von der Parker Ridge auf den Sasketchewan-Gletscher

NATIONALPARK AUS DER ASCHE

Nach dem verheerenden Waldbrand von 2024 werden Teile des Jasper-Nationalparks noch Zeit brauchen, bis die Natur sich regeneriert hat oder Infrastruktur wieder aufgebaut ist. Dennoch kann man das Gebiet besuchen, über Fortschritte staunen und sich an den unversehrten Wäldern und Wegen erfreuen.

Es waren schmerzhafte Nachrichten, die im Sommer 2024 in alle Welt gingen: Der Jasper-Nationalpark steht in Flammen, die gleichnamige Stadt wird evakuiert. Bald folgten die Bilder zerstörter Häuser und Hotels. Nach einigen extrem heißen und trockenen Tagen hatte ein Blitzeinschlag am 22. Juli drei Feuer südlich der Stadt entfacht, in der Nähe von drei Campingplätzen. Zwei Tage später erreichten die Flammen bereits Jasper. Zahlreiche Wohnhäuser, Pensionen, Kirchen, Tankstellen und andere Gebäude wurden zerstört, insgesamt 32.000 Hektar. Erst im September konnte das Feuer unter Kontrolle gebracht werden. Viele Unterkünfte, Restaurants, aber auch Freizeit- und Ausflugsmöglichkeiten haben inzwischen wieder geöffnet und sind nutzbar. Das erste Grün zeigt sich auf den verbrannten

3

↑ Elche, hier im seichten Wasser des Maligne Lake, kann man im Jasper-Nationalpark hin und wieder antreffen.
↙ Nach Spirit Island fahren ab Ende Mai Boote über den Maligne Lake. Die Insel ist ein Wahrzeichen des Nationalparks und von großer Bedeutung für die Stoney Nakoda.

Flächen. Sogar zwei der betroffenen Campingplätze konnten wieder aufmachen, und ein Jahr nach dem Brand bestehen nur noch wenige Sperrungen. Aktuelle Infos zu geöffneten Wanderwegen oder Campingplätzen, vor allem im Hinterland, gibt es im Jasper-Park-Informationszentrum. Das schöne Gebäude ist ebenso wie die historische Feuerwehrstation, schräg gegenüber an der Patricia Street, verschont geblieben. Auf jeden Fall ist es wichtig, beim Wandern auf den Wegen zu bleiben und Sperrungen zu respektieren. Geführte Touren in verbrannte Gebiete zeigen die Auswirkungen des Feuers. Stadt wie Nationalpark betonen, dass Touristen willkommen sind – und dass der größte Nationalpark der Rockies in weiten Teilen unberührt geblieben ist.

Abkühlung bei Edith und Annette

Ein Mini-Roadtrip von Jasper aus führt durchs Maligne-Tal zum gleichnamigen See, fast 50 Kilometer vom Ort entfernt. Zwar ist der Maligne Canyon am Anfang der Maligne Lake Road derzeit noch gesperrt, aber es mangelt nicht an herrlichen Panoramen. Tiersichtungen sind häufig und dazu gehören große Elche – vorausschauendes Fahren ist also angesagt. Nach 27 Kilometern erreichen wir das Ufer des Medicine Lake, dessen besonderes Merkmal nicht auf den ersten Blick auffällt: Im Herbst leert sich der See – und zwar durch Löcher in seinem Grund. Über ein Höhlensystem fließt das Wasser bis zum Gebiet am Maligne Canyon. Im Sommer ist es ein schöner Bergsee, in den Bäumen ringsum nisten Adler. Am Ende des Sees, nach einer Kurve, geht ein Abzweig zu einem Picknickplatz. Von dort zieht sich ein Waldweg anderthalb Kilometer zum einsamen Beaver Lake. Wir fahren knapp zehn Kilometer weiter und biegen links vor einer Brücke zu einem Picknickplatz direkt am Fluss ab, bevor kurz darauf die Straße am Maligne Lake endet. Am größten natürlichen See in den Rocky Mountains kann nur ein kleiner Teil des Ufers zu Fuß erkundet werden. Deshalb entscheiden sich viele Besucher für eine Bootstour – auch um die sagenumwobene, fotogene Spirit Island zu sehen. Zudem starten einfache, zugleich lange und anstrengende Wanderungen am Maligne Lake. Es empfiehlt sich daher, einen ganzen Ausflugstag einzuplanen.
Für eine Abkühlung sorgen am Anfang der Maligne Lake Road die Badeseen Edith und Annette. Sandstrände hat zudem der Pyramid Lake oberhalb der Stadt, den man per pedes oder Rad erreichen kann. Eine Brücke führt zur Insel Pyramid Island in der Mitte des Sees, benannt nach dem Gipfel des 2.766 Meter hohen Pyramid Mountains dahinter.

TIPP

BAD IN DEN BERGEN

Auch Jasper hat heiße Quellen – und zwar 54 °C heiße. Für das Thermalbad an den Miette Hot Springs muss das Wasser also erst heruntergekühlt werden. Die Anfahrt geht auf dem Highway vorbei am Jasper Lake, wo der Athabasca River besonders breit und flach wird, und auf einer schmalen Bergstraße durch das einsame Fiddle Valley. Vorm Bad kann man eine kurze Wanderung zur Quelle und zu den Ruinen der alten Badeanstalt unternehmen.

VOGELPERSPEKTIVE AUF JASPER

Die Jasper Skytram, eine Seilbahn, überwindet fast 1.000 Meter bis zur Bergstation am Whistlers Mountain, wo es bis zu 12 °C kälter sein kann als im Tal. Oben gibt es ein Café, mehrere Aussichtspunkte und die Chance, Murmeltiere, Pikas oder Dickhornschafe zu sehen. Ein gut ein Kilometer langer Weg erklimmt den breiten Gipfel auf 2.463 Metern Höhe. Vom Ort verkehrt ein Shuttle zur Basisstation. Die Seilbahn fährt täglich von etwa Ende März bis Anfang November, skytramjasper.com.

NETTE NACHBARIN

Etwa eine Stunde Fahrt auf dem Yellowhead Highway nach Osten führt nach Hinton. Die Kleinstadt ist eine Alternative, falls die Unterkünfte in Jasper belegt sind, hat ein kleines, modernes Regionalmuseum und den Beaver Boardwalk, hinton.ca.

Landwirtschaft und sanfte Hügel prägen das Vorland im Osten der Rocky Mountains.

ROUTE 9: DIE SÜDLICHEN ROCKY MOUNTAINS

ÜBER DIE PÄSSE UND DURCHS VORLAND

Der Weg nach Süden bietet eine interessante Mischung aus Hochgebirge und Hügeln, Ranch- und Bergbaugeschichte. Unterwegs gibt es viele Orte, an denen man leicht hängen bleiben könnte, und zudem unzählige Wanderrouten zu entdecken. Obwohl die Strecke so spannend ist, machen sich Touristen hier rar.

Die Route beginnt am Trans-Canada Highway am Stoney Nakoda Resort & Casino. Hier besteht die Möglichkeit zum Auftanken, bevor es auf den Highway 40 geht, der auf diesem Abschnitt *Kananaskis Trail* heißt. Kananaskis Country bezeichnet eine Gruppe von Provinzparks und Erholungsgebieten südlich vom Banff-Nationalpark. Den Namen bekam die Region erst vor rund 150 Jahren, während die Spuren der First Nations 8.000 Jahre zurückreichen. Kananaskis ist nicht nur für *Calgarians* ein beliebtes Ausflugsziel mit Picknick- und Campingplätzen, Wanderwegen und Seen in grandioser Berglandschaft. Auch Filme wie *The Revenant, Brokeback Mountain* und *Inception* wurden hier gedreht. 2025 stand es als Austragungsort des G7-Treffens in den Schlagzeilen.

INFO

Start: Stoney Nakoda Resort/ TCH
Ziel: Crowsnest Pass
Länge: 490 Kilometer
Dauer: 7–8 Tage
Beste Reisezeit: Juni bis September

Spielwiese für Abenteurer

Für den Besuch von Kananaskis ist ein Tagesticket nötig, das man online oder in den Besucherzentren kauft, insgesamt vier davon verteilen sich über Kananaskis Country. Am Highway 40 mangelt es nicht an lohnenswerten Stopps: Kurz nach dem ersten Infozentrum schiebt sich rechts der Barrier Lake ins Bild, ein Stausee zur Stromgewinnung aus dem Kananaskis River. Am ausgeschilderten Picknickplatz kann man bei Kananaskis Outfitters Kanus und Paddleboards ausleihen. Nur fünf Minuten Fahrt später lockt ein kurzer Rundweg zum Spazieren um die glasklaren Mount Lorette Ponds. Gleich danach biegen wir rechts zum Kananaskis Village ab, wo der G7-Gipfel stattfand. Erbaut wurde es für die Olympischen Winterspiele von 1988 und entsprechend attraktiv ist das Dorf für Sportler mit Sportplätzen, Spa sowie befestigten Pfaden für Jogger und Fahrradfahrer. Bevor wir zum Highway 40 zurückkehren, zweigt der Weg links und gleich wieder rechts Richtung Troll Falls ab. Die insgesamt nur dreieinhalb Kilometer lange und flache Tour zu einem sehenswerten Wasserfall eignet sich besonders für Familien.

Generell beginnen am *Kananaskis Trail* mehrere Wanderungen, Kraxeltouren oder lange Trekkingstrecken ins *Backcountry*, je nach Können und Motivation. Ein kurzer Stopp am

In Kananaskis Village plätschert ein künstlicher Wasserfall, rundum stehen Geschäfte und Hotels.

Straßenrand ist fünf Minuten später erreicht: der fotogene Wedge Pond. Mit seinem gezackten Gipfelkamm sticht dahinter ein Dreitausender hervor – die Festung. Weitere zwölf Kilometer südlich liegt die Fortress Junction, die letzte Tankstelle für die nächsten rund 64 Kilometer. Der Shop verkauft Proviant und Souvenirs, einen kleinen Laden gibt es aber auch im **1 Peter Lougheed Provincial Park**, für den wir den Highway knapp neun Kilometer später nach rechts verlassen. Der nächste Abschnitt des *Kananaskis Trails* ist jedes Jahr vom 1. Dezember bis etwa Mitte Juni gesperrt. Das dient dem Schutz der Tierwelt, denn die Straße quert einen wichtigen Korridor unter anderem für Dickhornschafe und Bergziegen. Sie führt durch unverbaute Natur auf den **2 Highwood Pass**, den höchsten Pass in den Rockies.

Den Cowboys auf der Spur

Nach einer Viertelstunde liegt ein Picknickplatz am Mist Creek – ideal, um müde Wanderfüße im Bergbach zu kühlen. Rund 20 Kilometer weiter ist mit dem Highwood House ein Laden mit Zapfsäule erreicht. Nun kehren wir den Rockies auf dem Highway 541 Richtung Osten den Rücken. Schon bald weichen die Berge zurück und machen den Foothills Platz, dem hügeligen Vorland. Hinter breiten Holztoren erstrecken sich große Farmen, die das Grasland mit Rindern oder Pferden beweiden. Es passt also perfekt, dass wir in Longview Anschluss an den *Cowboy Trail* finden, den Highway 22. Im Dorf gibt es Tankstellen sowie Einkehrmöglichkeiten und den traditionellen Longview Jerkey Shop, der Dörrfleisch in zahlreichen Sorten vertreibt.

Der *Cowboy Trail* startet bei Edmonton und führt fast bis zur US-amerikanischen Grenze. Wir legen nahezu ein Drittel der Route zurück. Endlose Zäune und Wiesen fliegen am Autofenster vorbei. Für eine Cowboy-Erfahrung kann man auf einer Ranch übernachten oder die **3 Bar U Ranch** besuchen. Nach etwa einer Stunde treffen wir auf den Highway 3. Wer den rund 70 Kilometer entfernten **4 Waterton Lakes National Park** besuchen will, hält sich links. Rechts führt der Highway wieder in die Rockies.

Zunächst stehen aber die Lundbreck Falls am Crowsnest River auf dem Programm. Der Highway verläuft anschließend durch eine vom Kohlebergbau geprägte Gegend. Zu den ungewöhnlichsten Sehenswürdigkeiten gehört der Burmis Tree, der rund sieben Kilometer nach den Wasserfällen an der rechten Straßenseite steht. Die Kiefer soll älter als 600 Jahre gewesen sein, als sie in den 1970er-Jahren abstarb.

Die Siedlungen an der Strecke bilden gemeinsam die Gemeinde **5 Crowsnest Pass**, der Pass selbst liegt an der Grenze zu British Columbia. Dem Highway 3 kann man danach weiter über Fernie, eine sehenswerte Bergstadt, bis Vancouver folgen oder auf den Highway 93 abbiegen und zwischen Rockies und Kootenays nach Norden steuern.

RESTAURANTS / ÜBERNACHTUNGEN

EINKEHREN

WOODY'S PUB & PATIO/ KANANASKIS VILLAGE

Rustikale Sportsbar am Mount Kidd Manor Hotel: große Auswahl an Craft Beer, typisches Pub-Essen und alpine Küche. Jeden Samstag und sonntagnachmittags Live-Musik. Schöne Dachterrasse im Grünen, lodgeatkananaskis.com.

LAKESIDE CHOPHOUSE/ WATERTON PARK

Das einzige Restaurant direkt am Ufer hat eine Terrasse mit tollem Seeblick. Auf der Karte stehen Steaks, die nach Wunsch zubereitet werden, aber auch typisch kanadische Küche mit internationalen Einflüssen. Glutenfreie und vegetarische Optionen sind verfügbar. Ab 7 Uhr gibt es Frühstück, lakesidechophouse.com.

THE RUM RUNNER/COLEMAN

Uriger Pub, thematisch angelehnt an die Zeit der Prohibition in den Rockies. Das familienfreundliche Restaurant mit Terrasse serviert Burger (auch vegetarische), herzhafte Fleisch- und Fischgerichte mit Beilagen nach Wahl und süße Leckereien zum Teilen, therumrunner.ca.

ÜBERNACHTEN

INTERLAKES CAMPGROUND

Einfacher Campingplatz direkt am Ufer des Lower Kananaskis Lakes. Es gibt 45 Stellflächen für Zelte oder Wohnmobile und Wohnwagen, jedoch ohne Strom oder Wasser. Duschen stehen im Boulton Creek Campground zur Verfügung. Funktioniert nach dem Prinzip *first come, first serve* – ist also nicht reservierbar, albertaparks.ca.

FLINT ROCK RANCH/SUMMERVIEW

Authentischer geht's nicht: Eine abgelegene Farm (etwa eine halbe Stunde vom *Cowboy Trail*), Pferde, Kühe, Präriegras, die Rockies am Horizont und nachts die Sterne – das ist die Flint Rock Ranch. Übernachtungsgelegenheit in modernisierten Airstream-Wohnwagen oder komfortablen Holzhütten, flintrockranch.ca.

NORTHLAND LODGE/ WATERTON PARK

Kleine private Pension mit fast 100 Jahren Tradition, am Ortsrand in der Nähe der Cameron Falls gelegen – verschiedene Räume mit ein oder zwei Betten, manche haben Kühlschrank und Mikrowelle. Privatbäder außer in zwei Zimmern. Der Tag startet mit Kaffee und frischen Muffins, bei schönem Wetter auf der Terrasse, northlandlodge.ca.

YORK CREEK BED & BREAKFAST/ COLEMAN

Das auffällige Holzhaus am Ortsrand von Coleman, betrieben von Anne und Ken, bietet sechs Gästezimmer mit Privatbädern sowie eine Suite mit Küche, Bad und zwei Schlafzimmern. Es gibt auch barrierefreie Zimmer. Terrasse, BBQ und Lagerfeuerplatz stehen für alle Gäste zur Verfügung. Vom Hot Tub auf der Terrasse blickt man zum Crowsnest Mountain, yorkcreekbb.ca.

Auf dem Highway 40 ist man – wie hier am Grizzly-Creek-Parkplatz – meist von Gipfeln umgeben.

DIE SEEN VON KANANASKIS

Angeblich konnte der damalige Premierminister Peter Lougheed in den 1970er-Jahren bei einem Helikopterflug über Kananaskis von einem Minister und einem Umweltschützer davon überzeugt werden, das Gebiet unter Schutz zu stellen. Zum Dank trägt der ehemalige Kananaskis-Provinzpark nun seinen Namen.

Berge aus Kalkstein, reich an Fossilien; die Täler U-förmig, hinterlassen von den Gletschern der letzten Eiszeit, dazu zwei große und ein paar kleine Seen, aber keine Hotels oder Restaurants – im Peter Lougheed Provincial Park zeigen sich die Rockies ohne den Komfort und Trubel der Städte. Zwar gilt der Park als beliebter Ausflugsort für die Einwohner von Calgary, doch unter der Woche geht es hier vergleichsweise ruhig zu.

Nachdem wir den Highway 40 verlassen haben, halten wir wenig später am Discovery Centre. Vor allem, wenn man eine größere Wanderung plant, sollte man hier einen Zwischenstopp einlegen, um nach aktuellen Hinweisen zu

1

↑ Possierlich und pfiffig sind die Pikas, denn sie legen im Sommer einen Wintervorrat aus Gräsern und Zweigen an. ↙ Mutige baden im Upper Kananaskis Lake, andere genießen die Aussicht beim Picknicken, beispielsweise auf den »unermüdlichen Berg«, Mount Indefatigable (rechts).

fragen oder sich eine Empfehlung geben zu lassen. Insgesamt stehen im Park rund 100 Kilometer an ausgebauten Wegen mit unterschiedlichem Anspruch zur Verfügung. Das in der Hauptsaison täglich geöffnete Parkzentrum zeigt zudem eine Ausstellung über Geologie, Fauna und Flora der Region. Das Highlight für viele Besucher ist aber die Aussichtsterrasse, die nicht umsonst ein Fernglas hat: Die Wiesen hinter dem Gebäude sind nämlich bei Grizzly-Bären beliebt. Die Lichtung bietet ihnen ein gutes Nahrungsangebot und Sicherheit vorm Straßenverkehr. 2025 mussten die Wiesen sogar aus Sicherheitsgründen für Besucher gesperrt werden, weil so viele Bären in der Nähe waren. Wer den Umgang mit Grizzlys noch nicht gelernt hat, sollte die Möglichkeit zu einem Gespräch spätestens an dieser Stelle nutzen.

Zwischen Wasser und Eis

Vom Discovery Centre führt die Straße weiter zu den Campingplätzen und zu den beiden größten Seen: dem Lower und Upper Kananaskis Lake. Wer sie vom Wasser aus erkunden will, kann am Boulton Creek Trading Post auf dem gleichnamigen Campingplatz Kanus ausleihen. Der Laden verkauft außerdem Duschmünzen für den Platz, Grundnahrungsmittel und Campingzubehör sowie Snacks und ist dafür die einzige Anlaufstelle in dem abgelegenen Park. Der Upper Kananaskis Lake lässt sich vom Parkplatz am See aus gut zu Fuß umrunden: Für die Route von knapp 16 Kilometern reichen vier bis fünf Stunden, Ausblicke auf die teils gletscherbedeckten Dreitausender spornen kräftig an.
Einen Teil des Rundwegs läuft man auch beim Aufstieg zum Rawson Lake. Am linken Seeufer rauscht nach rund einem Kilometer Strecke der Sarrail-Wasserfall hinab. Kurz darauf biegt ein schmalerer Weg ab, auf dem es 300 Höhenmeter zu überwinden gilt. Noch ein paar Minuten geht es flach und zum Teil auf Holzplanken durch den Wald, bis wir am Ufer des Bergsees stehen. Er liegt in einer Senke vor der Felswand des 3.170 Meter hohen Mount Sarrail, die von Gletschern geformt wurde. Am linken Ufer, im Geröllfeld, tummeln sich mit etwas Glück Pikas. Die putzigen Pfeifhasen verständigen sich mit einem Pfiff und sind dadurch leicht zu lokalisieren. Den Bergkamm des Mount Sarrails kann man zwar auch besteigen, aber der Pfad verläuft steil und auf losem Untergrund – eher etwas für bergerfahrene Kraxler. Zum See und zurück sind es fast acht Kilometer, etwa ein halber Tag.
Für eine kürzere, abwechslungsreiche Tour bietet sich der Lehrpfad an, der auch am Upper Lake, jedoch am White Spruce Parkplatz, beginnt. Er wurde zu Ehren der kanadischen Everest-Expedition von 1982 benannt, führt aber »nur« zu einem Aussichtspunkt zwischen den beiden Seen. Schilder informieren über die Umgebung.

TIPP

THEATER IN DER NATUR

Am Elkwood-Campingplatz gibt es ein Amphitheater, in dem im Sommer unterhaltsame Abendveranstaltungen auf Englisch stattfinden. Die theatralen Shows sind kostenlos und drehen sich um Themen wie das Gestein, das Überleben, das Wetter oder die Tiere in der alpinen Region. Das Programm richtet sich an Menschen jeden Alters, albertaparks.ca.

ZU FUSS NACH BRITISH COLUMBIA

Der Park ist ein guter Ausgangspunkt, um den noch abgelegeneren Elk-Lakes-Provinzpark in der Nachbarprovinz zu erkunden. Zu den Elk Lakes führen nur eine rund 70 Kilometer lange Schotterpiste aus der Crowsnest-Region und ein Wanderweg vom Parkplatz oberhalb des Upper Kananaskis Lakes über den Elk Pass. Die Rundwanderung von rund 22 Kilometern Länge beansprucht sechs bis sieben Stunden Zeit, dafür hat man die Wald-und-Wiesenlandschaft unterwegs beinahe für sich allein. Am Lower Elk Lake, dem Ziel der Tour, bietet sich eine fantastische Sicht auf den Mount Aosta (2.994 Meter) am anderen Ufer sowie den Castelnau Glacier. Mountainbiker können die Route entlang der Stromtrasse nutzen, allerdings nur bis zum Parkplatz im Elk-Lakes-Provinzpark, denn dort sind Bikes nicht erlaubt.

Ein Weg führt in die Bergwiesen auf 2.206 Metern Höhe.

2

HIGHWOOD PASS

ALPINE FAUNA AM STRASSENRAND

Wer von Kananaskis nach Süden fährt, überwindet den höchsten Pass der Rocky Mountains. Doch um über den Highwood Pass zu kommen, muss niemand Serpentinen fahren. Dabei ist er fast so hoch wie das Sellajoch in Südtirol.

Anders als bei vielen Pässen in den Alpen wartet keine Hütte auf dem Highwood Pass zum Einkehren. Dabei ist er höher als die Pässe auf dem Icefields Parkway und sogar der höchste asphaltierte Pass des Landes. Zunächst kündigt nur ein Schild den Punkt auf 2.206 Metern Höhe an. Kurz danach folgt auf der rechten Seite ein Parkplatz. Das Anhalten lohnt sich, denn nur an wenigen Orten kommt man ohne Lift und Wanderung so nah an alpine Bergwiesen. Vom Parkplatz aus führt ein kurzer Bohlenweg in die geschützten Wiesen hinein, Schilder erklären die Pflanzen im Biotop. Anfang 2025 war der Weg allerdings wegen Umbaus geschlossen.

Der Pass ist auch Ausgangspunkt für den Wanderweg zum Ptarmigan Cirque, einem Bergkessel unterhalb des Mount Rae (3.218 Meter). Der Weg misst hin und zurück nur viereinhalb Kilometer, überwindet aber mehr als 200 Höhenmeter. Er führt von der Bergwiese über die Straße. Nach etwas mehr als einem Kilometer erreicht man die Baumgrenze und läuft eine Runde zwischen Felswänden, Geröll und – zur richtigen Jahreszeit – vorbei an Großblütigem Hundszahn, Rittersporn, Herzblättriger Arnika, Berufkraut und roter Castilleja. Die Chance, eine bunte Almwiese vorzufinden, besteht natürlich nur im Sommer. Etwas mehr Glück ist nötig, um am Fels oder im Geröll Bergziegen oder Pikas zu entdecken.

TIPP

AUF ZWEI RÄDERN ZUM PASS

Ende Mai, Anfang Juni, wenn der Highway 40 schneefrei, aber noch für Autos gesperrt ist, nutzen ihn Radfahrer als Trainingsstrecke. Manche Bikevermieter bieten eine Abholung an. Gruppentouren organisiert der Elbow Valley Cycle Club, elbowvalleycc.org.

3

Der Sattel wartet auf der Bar U Ranch auf einen Cowboy.

BAR U RANCH

FARMLEBEN VON EHEDEM

Im Jahr 1882 wurde diese Ranch südlich von Longview gegründet und damit ist sie eine der ältesten in Alberta. Sie war einst so groß, dass sie eine eigene Poststation hatte. Der historische Ort steht heute Besuchern offen.

Nur zehn Minuten südlich von Longview am Highway 22 liegt die idyllische Bar U Ranch, ein Freilichtmuseum mit den Rocky Mountains am Horizont. Doch die Idylle soll nicht darüber hinwegtäuschen, dass zum Ranch-Leben eine Menge Arbeit gehört und so können Besucher der *National historic site* selbst ausprobieren, wie sie sich als Cowboys schlagen würden – beim Lassowerfen, Aufsatteln oder wenn es gilt, das Zaumzeug zu reparieren. Von den Camps der Stoney Nakoda über die Kutschen der ersten Farmer bis zum *Cookhouse* aus den 1940er-Jahren gibt es 35 historische Gebäude zu besichtigen, die teilweise von Darstellern belebt werden. Vier der Gebäude werden aktuell restauriert. Der Einblick ins Cowboy-Leben ist jedenfalls unterhaltsam und authentischer als mancher Western.

Ein Kurzfilm über die Ranch läuft im Besucherzentrum, wo auch Souvenirs und Snacks erhältlich sind. Man darf sich Essen mitbringen und die Picknicktische im weitläufigen Gelände nutzen. Vom Besucherzentrum ins Herz der Anlage fährt regelmäßig eine Kutsche, gezogen von robusten Percheron-Pferden. Außerdem gibt es drei kurze Wanderwege auf dem großen Grundstück. Wegen der aktiven Tierhaltung ist das Mitbringen von Haustieren nicht gestattet, Service-Hunde ausgenommen. Die Bar U Ranch hat etwa von Mitte Mai bis Ende September täglich geöffnet.

TIPP

COWBOYS IN ACTION

Während der Saison, aber auch in der Vorweihnachtszeit, finden gelegentlich Märkte, Rodeos oder Wettbewerbe der Arbeitspferde auf der Bar U Ranch statt. Dabei zeigen Cowboys von heute ihr Können hoch zu Ross, parks.canada.ca (Stichwort: *Bar U Calendar*).

4

WATERTON-LAKES-NATIONALPARK

PARK ÜBER GRENZEN

Gerade noch im Flachland der Prärien unterwegs, tauchen plötzlich die Berge des Waterton-Lakes-Nationalparks am Horizont auf. Einmalig an diesem Park ist, dass er nicht an der Grenze zu den USA aufhört, sondern dort als Glacier-Nationalpark weitergeht. Mit einem Fuß im Nachbarland? Kein Problem.

Angesichts der aktuellen Spannungen scheint es beinahe unvorstellbar, dass Kanada und die USA 1932 den Waterton-Glacier International Peace Park gegründet haben: Der grenzüberschreitende Friedenspark sollte die Zusammenarbeit und das gegenseitige Wohlwollen der Nachbarstaaten würdigen. Entstanden ist er aus einer Idee der Rotarier beider Länder. Es handelt sich dabei nicht nur um einen symbolischen Titel. Die Parks arbeiten gemeinsam daran, die Natur auf beiden Seiten der Grenze zu schützen. Seit 1995 gehört der Peace Park zum UNESCO-Weltkulturerbe.

Ausfahrten mit Aussicht

Wer die Route über den Crowsnest Pass wählt, sollte also einen Abstecher in den ungewöhnlichen, wenn auch kleinsten Park in den kanadischen Rocky Mountains in Erwägung zie-

hen. Die Ende des 19. Jahrhunderts unter Schutz gestellte Region ist bekannt für Artenreichtum, fantastische Ausblicke auf den Upper Waterton Lake, die roten Felsen im Red Rock Canyon und das historische Prince of Wales Hotel. Im Stil eines Alpenchalets wurde es 1927 erbaut und liegt fotogen auf einer Anhöhe am See. Ein Anblick, den man direkt vom Highway 5 Richtung Waterton Park bekommt.
So heißt die einzige Siedlung im Park, gegründet um 1900 von einer Ölfirma, die in der Nähe auf ein Vorkommen gestoßen war. Sie entwickelte sich bereits in den 1930er-Jahren zu einem Tourismus-Hotspot. Im Ort liegt nun das Besucherzentrum, nachdem der Vorgänger dem Waldbrand von 2017 zum Opfer gefallen war. Der Brand liefert auch den Grund, warum die Vegetation mitunter spärlich aussieht – 40 Prozent der Fläche waren betroffen. Das Visitor Centre zeigt neue Ausstellungen zu den Besonderheiten von Waterton und ebenso zur Kultur der Blackfoot.
Auf kurzen Roadtrips warten Panoramapunkte und erhöhen die Chancen auf Tierbeobachtungen. Der Akamina Parkway, der in Waterton Park beginnt, endet am Cameron Lake. Als beliebte Route hat sich der Red Rock Parkway etabliert, der 15 Kilometer lang durch ein Tal führt. Unterwegs sieht man Wildblumen (im Juni), häufig Tiere und den höchsten Berg in Waterton: Mount Blakiston. Die Straße verläuft bis zum Red Rock Canyon mit seinem roten Bachbett und einem Wasserfall in der Nähe.

Wander-Varianten

Von kurzen Spaziergängen bis zu Mehrtagestouren ist im Park alles möglich, sogar ein Hinterland-Campingplatz direkt an der Grenze kann zu Fuß erreicht werden. Ein kurzer, aber steiler Weg führt gegenüber von der Einfahrt zum Prince of Wales Hotel auf ein Felsplateau am Mount Crandell. Von oben eröffnet sich ein toller Blick auf den Park.
Als wohl bekannteste Tour führt der *Crypt Lake Trail* zu einem See in einem Bergkessel, dessen Rückwand bereits in den USA liegt. *National Geographic* zählte sie einst zu den 20 aufregendsten Wanderungen der Welt, doch der Besucherstrom hält sich in Grenzen. Denn um zum Ausgangspunkt am anderen Ufer zu kommen, gilt es, morgens eine der beiden Fährfahrten zu erwischen. Tickets können bis zu drei Tage vorher erworben werden. Nach fast 675 Höhenmetern hält die Wanderung eine letzte Schwierigkeit bereit: Kurz vor dem Ziel, nach einem Geröllhang, geht es eine Leiter hinauf, durch einen engen, etwa 20 Meter langen Tunnel und an Eisenketten einen Felsen hinauf, Schwindelfreiheit und Trittsicherheit vorausgesetzt – und zurück muss man auch noch.

TIPP

HISTORISCHE ÜBERFAHRT

Bereits 1927 hat die »M.V. International« ihren Dienst aufgenommen – ein Ausflugsschiff mit 250 Plätzen – und damals schon die Gäste des Prince of Wales Hotels befördert. Besucher können immer noch Rundfahrten auf dem Upper Lake mit dem historischen Schiff unternehmen. Ganz ohne Pass- und Grenzkontrolle fährt es auf die US-amerikanische Seite des Sees und legt dort an. Von hier lässt sich eine Rangerstation im Hinterland besuchen. Nach 30 Minuten in den Vereinigten Staaten geht es zurück nach Kanada. Kürzere Bootstouren zur Grenze, während denen Tiersichtungen stets möglich sind, werden gleichfalls angeboten, watertoncruise.com.

ROADTRIP ZU BISONS

Seit 1952 lebt am Eingang zum Nationalpark, noch im hügeligen Grasland, eine kleine Herde Bisons auf einer eingezäunten, aber großen Koppel – für Jahrzehnte waren sie die einzigen Bisons in den Rockies. Wie bei einer Safari führt die Piste mitten durch das Gelände. Entsprechend vorausschauend sollte man fahren und nicht aussteigen, sondern Distanz zu den beeindruckenden Tieren wahren. Es gibt auch außerhalb der Koppel einen Aussichtspunkt und mit ein bisschen Glück erwischt man die Bisons vor den Bergen – eine einmalige Fotogelegenheit.

↑ Am Eingang zum Nationalpark lebt eine Bison-Herde in einem Gehege, so groß, dass man durchfahren kann.
↖ Der Weg zum Crypt Lake ist eine Herausforderung. Dafür werden Wanderer oberhalb der Baumgrenze mit der Aussicht in ein abgelegenes Tal und auf Wasserfälle belohnt.

WO DIE KOHLE LIEGT

Die Region um den Crowsnest Pass wurde fast das ganze 20. Jahrhundert lang vom Kohlebergbau geprägt. Was wie ein abgeschlossenes Kapitel aus der Vergangenheit wirkt, könnte nun mit einem neuen Abbau-Vorhaben weitergehen. Für Bergbauinteressierte gibt es an der Strecke jedenfalls viel zu entdecken.

Crowsnest Pass ist viel mehr als ein Überweg über die Bergkette Rocky Mountains – hinter dem Namen verbirgt sich eine Gemeinde aus fünf kleinen Ortschaften entlang der Passstraße sowie eine insgesamt selten besuchte Gegend, was das Reisen dort umso spannender macht. Wer auf dem Highway 3 nach Westen durch das Flusstal des Crowsnest Rivers fährt, streift Bellevue, sieht Hillcrest etwas abseits der Straße und quert Frank, Blairmore und Coleman – die alle gemeinsam Crowsnest Pass bilden. Jede Siedlung kennzeichnet ein besonderes Merkmal,

5

obwohl sie alle Anfang des 20. Jahrhunderts gegründet wurden. Damals boomte der Kohleabbau in der Region und die Minen brauchten Mitarbeiter. Investoren und Bergmänner, und solche, die es werden wollten, kamen aus aller Welt in die gerade erst dank der Eisenbahn erschlossene Gegend.

Bergbau über und unter Tage

Der erste Stopp, der dabei hilft, die Zeit vor über 100 Jahren besser zu verstehen, kommt noch vor Bellevue: Am rechten Straßenrand fallen einem Ruinen ins Auge. Sie gehören zu den Leitch Collieries, wo einst ein Kohleverarbeitungswerk stand. Die Überreste der Gebäude wurden befestigt, sodass Besucher nun hindurchgehen dürfen – ein Freilichtmuseum auf Spendenbasis. In Bellevue, das so heißt, weil eine französische Pionierin von seiner Lage angetan war, lässt sich ein Kohlebergwerk besichtigen – nicht als Tagebau, den es in den Rockies auch gibt, sondern unter Tage. Bei den geführten, etwa einstündigen Touren geht es rund 300 Meter weit in die Mine und fast 50 Meter unter die Erde. Das stellt zwar nur einen Bruchteil des 240 Kilometer langen Netzes an Gängen dar, dafür ist der zugängliche Teil familienfreundlich, wenngleich selbst im Sommer eiskalt. Touren, die ab Ende Juni täglich angeboten werden, sollten vorgebucht werden.

Große Katastrophen

Kaum an Bellevue vorbei, behindern Gesteinsbrocken die Aussicht. Ein riesiges Geröllfeld breitet sich zu beiden Seiten des Highways aus. Darunter begraben liegen große Teile von Frank. Ende April 1903 brach eines Morgens ohne Vorwarnung ein Teil des Gipfels vom Turtle Mountain ab. Der Bergrutsch erfasste viele der Bewohner und Gebäude, 90 Menschen starben. Nachvollziehbar wird die Katastrophe im Interpretive Centre neben dem Geröllfeld: Das 1985 eröffnete Museum erzählt anschaulich mit Fotos und Tonaufnahmen von Zeitzeugen von dem schrecklichen Ereignis und berührend von den Opfern oder jenen, die dem Tod knapp entronnen sind. Zudem lernt man darin etwas über die Geologie der Rocky Mountains, den Kohlebergbau und das Leben in Südalberta um 1900. Eine weitere Ausstellung dreht sich um die zweite Katastrophe der Region: Bei einer Explosion am 19. Juni 1914 kamen in der Mine im Nachbardorf Hillcrest 189 Bergmänner ums Leben. Rund zwei Stunden kann ein Besuch im Frank Slide Interpretive Centre locker dauern und noch etwas mehr, wenn man auch dem Lehrpfad ins Geröllfeld folgt. Das Museum ist von ungefähr Mitte Mai bis Mitte Oktober täglich geöffnet. Seine Aussichtsplattform dient im Frühjahr und im Herbst außerdem zur Vogelbeobachtung, wenn große Schwärme über die Gegend hinwegziehen.

Trotz der bitteren Vergangenheit lohnt ein Besuch in dem heutigen Dorf Frank. Direkt am rechten Straßenrand, in der ehemaligen Gemeindehalle, befindet sich die Crowsnest Pass Public Art Gallery. Der lokale Kunstverein betreibt die Galerie, die im Sommer täglich geöffnet hat und wechselnde Ausstellungen von Künstlern aus der Region und ganz Kanada zeigt. Der Eintritt ist kostenlos, ein Shop vertreibt Kunst und Kunsthandwerk aus der Region.

← Besucher wirken winzig angesichts der riesigen Gesteinsbrocken, die die Katastrophe von Frank zurückgelassen hat. Der Bergrutsch hat einen Teil des Orts begraben.
↗ Anschaulich, mit Fotos, Kulissen und Zeitdokumenten, vermittelt das Interpretive Centre das Unglück von Frank.

Ein Opernhaus in der Provinz

Zum Ort Blairmore, der gleich auf Frank folgt, biegt der Highway 3 linkerhand über die Brücke ab. Als eine der größeren Siedlungen nennt Blairmore eine Hauptstraße ihr eigen, die 20th Avenue, in der sich etliche Läden, Cafés und

COLEMAN LIONS
LIONS INTERNATIONAL
BIGGEST PIGGY BANK IN THE WORLD
PROCEEDS FOR COMMUNITY WORK
COLEMAN LIONS CLUB

Imbisse aneinanderreihen. Es gibt eine Auswahl von Unterkünften in Blairmore, was auch am benachbarten Skigebiet Pass Powderkeg liegen dürfte. Auf der Weiterfahrt ragt ein einzeln stehender Gipfel heraus: der 2.785 Meter hohe Crowsnest Mountain. Der Name hat wohl aber nichts mit seiner prägnanten Form zu tun, sondern mit den Vögeln, die die First Nations der Cree und der Blackfoot am Fuß des Berges nisten sahen.

Der letzte Ort vor dem Pass, Coleman, galt einst dank der hiesigen Kohlemine als der wirtschaftlich erfolgreichste und größte von Crowsnest Pass. Um 1908 hatte er sogar ein Opernhaus. Heute ist Coleman eine Kleinstadt mit vielen Möglichkeiten zum Einkehren und Übernachten. Die auffälligste Unterkunft bietet die bunte Kirche am Highway, die nun als Ferienhaus genutzt wird. Rechts vom Highway liegt ein kleiner Park zum Spielen, Sporttreiben und Picknicken, der auch der Ausgangspunkt für den *Miner's Path* ist. Bis 1957 mussten die Bergmänner den Weg zu jeder Schicht hin und zurück laufen. Heute führt der Pfad am ehemaligen Bergwerk vorbei zu einem kleinen Wasserfall. Es geht etwas auf und ab an einem Bach entlang – ein gemütlicher Spaziergang. Wer tiefer in die Geschichte des Orts eintauchen will, sollte eine Führung zu den historischen Häusern mitmachen oder das Crowsnest Museum besuchen.

Die Seen am Pass

Für eine längere Pause in der Natur bietet sich nach Coleman ein Abstecher zum Chinook Lake (blaues Schild) an. Über knapp sieben Kilometer, davon die letzten auf einer unbefestigten Straße, führt der Ausflug an den Crowsnest Mountain und zu einem klaren blauen See an seinen Ausläufern. Dank seichter Uferstellen eignet er sich zum Baden, man kann ihn aber ebenso zu Fuß umrunden. Ein weiteres, nicht zu fernes Ziel in der Umgebung markieren die Allison Creek Falls, ein größerer Wasserfall mit mehreren Kaskaden. Am Wochenende kann es hier oben auf rund 1.500 Metern voll werden, wenn auch die Kanadier zum Baden und Campen in die Natur strömen. Am See gibt es übrigens kein Trinkwasser, das muss also mitgebracht werden.

Zurück auf dem Highway, lassen wir den Crowsnest Mountain hinter uns und nähern uns dem Pass. Zuvor führt die Straße durch den Abschnitt mit dem schönsten Panorama: Es geht vorbei am Crowsnest und Emerald Lake und auf einem Damm quer über den Island Lake, an dem auch ein Campingplatz liegt. Allerdings sind wir nicht in einem Nationalpark und so fallen einem die Steinbrüche an den nahen Berghängen auf. Der Pass selbst ist 1.358 Meter hoch und damit vergleichsweise niedrig – zugleich der südlichste über die Rockies in Kanada. Er liegt genau an der Grenze zwischen Alberta und British Columbia und an der Continental Divide, der großen Wasserscheide auf dem nordamerikanischen Kontinent.

↖ Der Chinook-See ist mit Badestellen, Picknick- und Campingplatz bestens ausgestattet für einen Ausflug in die Natur zu Füßen des hoch aufragenden Crowsnest Mountain.
↙ Am *Miner's Path* in Coleman steht die Lok, die einst Kohlewagen aus dem Berg zog, als weltgrößte Sparbüchse.

TIPP

HOHE KUNST MIT DER ANGELSCHNUR

Der Crowsnest River gilt als Hotspot des Fliegenfischens in Alberta. Vor allem im Spätsommer und Herbst stehen die Chancen gut, einen Fang zu machen. Im Fluss sind verschiedene Forellenarten heimisch. Zum Angeln erwirbt man vorher eine Lizenz und sollte die lokalen Regularien kennen. Der Crowsnest Cafe & Fly Shop in Coleman bietet auch geführte Angelausflüge an, albertarelm.com.

FOODTRUCKS UND FRISCHES ESSEN

Von Juni bis September findet jeden Donnerstag der Markt in Blairmore statt. Von 15–19 Uhr vertreiben lokale Farmer und Produzenten ihre frische Ware im Gazebo Park an der 20th Avenue. Meistens gibt es dazu ein kulturelles Angebot oder etwas zum Mitmachen für Familien.

STEILE HÄNGE HINAB

Was im Winter als Skigebiet mit Abfahrten in jeder Schwierigkeit Familien anlockt, gehört im Sommer den Mountainbikern. Pass Powderkeg nennt sich das Freizeitareal bei Blairmore, um die Biketrails kümmert sich ein Verein, die United Riders of Crowsnest. Seit 2009 haben die Ehrenamtlichen eine Vielzahl an Routen angelegt, darunter auch eine Kinderecke und eine Übungsstrecke. Insgesamt warten am Pass Powderkeg 22 Kilometer an Trails, weitere Strecken liegen in der Umgebung. Fahrräder verleiht unter anderem der Anbieter Alpenland in Blairmore, uroc.ca.

VON VANCOUVER IN DIE WILDNIS

Die Großstadt zwischen Meer und Bergen und das benachbarte Vancouver Island mit charmanten Küstenorten und viel Natur sind die Schauplätze dieses Roadtrips. Auf einer Fläche größer als Belgien gibt es Bären, bemooste Regenwälder und über 2.000 Meter hohe Berge – und vor der Küste tummeln sich Wale.

Wir starten in **1 Vancouver**, dessen Toplage zwischen North Shore Mountains und Pazifik ein paar Tage Aufenthalt leicht rechtfertigen. Würde man dem Trans-Canada Highway strikt weiter folgen, müsste man von Horseshoe Bay im Nordosten von Vancouver die Fähre nach Nanaimo auf Vancouver Island nehmen. Doch um die Insel in ihrer ganzen Länge zu sehen, ist die südlicher gelegene Fährverbindung praktischer, die das ganze Jahr bedient wird. Zwischen Mitte Juni und September legt die Auto- und Personenfähre von BC Ferries täglich und von 6 bis 21 Uhr stündlich (sonntags erst ab 7 Uhr) vom Tsawwassen-Terminal, 36 Kilometer südlich von Vancouver, ab. Die Überfahrt über die Straße von Georgia dauert etwa anderthalb Stunden. Unterwegs kann man Ausschau nach Walen halten, vor allem nach Orcas, und die Aussicht auf die Inselchen genießen. Die Route führt zum Teil durch die Gulf

INFO

Start: Vancouver
Ziel: Port Hardy
Distanz: 1.160 Kilometer
Dauer: 12 Tage
Beste Reisezeit: Mai bis Oktober

Schwertwale schwimmen im schmalen Meeresarm vor Campbell River an der Ostküste.

Islands National Park Reserve, die reich an Seevögeln und Meerestieren ist.

Städte mit Geschichte

Die Fähre hält in Swartz Bay, auf einer Landzunge eine halbe Stunde nördlich von **2 Victoria**. Nach dem Stadtrundgang folgen wir dem Highway 1 nach Norden. Wenn das Wetter schön ist, lohnt sich ein Stopp am Malahat Skywalk, 33 Kilometer später direkt am Highway. Über eine Brücke durch die Baumkronen gelangt man zu einem Aussichtsturm, der sich sanft immer höher windet und oben einen 360°-Blick auf die Hügel und Buchten der Umgebung ermöglicht. An klaren Tagen reicht die Sicht bis in die USA. Rutsche, Spielelemente und ein Spielplatz am Boden amüsieren die jüngsten Besucherinnen und Besucher.

Eine halbe Stunde später erreichen wir Duncan. Die Kleinstadt, gesteckt voll mit Geschäften und Restaurants, hat eine außergewöhnliche Sammlung an Totempfählen. Zwischen Duncan Street und Canada Avenue liegen jede Menge Park-

Ein Ort zum Staunen: Über neun Meter im Umfang und mehr als 800 Jahre erreichen manche Douglasien im MacMillan Park, genannt Cathedral Grove, am Highway nach Tofino.

plätze sowie der Startpunkt für die Totem-Route: das sympathische Cowichan Valley Museum über die Geschichte der Region. Von dort einfach den Fußspuren nach!

Kunst und Kuchen

Das Cowichan Valley ist dank milder Temperaturen eine fruchtbare Farm- und Weingegend mit ausgedehnten Wäldern. Wer sich für die kanadische Forstindustrie interessiert, legt hinter Duncan im BC Forest Discovery Centre eine Pause ein. Die kleinen Orte des Cowichan-Tals liegen vorwiegend an der Ostküste. Einer davon ist Chemainus, ein kurzer Abstecher vom Highway, 16 Kilometer später. Was die Totems für Duncan, sind die Murals in Chemainus: Große und kleine, fantasievolle Wandbilder schmücken die Stadt und laden zum Erkunden ein. Jedes Jahr kommen neue hinzu. Parkplätze gibt es unter anderem an der Kreuzung von Willow und Cypress Street. Gut 27 Kilometer weiter kreuzt der Highway Nanaimo, die Stadt mit der Nanaimo Bar – dahinter verbirgt sich ein kalorienreicher Kuchen mit Puddingcreme und Schokolade, den es in den örtlichen Cafés in allen erdenklichen Versionen gibt sowie im Museum als Teil der historischen Ausstellung.

Von Ufer zu Ufer

Etwa eine halbe Stunde geht es auf dem Highway 19 weiter nach Norden, bis wir auf den Highway 4a Richtung Coombs abfahren. Er mündet in den Highway 4, der das Inselinnere quert und uns in rund zwei Stunden an die Westküste bringt. Unterwegs mangelt es nicht an guten Stellen für Zwischenstopps: Da wären die Little Qualicum Falls in einer schmalen Felsschlucht, dann der Cameron Lake mit schöner Aussicht in die Berge und an seinem Ende der kleine MacMillan Park, auch bekannt als Cathedral Grove. Direkt rechts vom Highway spaziert man dort unter alten Rotzedern und links zu mächtigen Douglasien, die dickste mit einem Umfang von neun Metern. Wenig später ist Port Alberni erreicht, eine Stadt, die dank der Forstindustrie groß geworden ist und sich derzeit zur Tourismus-Basis entwickelt. Der Highway 4 heißt nun Pacific Rim Highway und führt durch eine nahezu unbewohnte Gegend zwischen Seen und Bergen, bevor er fast 90 Kilometer später im **3 Pacific-Rim-Nationalpark** endet.

Wer auf dem Hinweg irgendwo nicht anhalten konnte, hat nun noch einmal die Gelegenheit dazu, denn es geht erneut auf dem Highway 4 zurück. Wieder auf dem Highway 19 angelangt, kommen wir schnell voran, bis nach einer Dreiviertelstunde der Strathcona Parkway abbiegt, auf dem wir einen Teil des **4 Strathcona Provincial Parks** besichtigen können. Der zweite Abzweig in den riesigen Park liegt in Campbell River, keine halbe Stunde Fahrt entfernt. Die Hafenstadt ist auch als Lachs-Hauptstadt bekannt. Wer sich selbst beim Angeln ausprobieren oder den Profis zuschauen will, braucht bloß den Discovery Pier am Aquarium zu besuchen: Auf Kanadas erstem Salzwasser-Steg kann man sich Equipment ausleihen, picknicken oder aber nur warten, bis ein Wal vorbeischwimmt. Es werden auch Bootstouren auf der Suche nach Walen oder Grizzlys angeboten.

Der Highway 19 führt nun weg von der Küste durch eine kaum bewohnte Gegend. Eine Möglichkeit zum Auftanken gibt es in Sayward, 64 Kilometer von Campbell River, oder am Woss General Store, nochmals 65 Kilometer weiter. Der gelegentliche Blick auf Berge und die Hoffnung, Schwarzbären am Straßenrand zu sehen, sorgen für Abwechslung. Der Highway folgt dem Nimpkish Lake, der sich allerdings hinter den dichten Wäldern versteckt. Nach der Brücke über den Nimpkish River sind wir zurück an der Küste und erreichen eine halbe Stunde später Port Hardy.

RESTAURANTS / ÜBERNACHTUNGEN

EINKEHREN

FINEST AT SEA SEAFOOD MARKET/ VICTORIA

Direkt gegenüber der Fisherman's Wharf, auf der anderen Seite vom Park, liegt der Imbiss mit Shop und kleiner Terrasse, der nur nachhaltig gefangenen Fisch von der eigenen Flotte verkauft. Auf der Karte stehen klassische Fish & Chips, aber auch Tacos, frittierte Algen und Austern, finestatsea.com.

DUNCAN GARAGE CAFÉ & BAKERY/ DUNCAN

Vor oder nach der Totem-Tour lädt an der Duncan Street ein ungewöhnlicher Ort zu Frühstück, Lunch oder einem Snack ein: Die Bäckerei ist in einem historischen Gebäude untergebracht und serviert vegane oder vegetarische Gerichte aus Bio-Zutaten der Region, darunter Wraps, Eier in jeder Form, Enchiladas und Süßes, duncangaragecafe.ca.

SAVARY ISLAND PIE COMPANY/ TOFINO

Man kann sich hier schnell einen Kaffee und eine *pie*, süß oder herzhaft gefüllt, holen – aber dann würde man die Aussicht verschenken. Von der kleinen Terrasse wie auch aus dem Innenraum reicht der Blick über den Hafen auf Inseln und Berge. Geöffnet von morgens bis nachmittags, savaryislandpiecompany.ca.

DEVILS' BATH BREWING CO./ PORT MCNEILL

Urige Craft-Beer-Brauerei, in der direkt hinter der Theke gebraut wird. Zum Bier oder selbstgemachten Kombucha werden Tacos, Pizzas oder Comfort-Fingerfood serviert – natürlich auch auf der Terrasse mit Hafenblick. Viele vegane oder vegetarische Gerichte, devilsbathbrewing.ca.

In einem Café in Vancouver sitzt man gemütlich mit Blick auf den Großstadttrubel.

ÜBERNACHTEN

MOON WATER LODGE/MALAHAT

Toll gelegene Lodge mit Blick auf einen Meeresarm, eine halbe Stunde nördlich von Victoria am Highway 1. Luxuriöse Suiten mit Mini-Kühlschrank und Badewannen mit Aussicht oder Studios mit kompletter Küche. Alle Zimmer haben einen Balkon, moonwaterlodge.com.

TERRACE BEACH RESORT/ UCLUELET

Das 1999 erbaute Resort soll an ein altes Fischerdorf erinnern. Verschiedene Suiten in Häusern auf Stelzen an einem Boardwalk. Ferienhäuser diverser Größen im Wald. Direkt am Terrace Beach und nicht weit vom *Lighthouse Loop Trail*, terracebeachresort.ca.

STRATHCONA PARK LODGE/ CAMPBELL RIVER

Wildnis-Resort am Upper Campbell Lake nicht weit vom Strathcona Provincial Park. Das Outdoor-Bildungszentrum für Jugendgruppen vermietet auch Zimmer und Hütten an Gäste, vom Tiny House bis zum großen Ferienhaus. Grundstück am Wasser mit Bootsverleih und Restaurant, strathconaparklodge.com.

ECOSCAPE CABINS/PORT HARDY

Kleines Resort mit Holzbungalows verschiedener Größen, alle mit Küchenzeile und Bad, modern eingerichtet, mit Gemeinschafts-Grillbereich und schöner Aussicht. Erbaut aus nachhaltigen Materialien, ecoscapecabins.com.

ZWISCHEN GISCHT UND GIPFELN

Für kanadische Verhältnisse ist Vancouver eine warme Stadt und anders als ihr Ruf nicht regenreicher als etwa die Ostküste. Im Sommer lockt der Ozean mit Stränden und Wassersportmöglichkeiten, im Winter die nahen Skigebiete. Kein Wunder, dass Vancouver als eine der lebenswertesten Städte der Welt gilt.

Egal, ob Vancouver das Ende oder den Anfang einer Reise darstellt – für die Erkundung der ungewöhnlichen Großstadt sollte ausreichend Zeit bleiben. Mit nur rund 750.000 Einwohnern ist sie überschaubar, aber in der Metropolregion leben rund drei Millionen Menschen. Vancouver rühmt sich seiner diversen Bevölkerung (ein Beispiel: Rund 13 Prozent sprechen Chinesisch) und betont, eine Stadt für alle und jeden zu sein. Sie liegt überwiegend auf einer Halbinsel zwischen der Mündung des Fraser Rivers und einem Meeresarm an der Strait of Georgia. Im Westen versprechen die Sandstrände an der geschützten Bucht des Pazifiks Badefreuden (oder der 137 Meter lange Kitsilano Pool mit Meerblick), im Norden liegen die North Shore Mountains in Sichtweite.

1

Entdeckungen in der Stadt

Die First Nations der Musqueam, Squamish und Tsleil-Waututh leben seit Jahrtausenden in der Gegend, aber die Stadt selbst ist sehr jung. Erst um 1860 wurde sie von Europäern besiedelt und da 1886 ein Stadtbrand fast alle Gebäude vernichtete, gibt es kaum eine nennenswerte Altstadt. Ihr kommt Gastown am nächsten, im Herzen der Innenstadt gelegen. Über die Allee an der Carrall Street von Chinatown gelangt man zum Maple Tree Square mit einer Figur des Gastown-Gründers und einem Gebäude, das wie eine Mini-Version des Flat Iron Buildings in New York aussieht. Von dort geht es links die gepflasterte Water Street entlang, vorbei an Geschäften, Restaurants und der Gastown Steam Clock, einer von einer Dampfmaschine betriebenen Uhr. Die Straße endet am Harbour Centre mit dem Vancouver Lookout, dem Aussichtsturm der Stadt, der im selben Jahr gebaut wurde wie die Uhr – 1977. Aufzüge fahren hoch auf 168 Meter. Von dort schweift der Blick über die benachbarten Wolkenkratzer, die Berge und den drittgrößten Hafen Nordamerikas. Einen Block südlich fahren an der Pender Street Busse der Linie 19 ab. Sie bringen ihre Fahrgäste nach 15 Minuten ins grüne Herz der Stadt. Der Stanley Park liegt auf einem Zipfel zwischen English Bay und Hafen und ist größer als der Central Park in New York. Zu Fuß oder mit dem Fahrrad kann man ihn auf dem Seawall umrunden, einer befestigten Uferpromenade mit Zugang zu Stränden, Spielplätzen und anderen Attraktionen wie Gärten, Totems und dem Aquarium.

Sportliche Umgebung

Bei allen innerstädtischen Sehenswürdigkeiten ist es auch die Umgebung, die Vancouver so attraktiv macht. Gleich am nördlichen Stadtrand lassen sich Regenwälder erkunden oder Berge besteigen. Cypress Park schließt sich nahezu an West Vancouver an, von wo der *Cypress Parkway* Wanderer hoch in die bergige Region geleitet. Der gleichnamige Berg war Austragungsort der Olympischen Winterspiele 2010. Die Aussicht auf die Stadt und die Bucht ist phänomenal, schon vom ersten Panoramapunkt an der Straße aus.

Östlich vom Cypress Mountain zieht der Capilano River Tausende Besucher an. Denn dort spannt sich die Capilano Suspension Bridge fast 140 Meter über die Schlucht. In dem kostenpflichtigen Park warten zudem ein Baumwipfelpfad und ein Klippenweg, ein Museum und eine Falknerei auf Freizeitgäste. Im Winter wird der Canyon kreativ beleuchtet. Nicht zuletzt lässt sich Vancouver vom Meer aus erkunden. Boote verleiht etwa das Kayak Centre am Jericho Beach oder die indigene Firma Takara am Meeresarm nördlich der Stadt.

↑ Totem-Pfähle stehen in Vancouver im Stanley Park. Auf Vancouver Island hat Duncan die größte Sammlung.
← Der Aquabus ist eine Fähre, die im False Creek in Vancouver verschiedene Stadtviertel, Parks und Granville Island samt seiner großen Markthalle miteinander verbindet.

TIPP

BADEN IM LYNN CANYON
Eine kostenlose Alternative zu Capilano bietet die Hängebrücke über den Lynn Canyon im Nordosten der Stadt. Von der Brücke kann man zu den Twin Falls absteigen oder zum 30-Foot-Pool wandern, einem Flussbecken, das tatsächlich zum Baden einlädt – wenn man das eisige Wasser nicht scheut, lynncanyon.ca.

MITFIEBERN IM STADION
BC Place, direkt in der Innenstadt, ist das Sport- und Event-Stadion von Vancouver mit dem größten einziehbaren Dach der Welt. Dort kann man die Vancouver Whitecaps Fußball und die BC Lions Football spielen sehen oder die Sports Hall of Fame besuchen. Das Museum hat ein Fenster ins Stadion – und es bietet die Möglichkeit, selbst sportlich aktiv zu werden, bcsportshall.com.

2

VICTORIA

DIE GARTENSTADT

In der gesamten Metropolregion leben rund 400.000 Menschen in und um Victoria, der Hauptstadt von British Columbia. Hier herrschen angeblich die mildesten Winter im Land und auch im Sommer lässt es sich, dank vieler Parks, gut aushalten. Etliche Sehenswürdigkeiten liegen nah am langgestreckten Hafen.

Die Coast Salish First Nations haben schon seit rund 10.000 Jahren in der Gegend um Victoria gesiedelt und nannten sie *Camosun* – lange bevor James Cook und sein Navigator George Vancouver 1778 auf der Insel landeten. Erst 1843 errichtete die Hudson's Bay Company dann das Fort Camosun an der Stelle der heutigen Stadt, das später zu Ehren der Königin in Fort Victoria umbenannt wurde. Zur Kolonie der britischen Krone erklärt, entwickelte sich eine Siedlung daraus, aber erst der Goldrausch auf dem Festland zog Zehntausende Menschen an. Dank des geschützten Hafens wurde Victoria ein bedeutender Umschlagplatz. Die koloniale Vergangenheit sieht man der Stadt bis heute an und die Lage an der spektakulären Küste prädestiniert sie als attraktives Reiseziel.

Geschichte und Architektur

Um tiefer in die Geschichte British Columbias einzutauchen, bietet sich keine Institution besser an als das Royal BC Museum mit Schaubildern aus Natur und Kultur der Provinz. Das Museum befindet sich an einer Bucht des Hafens am südlichen Rand des Zentrums und steht dort gleich neben dem Fairmont Empress, einem schlossähnlichen Luxushotel, erbaut von Canadian Pacific Railway. Der große Turm mit dem Glockenspiel kündigt das Museumsgelände an. Nachbar zur anderen Seite ist das Parlament, ein stattliches neobarockes Gebäude, das man unter der Woche besichtigen darf. Am Hafen gibt es einen Spazierweg mit Blick auf die Bauwerke. Weiter die Belleville Street zwischen Hafen und Parlament am Wasser entlang, ist nach etwa 20 Minuten die touristische, aber eben auch sehr bunte Fisherman's Wharf erreicht. An der Kaianlage liegen kreativ gestaltete Hausboote vor Anker, in manchen sind Läden oder Imbisse untergebracht. In der anderen Richtung, östlich vom Zentrum, eher mit Fahrzeug oder Bus machbar, erstreckt sich das Rockland-Viertel mit einer Reihe außergewöhnlicher Villen: In einem viktorianischen Haus untergebracht ist die Art Gallery of Greater Victoria mit moderner, regionaler und asiatischer Kunst. 600 Meter entfernt steht der Gouverneurssitz, dessen Garten öffentlich zugänglich ist, und schließlich das »Schloss«, Craigdarroch Castle. Ein schottischer Immigrant, durch Kohle reich geworden, ließ es sich als Symbol seines Erfolgs erbauen – und es erinnert definitiv an ein Schloss, das in Schottland stehen könnte. Die auch innen prächtig gestaltete Villa kann mittwochs bis sonntags besichtigt werden.

Von Anfang und Ende

Zurück im Zentrum, vom Royal BC Museum nur ein paar Minuten nach Süden, beginnt an der Douglas Street der größte von Victorias zahlreichen Parks, der Beacon Hill Park. Außer Sport- und Spielplätzen locken dort ein paar besondere Attraktionen, die ihm zum Spitznamen »Kronjuwel« verholfen haben. So liegt am Rand des Parks eine schlafende Moosfrau, ein Kunstwerk in Übergröße von Dale Doebert, das sich seit 2015 zum Publikumsliebling entwickelt hat. Der namensgebende Beacon Hill wiederum ist ein Aussichtspunkt, von dem man bis zu den Gipfeln des Olympic National Parks in den USA schauen kann. Und nicht zuletzt: Der Trans-Canada Highway endet bzw. beginnt am südlichen Ende des Parks. Auf einer Wiese an der Ecke Douglas Street/Dallas Road steht das Mile 0 Monument, ein besonderer Ort für alle, die den Trans-Canada Highway ganz oder über weite Strecken gefahren sind.

↑ Am Beacon Hill Park in Victoria liegt der westliche Start- bzw. Endpunkt des ewig langen Trans-Canada Highway.
← Der Innenhafen mit den Bootsanlegern sorgt für maritime Stimmung in der Hauptstadt British Columbias. Der Platz am Parlament wird auch für Veranstaltungen genutzt.

TIPP

AUF ZU DEN WALEN

Die Hafenstadt ist ein guter Ausgangspunkt für Bootsfahrten zur Walbeobachtung mit einer großen Anzahl an Tourenanbietern. In den Gewässern leben Orcas, Grau- und Buckelwale, zudem Robben, Seelöwen und Delphine. Viele Tourenboote steuern die Race Rocks Ecological Reserve an, das südlichste Inselchen vor der Küste von Vancouver Island. Ringsum dehnt sich Kanadas erster unter Schutz gestellter Meeresbereich. Dort, in der Straße von Juan de Fuca, verläuft auch die Grenze zu den USA.

IM GOLDSTREAM-PROVINZPARK

Nur eine halbe Stunde vom Stadtzentrum entfernt führen Pfade in die ehrwürdigen bemoosten Wälder der Insel. Im kleinen Provinzpark bei Langford und entlang des Highways 1 stehen bis zu 600 Jahre alte Douglasien und gigantische Rot-Zedern. Im Frühling blüht der Waldboden und jeden Herbst kann man im Goldstream River, etwa ab Ende Oktober, die Lachse laichen sehen. Zwar ist der höchste Wasserfall derzeit nicht zugänglich, aber der schön gelegene Goldstream Fall neben dem Campingplatz bei Langford entschädigt dafür allemal. Das Besucherzentrum, ein Picknickplatz und weitere Wege werden vom Parkplatz am Highway 1 aus erreicht, bcparks.ca/goldstream-park.

WÄLDER, WALE, STRÄNDE

Eigentlich hat die Pacific Rim National Park Reserve drei Teile, aber da die anderen beiden nur per Boot – die Broken Group Islands – oder zu Fuß auf dem *West Coast Trail* erkundet werden können, konzentriert sich das Interesse zumeist auf den Abschnitt am Long Beach. Ihn erreichen Besucher über den Highway 4.

Während an der Ostküste von Vancouver Island, geschützt vor dem offenen Pazifik, einige Orte liegen, ist der Großteil der zerklüfteten Westküste unbewohnt. Lange Fjorde ziehen sich bis ins Landesinnere, davor sind kleine und große Inseln verstreut. Straßen führen nur selten bis ans Meer und viele Bereiche lassen sich lediglich mit Booten erreichen. Wölfe, Pumas und Schwarzbären leben in den Wäldern. Es ist also leicht zu verstehen, warum Survivalshows gern auf Vancouver Island bzw. auf kleinen Inseln davor gedreht wurden: kaum Menschen, kaum Infrastruktur. Der Küstenabschnitt um Long Beach bildet davon eine willkommene Ausnahme, eingerahmt von den Küsten-

3

↑ Ein Weißkopfseeadler sitzt auf einem Baum bei Ucluelet. Die Raubvögel sind vor allem an den Küsten heimisch.
↙ Gezeiten prägen die wilde Westküste von Vancouver Island. Mal ragen die Felsen heraus, mal werden sie von Wellen umtost. Der *Wild Pacific Trail* führt ganz nah ran.

orten Tofino und Ucluelet. Zwischen den Orten liegen 40 Kilometer mit einsamen Stränden und dichten Regenwäldern. Der 1971 gegründete Nationalpark stellt ausgebaute Wege und einen traumhaften Campingplatz zur Verfügung.

Vom langen Strand nach Tofino

Der Highway 4 erreicht zunächst eine Kreuzung mit einer Touristeninformation. Links geht es nach Ucluelet, rechts in den Nationalpark und nach Tofino. Nach der langen Fahrt durchs Landesinnere zieht es die meisten Reisenden an den Ozean und die erste Gelegenheit dazu kommt am Wickaninnish Beach, wo sie sich auf Treibholz setzen, die endlose Küste hinaufschauen oder zur kleinen Nachbarbucht, dem South Beach, spazieren können. Zurück auf der Straße nach Tofino, sind es keine fünf Kilometer bis zu zwei kurzen Rundwegen durch den Regenwald, danach folgen drei weitere Strandzugänge und dazwischen viele Kilometer menschenleerer Strand. Tofino selbst hat fünf Sandstrände, am beliebtesten bei Surfern ist Cox Bay. Nicht nur sie sorgen für entspannte Vibes in dem Ferienort: »Alles ist eins« lautete schon das Motto der Nuu-chah-nulth. Unter Tofinos 2.500 Einwohnern sind viele Künstler und Kunsthandwerker, regelmäßig finden Märkte und Konzerte auf dem Village Green statt. Von dort kann man auf dem Downtown Art Walk an öffentlichen Kunstwerken vorbeischlendern. Nicht zuletzt liegt Tofino an der Clayoquot-Meerenge, einem UNESCO-Biosphärenreservat. Zahlreiche Anbieter organisieren Paddel- oder Bootstouren durch die Inselwelt rings um den Ort.
Einige besonders reizvolle Wanderwege liegen, obwohl es nicht zum Nationalpark gehört, in Ucluelet: Auf Initiative eines Einheimischen und dank Spenden hat ein Verein dort ein Wegenetz geschaffen, das sich *Wild Pacific Trail* nennt. Vor allem in der kalten Jahreshälfte zeigt der Pazifik hier sein wildes Gesicht. Man kann sich aus dem Trail Abschnitte aussuchen oder Rundwanderungen planen. Ein Teil führt etwa über den barrierefreien gut zweieinhalb Kilometer langen *Lighthouse Loop,* der über und um eine Halbinsel führt, durch Regenwald und zu immer wieder neuen Bänken mit toller Sicht, die je nach Wetter und Gezeiten ganz verschieden ausfällt. Der andere Abschnitt folgt dem Küstenverlauf von Big oder Brown Beach aus, mal nah an den Felsen entlang, mal geschützt im dichten Bewuchs oder auf der kinderwagenfreundlichen Alternative.
Ucluelet selbst, was in der Sprache der Nuu-chah-nulth »sicherer Hafen« bedeutet, ist nicht größer als ein Dorf. Der traditionell von Fischerei und Forstwesen lebende Ort bildet den Ausgangspunkt für jede Art von Meeresabenteuer, vom Fischen bis zum Surfen, und ist gut ausgestattet mit Unterkünften und Restaurants.

TIPP

SPANNENDE AUSSTELLUNG
Am südlichen Rand des Wickaninnish-Strands steht das Kwisitis Visitor Centre mit Informationen zu Meer, Land und Leuten parat, zusammengefasst in einer aufwendig gestalteten Ausstellung. Auch die Nuu-chah-nulth First Nations, die seit mehr als 4.000 Jahren auf der Halbinsel leben, welche Geschichten sie mit der Küste verbinden und wie sie Wale gefangen haben, sind Teil der Präsentation. Von der Terrasse reicht der Blick weit übers Wasser und mit etwas Glück auf Wale. Im Frühjahr ziehen jährlich Tausende Grauwale an der Küste vorbei. Bootstouren werden in Tofino und Ucluelet angeboten.

EIN GESPÜR FÜR WIRBELLOSE
Ungewöhnlich ist das Aquarium am Hafen von Ucluelet, das sich auf lokale Meeresbewohner spezialisiert hat, dabei auf Wildfang setzt und die Tiere im Herbst wieder freilässt. Manche dürfen sogar angefasst werden – in der Hoffnung, dass die Besucher ihre Liebe zu den Wirbellosen entdecken. Das Aquarium hat von Anfang März bis Ende November täglich geöffnet. Die Mitarbeiter kann man zusammen mit dem Wild-Pacific-Verein im Sommer regelmäßig am Big Beach antreffen und sich gemeinsam das Leben in Gezeitenpools anschauen, uclueletaquarium.org.

4

STRATHCONA PARK

IN DIE WILDEN BERGE

Der Provinzpark – nicht zu verwechseln mit Vancouvers gleichnamigem Stadtpark – ist der größte auf der Insel und der älteste in British Columbia. 1911 wurde ein Bereich im Landesinneren mit Bergen, Seen und Wäldern, die schon dort standen, als James Cook die Insel betrat, unter Schutz gestellt.

Wer bei dem Wort Wildnis glänzende Augen bekommt, hat vielleicht schon von diesem Park gehört, denn fast die Hälfte von Strathcona ist unberührte Natur und ein weiterer großer Teil nur auf Mehrtageswanderungen zu erreichen. Mit den Della Falls, die sich kaskadenartig über 440 Meter hinabstürzen, liegt einer der höchsten Wasserfälle der Welt in Strathcona. Der Weg dorthin ist schwierig: zunächst per Wassertaxi und dann über den insgesamt 32 Kilometer langen, anspruchsvollen Trail mit der Möglichkeit, unterwegs zu zelten. Der höchste Berg der Insel, Golden Hinde, liegt im Herz des Parks und misst fast 2.200 Meter. Benannt wurde er nach dem Segelschiff von Sir Francis Drake, an das der Gipfel im Sonnenuntergang erinnern soll. Doch auch dieser Berg liegt so abgeschieden, dass die Fünf-Tages-Tour im Hinterland nur erfahrenen Bergsteigern empfohlen wird. An zwei Orten im Park kommen aber ebenso »Roadtripper« auf ihre Kosten.

Das verbotene Plateau

Rund zehn Minuten nach Cumberland zweigt vom Highway 19 links der Strathcona Parkway ab, der direkt ins Skigebiet am Mount Washington und zum Ost-Eingang in den Provinzpark führt. Den Schildern Richtung Raven Lodge folgend kommt nach 20 Kilometern der Wanderparkplatz in Sicht. Am Rand, mit schönem Ausblick Richtung Berge, steht das Strathcona Park Wilderness Centre, das von einer Freiwilligenorganisation betrieben wird. Am Wochenende starten hier geführte Wanderungen und im Juli und August kann man auch unter der Woche das kleine 2011 eröffnete Besucherzentrum nutzen.
Von dort geht es zu Fuß oder per Rollstuhl weiter über das Forbidden Plateau, der Rundweg durch die Paradise Meadows ist auf zwei der rund vier Kilometer barrierefrei angelegt. Die Umgebung lässt sich mit »paradiesisch« gut beschreiben: Auf breiten Bohlen- oder Kieswegen führen Wege durch Wiesen und über Wasserlöcher, mit Ausblick auf den Mount Washington und im Sommer auf Wildblumen wie Veilchen, Lupinen und Gauklerblumen. Wer mehr Zeit mitbringt, kann unterwegs zum Helen Mackenzie und dem Battleship Lake abbiegen, ein überwiegend einfacher Pfad durch den Wald zu den zwei Seen und zurück zur Paradieswiese. Ein Zeltplatz liegt auf halber Strecke, aber in nur ungefähr drei Stunden ist die etwa acht Kilometer lange Runde bewältigt.

Am Buttle Lake

Eine schöne Ausfahrt, auch ohne Wanderung, erlebt man auf dem Highway 28, der als einziger ein Stück durch den Strathcona Park verläuft. Er zweigt in Campbell River vom Highway 19 ab und erreicht knapp 50 Kilometer später den Eingang zum Park (ohne Tankstelle unterwegs). Der Highway führt zum Ort Gold River außerhalb des Parks. Aber über die Western Mine Road geht es weiter in den Park hinein, immer am Ufer des langgestreckten Buttle Lake entlang. Nach rund 36 Kilometern startet eine Wanderung zu den Lower Myra Falls, dann endet die Straße beim Myra-Falls-Erzbergwerk, das erst 2023 geschlossen wurde. Am Ostufer des Buttle Lakes verteilt gibt es ein paar Park- oder Picknickplätze, die eine schöne Sicht auf den von Bergen umgebenen See erlauben, zum Beispiel am Auger Point. Kurze Wege führen in den alten Wald, etwa der *Wild Ginger Trail.*

TIPP

IM UND AUF DEM WASSER

Am Ufer in der Nähe der Campingplätze bietet der Buttle Lake abgesteckte Schwimmbereiche, Bademeister gibt es allerdings nicht. Wer ein Boot für einen halben oder ganzen Tag ausleihen möchte, hat am kleinen Bootshaus am Buttle Lake Campground Gelegenheit dazu. Der See ist bekannt für den starken Wind am Nachmittag, der das Paddeln äußerst schwierig machen kann. Der Verleih hat im Sommer täglich geöffnet. Kajaks, Kanus und Paddleboards können aber auch vorab reserviert werden. Windsurfen und Wasserskifahren sind auf dem Buttle Lake ebenfalls zugelassen. Zum Angeln braucht man eine Lizenz, 43k.ca/buttlelakerentals.

ELK-FALLS-PROVINZPARK

Auch am Highway 28, aber nur drei Kilometer nach dem Ort Campbell River, erstreckt sich rings um eine Schlucht des gleichnamigen Flusses dieser kleine Park. Highlight ist der 25 Meter hohe und wasserreiche Elk Fall, der sich gleich von mehreren Aussichtspunkten bestaunen lässt, etwa von einer 60 Meter langen Hängebrücke. Nachdem man vom Parkplatz aus das Gelände und die Rohre des benachbarten Wasserwerks überquert hat, steht eine Vielzahl kurzer Wege zur Hängebrücke, allerdings mit vielen Treppen, zur Auswahl.

↑ Eine Hängebrücke und der 25-Meter-Wasserfall sind die Highlights des kleinen Elk-Falls-Provinzparks.
↖ Hinter Campbell River an der Ostküste erheben sich die Gipfel des Strathcona-Provinzparks, den man in einem lohnenswerten Tagesausflug oder auch länger erkunden kann.

Von der Strathcona Park Lodge beim Provinzpark reicht der Blick über den Upper Campbell Lake.

HISTORISCHE SCHIFFFAHRT

Eine vor dem Pazifik geschützte Route, unbewohnte Inseln, die Coast Mountains, Regenwald, abgelegene Siedlungen und wilde Tiere zu Land und Wasser: Das sind die Zutaten dieser einmaligen Fährfahrt von Vancouver Island in den Norden von British Columbia – eine der schönsten Schiffstouren der Welt.

Wenn der Roadtrip nicht im Norden von Vancouver Island enden soll, schließt sich die Überfahrt durch die Inside Passage an. Die rund 1.600 Kilometer lange, seit Jahrhunderten genutzte Schiffsroute führt vom Norden der USA an British Columbia vorbei bis nach Alaska, geschützt durch vorgelagerte Inseln. Bedeutend wurde die Route während des Klondike-Goldrauschs; aber auch Arbeiter der Forstindustrie und Fischerei und bald auch erste Touristen fuhren auf den dafür gar nicht ausgelegten Frachtschiffen, zwischen Tieren und Raufereien an Bord, mit.

Besichtigungstour per Fähre

Heute locken der Landschaftsmix aus Bergen und Inseln, die Aussicht auf Tierbeobachtungen sowie das viel komfortabler gewordene Reisen zahlreiche Touristen auf die Route, zum

↙ Sonne, Nebel, Regen oder Schnee in den Bergen: Das wechselhafte Wetter an der Westküste trägt seinen Teil zum Erlebnis der Fährfahrt bei.
← Die Flagge vor malerischer Aussicht: Die Inside Passage ist die bekannteste Schiffsroute Kanadas.
↓ Die Strecke durch einsame Gegenden hat auch heute noch etwas Abenteuerliches, wenngleich die Fahrt auf dem Schiff komfortabel ist.

Beispiel an Bord eines Kreuzfahrtschiffs von Vancouver nach Alaska und zurück. Immerhin eröffnet sie die wohl einfachste Möglichkeit, den Great Bear Rainforest zu durchqueren, der den Küstenabschnitt zwischen Vancouver Island und über Prince Rupert hinaus bestimmt. Für einen Roadtrip, der die Routen 10 und 11 verbindet, muss man sein Fahrzeug mitnehmen. BC Ferries bedient einen Abschnitt der Inside Passage von Port Hardy im Norden Vancouver Islands nach Prince Rupert und zurück. Unterwegs stoppt sie in Bella Bella, einer abgelegenen Gemeinde der Heiltsuk First Nation. Für die Überfahrt sind mehr als 16 Stunden veranschlagt. Restaurants an Bord stellen die Verpflegung sicher und wer mag, bucht sich eine Kabine dazu. In der Regel legt die Fähre täglich um 7.30 Uhr in Port Hardy ab und erreicht kurz vor Mitternacht Prince Rupert und umgekehrt. Aber nur im Sommer: Von Herbst bis Frühjahr verkehrt die Fähre seltener und startet erst nachmittags oder abends. Die Verbindung am Wochenende hält zusätzlich in Klemtu und legt erst nachmittags, nach 22 Stunden auf See, in Prince Rupert an. Es bleibt also trotzdem genug Tageslicht, die vorbeiziehende Landschaft anzuschauen.

Von Leuchttürmen zu Wasserfällen

Nach der Abfahrt in Port Hardy fährt das Schiff an God's Pocket vorbei, einem Meeresschutzgebiet, in dem sich mit etwas Glück Adler und Wale zeigen. Nach dem Leuchtturm bei Scarlett Point verlässt die Fähre die Küste von Vancouver Island für einen Abschnitt auf offener See, bevor es die Fitz-Hugh-Meerenge erreicht. Zur linken Seite zieht die Hakai Lúxvbálís Conservancy vorbei, eine Reihe Inseln, die für ihre Schönheit, Flora und Fauna unter Schutz gestellt wurde. Es lohnt sich immer, die Augen nach Rückenflossen oder dem Blas von Walen offen zu halten – in dieser Gegend besonders. Später lässt sich rechts Namu ausmachen, ein verlassenes Dorf um eine Dosenfabrik, bevor es durch eine schmalere Passage Richtung Bella Bella geht. Nach einem kurzen Blick aufs offene Meer erreicht das Schiff einen natürlichen Kanal, geschaffen von großen Inseln. Nach Klemtu rücken die Coast Mountains näher, ab und zu spitzen schneebedeckte Gipfel heraus. Wasserfälle stürzen von den steilen Hängen herab. Das Boat Bluff Lighthouse am rechten Ufer kündet die Hälfte der Strecke an. Danach geht es an der Küste der Princess Royal Island entlang, eine der größten Inseln in BC, bevor bei Hartley Bay ein langer Fjord ins Meer mündet. Es folgt eine weitere Meerenge bei Pitt Island, bevor das Schiff in die Bucht südlich von Prince Rupert einfährt. Angesichts der Strecke durch diese wilde und schöne Landschaft ist es nicht verwunderlich, dass Tickets für die Inside Passage reserviert werden müssen.

Wie aus dem Bilderbuch erscheint der Blick vom Campingplatz auf diese Insel im Meziadin Lake.

ROUTE 11: AUF DEM YELLOWHEAD HIGHWAY

AB DURCH DIE MITTE IN BRITISH COLUMBIA

Beim Verlassen der Fähre in Prince Rupert liegt Alaska in greifbarer Nähe – ein Sehnsuchtsziel hoch im Norden. An den US-Bundesstaat schließt sich Richtung Südosten eine Region an, in der große Orte fehlen, die aber reich ist an Natur und indigener Kultur. Sie endet am höchsten Berg der Rocky Mountains.

Nach langer Zeit auf der Fähre oder auf der Straße, falls man der Route entgegengesetzt folgt, erweist sich Prince Rupert als eine angenehm große Kleinstadt mit Läden, Cafés und Kultur. Zum Ankommen empfiehlt es sich, im Waterfront Park auf einer der Bänke oder der Terrasse der Brauerei im ehemaligen Bahnhof Platz zu nehmen und diesen abgelegenen Ort erst einmal auf sich wirken zu lassen. Dann kann man links ins Eisenbahnmuseum gehen oder rechts, am Ufer entlang, bis zum Museum of Northern British Columbia in einem traditionellen Langhaus schlendern. Es zeigt beeindruckende Artefakte, insbesondere der indigenen Bevölkerung. Die Stadt wurde auf dem Gebiet der Ts'msyen gegründet und wird heute zur Hälfte von First Nations bewohnt. Prince Rupert ist außerdem der Ausgangspunkt für Bootstouren in den Khutzeymateen-Park, ein Grizzly-Schutzgebiet an einem abgelegenen Fjord. Zudem liegt das Örtchen am Yellowhead Highway 16, der auf Haida Gwaii beginnt und in Winnipeg, fast 3.000 Kilometer später, endet.

INFO

Start: Prince Rupert
Ziel: Mount-Robson-Provinzpark
Distanz: 1.465 Kilometer
Dauer: 10 Tage
Beste Reisezeit: Juni bis September

Der Highway 16 führt uns zunächst über eine Brücke von der kleinen Insel hinunter, auf der Prince Rupert liegt. Dahinter geht es rechts ab zur North Pacific Cannery. 1889 erbaut, wurde die Konservenfabrik in den 1980er-Jahren vorm Abriss gerettet. Zurück auf dem Highway, erwarten uns 130 Kilometer ohne Tankstelle bis Terrace. Dafür verläuft die Strecke entlang des mächtigen Skeena Rivers. Die Kleinstadt Terrace ist stolz auf ihre Kermodebären, weiße Schwarzbären, die sich aber nur selten blicken lassen. Stattdessen kann man Adler an den Flüssen beobachten. Zum Schwimmen und Bootfahren eignen sich der Red Sand Lake oder der Lakelse Lake. Am Terrace Mountain kann man wandern oder radeln, der Aufstieg wird mit coolen Wolfsskulpturen und einem weiten Talblick belohnt.

Anschließend fahren wir an den Seven Sisters vorbei, einer Gruppe spitzer Gipfel. Sie werden aber erst sichtbar, wenn der Wald den Feldern Platz macht. Kurz danach, an der Tankstelle, biegen wir links auf den Stewart-Cassiar-Highway 37 ab – für den Abstecher nach **1 Stewart und Hyder**. Von dort zurückgekehrt, erreichen wir eine halbe Stunde

Wildes Wasser bei Witset: Hier strömt der Bulkley River direkt neben dem Highway durch ein Felstal.

später die **2 Hazeltons**, wo wir uns nach dem Besucherzentrum links halten, um ein indigenes Museum anzuschauen.

Reich an Flüssen und Seen

Danach lohnt sich ein Halt in Witset am Bulkley River. Der Fluss strömt hier durch einen schmalen Canyon, was je nach Jahreszeit für ein rauschendes Schauspiel sorgt. Über die Brücke und die Treppe hoch geht es zu einem Museum über die Witsuwit'en mit interessanten Führungen, ungewöhnlichen Souvenirs wie süßem Lachs und einem Campingplatz. 25 Minuten später erreichen wir die Kleinstadt Smithers. Vom Besucherzentrum aus ist es nur ein Katzensprung in die benachbarte Kunstgalerie und über den Highway zur hübschen Main Street mit dem Maskottchen *Alpine Al*.
Die hohen Berge lassen wir hinter uns, aber nicht die Flüsse. In Houston, eine knappe Stunde später, steht am Highway Kanadas größte Angel zum Fliegenfischen. Wir bewegen uns nun im Lakes District, einem Gebiet mit über 300 Seen, einige nur mit dem Flugzeug erreichbar. Decker Lake ist der Erste, der sich ins Blickfeld schiebt, bevor wir in Burns Lake eintreffen. Am Spirit Square kann man am See picknicken und neben dem Spielplatz am Kayakomaten ein Kayak ausleihen. 45 Minuten östlich liegt Fraser Lake, wo es einen öffentlichen Strand mit Wiese, Spielplatz, Campingplatz und am Ende des Sees den Beaumont-Provinzpark gibt. Die folgenden anderthalb Stunden fahren wir an Feldern vorbei und durch Vanderhoof, das geografische Zentrum British Columbias, bis zur Ortschaft **3 Prince George**.

Wald und Wasserfälle

Es dauert jetzt nicht mehr lange, bis die Rocky Mountains auftauchen. Nach 60 Kilometern Strecke biegen wir links in den Purden-Lake-Provinzpark ab, wo neben einem Campingplatz (und einem privaten Resort am Highway) ein Badestrand mit Bergblick wartet. Danach folgt ein langer Abschnitt durch den Wald, aber mit der Chance auf Bären am Straßenrand. Da kommt der Ancient Forest (blau-weißes Schild) genau richtig: Der auch Chun T'oh Whudujut genannte Park schützt den seltenen Inlandregenwald, darunter bis zu 2.000 Jahre alte Rot-Zedern. 2025 wurde mit dem Bau eines Informationszentrums begonnen. 450 Meter der Holzstege sind barrierefrei.
Schließlich erreichen wir – mehr als 200 Kilometer von Prince George entfernt – die erste Tankstelle in McBride, zurück in den Bergen. Hier zeigt sich der Fraser River wieder. Wir folgen ihm vorbei an Tête Jaune Cache, wo der Highway 5 nach Kamloops abzweigt, zu den Rearguard Falls. Von Vancouver legen die Lachse fast 1.300 Kilometer zurück, bevor sie im Spätsommer hier ankommen. Für uns sind es nur noch zehn Kilometer bis zu einem beeindruckenden Anblick: dem Eintrittsschild zum **4 Mount-Robson-Provinzpark** mit dem markanten Gipfel im Hintergrund.

RESTAURANTS / ÜBERNACHTUNGEN

EINKEHREN

EL TOSTADOR/STEWART
Authentische lateinamerikanische Küche und Cocktails zwischen schneebedeckten Bergen? Gibt's im letzten kanadischen Dorf vor der Grenze zu Alaska – im urigen Restaurant mit Vintageflair und Toasterausstellung, allerdings nur im Sommer. Das Lokal gehört zum benachbarten Ripley Creek Inn, ripleycreekinn.com.

ZELDA'S TRAVEL MUG CAFÉ/ NEW HAZELTON
Gemütliches, familienfreundliches Café mit frischen Speisen wie Suppen, Sandwiches und süßen Teilchen. Von der kleinen Terrasse direkt am Highway 16 reicht der Blick auf die Berge. Ab dem Frühstück bis nachmittags geöffnet, sonntags und montags geschlossen.

BETULLA BURNING/ PRINCE GEORGE
Pizzeria mit offener Küche und kleiner Terrasse. Italienisch inspirierte, kreative Vorspeisen, Pizza, Pasta und mehr. Nebenan: der beliebte Pub Nancy O's mit Burgern & Co., betullaburning.com.

ÜBERNACHTEN

TRIPLEX ROOMS/PRINCE RUPERT
Seit 2025 kann man auf dem Gelände der historischen Dosenfischfabrik übernachten: In den Arbeiterunterkünften der 1960er-Jahre wurden drei kleine Ferienwohnungen mit Küchenecke (ohne Herd), Esstisch, Klappbett, Bad und Schlafzimmer eingerichtet. Nach den Öffnungszeiten Privatzugang zu Dock und Strand, northpacificcannery.ca.

BEAR RIVER RV PARK/STEWART
Campingplatz in Familienbesitz, im Flusstal mit Bergblick am Ortsrand von Stewart gelegen. Große Stellflächen mit allen Anschlüssen und Zeltplätze. Duschen und Wäscheraum erneuert, bearriverrvpark.com.

SILVERN LAKE TRAIL BED & BREAKFAST/SMITHERS
Drei gemütliche Zimmer mit Wildlife-Deko, Gemeinschaftsraum für die Gäste, Frühstück im Esszimmer inklusive. Traumhafte Lage mit Gletscherblick, direkt am Wanderweg, silvernlake.com.

WOODHOUSE COTTAGES & RANCH/ PRINCE GEORGE
Rund 20 Minuten außerhalb der Stadt auf einer Farm mit Rindern, Pferden und Hühnern gelegen. Drei Ferienhäuser und ein *Bubble*-Haus mit durchsichtigen Kunststoffwänden, aus dem man nachts in die Sterne sehen kann. Lagerfeuerplatz und ein Schwimmteich vorhanden, Ausritte sind möglich, woodhousecottages.ca.

TÊTE JAUNE LODGE & CAMPGROUND/TÊTE JAUNE CACHE
Traumhafte Lage direkt am Fraser River in der Nähe von Valemount und Mount Robson Provincial Park. Einige Zeltplätze liegen direkt am Wasser, Stellflächen für Wohnmobile zum Teil mit Strom und Wasser. Außerdem Lodgezimmer, große, komplett ausgestattete Bungalows mit Bad, Küche und drei Schlafzimmern sowie einfache, kleine Campinghütten (Schlafsäcke mitbringen). Tolles neues Duschhaus. Restaurant auf dem Gelände, tetejaunelodge.com.

Holzstege führen durch den Ancient Forest, 70 Minuten Fahrt südöstlich von Prince George.

STEWART UND HYDER

AUSFLUG NACH ALASKA

Um den nördlichsten Staat der USA auf zwei oder vier Rädern zu erreichen, muss man eigentlich erst ins Yukon Territory fahren. Doch ein winziger Grenzübergang liegt weiter südlich – und die Anfahrt führt durch ein spektakuläres Gletschertal. Ein Abstecher auf dem Stewart-Cassiar-Highway macht's möglich.

Nur zwei asphaltierte Straßen führen von Kanada nach Alaska: Eine davon ist der Alaska Highway (siehe Route 12), die andere der Stewart-Cassiar-Highway. Er beginnt in Kitwanga am Yellowhead Highway und endet 725 Kilometer weiter an der Grenze zum Yukon, in der Nähe von Watson Lake. Jenseits der Straße liegen noch ein paar Forststraßen und viel Wildnis. Handyempfang haben bloß drei Orte (Stewart, Dease Lake und Watson Lake). Dafür gibt es Aussicht auf Berge, Wälder oder Flüsse. Grizzly- und Schwarzbären, Karibus, Elche und viele andere Tierarten nutzen oder queren den Highway. Vorsicht ist also geboten, besonders im Frühjahr bis in den Sommer, wenn sich Eltern- und Jungtiere auf die Suche nach neuen Lebensräumen begeben. Dafür entdeckt man schon mal Bärenjunge in

1

den blühenden Wildblumenwiesen am Straßenrand, das macht die lange Fahrt zu etwas Besonderem.

Zum Meziadin Lake

Bei Kitwanga am Yellowhead Highway noch einmal aufgetankt, liegen 160 Kilometer bis zur Meziadin Junction ohne Tankstelle vor uns. Nur zwei kleine indigene Dörfer, Kitwanga und kurz darauf Gitanyow, halten an dem Abschnitt die Stellung. Gleich nach der Brücke rechts stehen einige Totems mit den Seven Sisters im Hintergrund. Sie sind nicht im besten Zustand, aber ebenso wie der hölzerne Glockenturm ein interessanter Anblick. Die Kirche zum Turm, die manche Fotos noch zeigen, ist 2021 niedergebrannt.
Kurz vor Meziadin Junction zweigt links die Zufahrt zum Provinzpark am Meziadin Lake ab, ein wunderschön gelegener Campingplatz direkt am Ufer mit Blick auf eine Insel und die Berge dahinter. Auch zum Picknicken wirkt die Szenerie sehr einladend. Wer ein Boot dabeihat, kann noch mehr erkunden. Aber aufgrund von Lachsaktivität in der Nähe gilt die Gegend hier auch als Grizzly-Habitat und erfordert entsprechende Vorsichtsmaßnahmen. Nur einen Kilometer weiter, an der Meziadin-Kreuzung, liegt eine urige Raststätte mit Tankstelle, kleinem Laden und Arbeiterunterkünften. Rechts geht es weiter nach Norden, links nach Alaska.

Ans Ende des Fjords

Es dauert nicht lange, bis der Bear Glacier und sein Gletschersee, der Strohn Lake, ins Blickfeld rücken. Am Rand gibt es Parkplätze mit Ausblick auf den schmelzenden Gletscher des Cambria Icefields. Der Highway führt weiter nach Stewart, wo einst Tausende Menschen während des Bergbau-Booms lebten. Rund ein Jahrhundert später findet man einen kleinen, ruhigen Ort vor, mit touristischer Infrastruktur und dem nördlichsten eisfreien Hafen Kanadas, allerdings am Ende der Welt – oder doch nicht, denn drei Kilometer weiter liegt Hyder, sein US-amerikanisches Pendant. Falls sich das nicht ändert, darf man einfach nach Alaska hinüberfahren, muss aber auf dem Rückweg an der kanadischen Grenzkontrolle halten. Hyder ist mehr oder weniger eine Geisterstadt, aber mit einer schrägen Bar, Souvenirshop und Post. Leben kommt in das Dorf, wenn im Juli und August die Bären im Fish Creek auf Lachsjagd gehen. Fünf Kilometer nördlich gibt es eine Beobachtungsstation mit sicheren Holzplattformen. Insgesamt ist der Abstecher von Kitwanga fast 230 Kilometer lang, sodass sich eine Übernachtung empfiehlt. Wer die Gegend gesehen hat, würde gern länger bleiben!

↑ Das Dörfchen Hyder in Alaska hat zwar wenige Bewohner, aber zur Lachszeit viele Bären und Touristen.
← Der Topf voll Gold liegt also im Gletschersee … Der Bear Glacier an der Straße nach Stewart ist in den vergangenen Jahren wie viele andere Eisriesen geschrumpft.

TIPP

SALMON GLACIER

Die Straße endet zwar nicht am Fish Creek, aber die Asphaltierung. Die folgende Strecke wurde zum Erschließen von Bergwerken angelegt, ist staubig, eng und für Anhänger oder große Wohnmobile nicht geeignet. Vorbei am Salmon River und einem Gold-Tagebau (auf kanadischer Seite) geht es auf der Schotterpiste hoch in die Berge zu einem Aussichtspunkt auf den Salmon-Gletscher, den fünftgrößten in Kanada. Im Besucherzentrum in Stewart (und online) gibt es eine Broschüre für Selbstfahrer. Täglich, immer um 13 Uhr am Visitor Centre, starten Bustouren zu dem Aussichtspunkt, stewart-tourism.com.

MUSEUM IN STUART

Vom Bergbau-Boom in dem abgelegenen Städtchen, von der Lawinengefahr und von Filmen, die in der Gegend gedreht wurden, erzählt das Stewart Museum an der Brightwell Street. Es hat von Anfang Mai bis Ende Oktober montags bis freitags 9–16.30 Uhr sowie samstags 10–16.30 Uhr geöffnet, stewartbcmuseum.com.

Ab Mitte Juli kommen die Lachse im Fish Creek an und die Schwarz- und Braunbären mit ihnen.

2

Aufwendig mit Symbolen bemalt sind die Häuser im Ksan Historical Village.

HAZELTON

DAS ZUHAUSE DER GITXSAN

Was heute »The Hazeltons« genannt wird, die drei Ortsteile einer Kleinstadt, war ursprünglich das Gebiet, in dem das Dorf Gitanmaax stand. Ein Museum in Hazelton erinnert an rund 8.000 Jahre Vergangenheit.

New Hazelton und Hazelton trennt eine außergewöhnliche Brücke: die Hagwilget Bridge, eine einspurige Stahl-Hängebrücke. Sie ist 140 Meter lang und verläuft in 80 Metern Höhe über dem Bulkley River Canyon – entsprechend spektakulär ist die Aussicht. 2032 wird sie ihr hundertjähriges Jubiläum feiern. Vor und nach der Brücke gibt es Aussichtspunkte an der Straße mit Blick in die Schlucht und auf die Berge.
Fast sechs Kilometer weiter liegt das Ksan Historical Village, ein kleines Freilichtmuseum mit Langhäusern und Totems. Die Nachbauten stellen ein Dorf dar, wie es die Gitxsan früher bewohnt haben. Dort, wo Skeena und Bulkley River zusammenfließen, lag seit Jahrtausenden ein wichtiger Ort zum Fischen und für den Warentransport. Zeremonielle Stücke und Alltagsgegenstände werden in einem der Langhäuser ausgestellt. Auf dem Gelände gibt es auch ein Café, in dem man typische Gerichte der First Nation probieren kann. Das Museum hat von Mai bis Oktober täglich von 10 bis 17 Uhr geöffnet, Touren sollte man vorher unter ksan@gitanmaax.com anfragen. Sie werden ab fünf Personen durchgeführt. Rund 500 Meter nördlich des Museums, an Government und Field Street, liegt die kleine Altstadt von Hazelton. Viele der Gebäude stehen bereits seit der Siedlerzeit um 1866 hier.

TIPP

FRISCHES AUS DER REGION

Jeden Sonntag, 10–14 Uhr, bauen die Farmer und Kunsthandwerker aus den beiden Hazeltons und benachbarten Gemeinden ihre Stände am Besucherzentrum in New Hazelton auf. Die Verkaufssaison reicht ungefähr von Mai bis Oktober, hazeltonfarmers.wordpress.com.

3

Eislaufen geht auf dem Platz vor der Besucherinformation auch im Sommer.

PRINCE GEORGE

DIE NÖRDLICHE HAUPTSTADT

Mit dem Bahnanschluss 1915 sollte aus dem einstigen Fort eine Stadt werden. Reformarchitekten der »City Beautiful«-Bewegung kamen aus den USA und entwarfen diagonale Sichtachsen, großzügige Plätze, Parks und öffentliche Gebäude.

Gut hundert Jahre nach der Neugestaltung ist Prince George eine der größten Städte in der Region und von zentraler Bedeutung für Industrie, Gesundheitswesen, Bildung, Kultur und Sport. Das macht es auch für Besucher spannend. Bei der Anfahrt ins Zentrum, an der Kreuzung des Highways 16 mit dem Highway 97, der nach Dawson Creek (siehe Route 12) führt, begrüßt *Mr. PG,* das Stadt-Maskottchen, die Reisenden. Der Highway 16 führt weiter ins Zentrum, wo am Canada Games Way neben der Touristeninfo auch die 1969 gegründete Two Rivers Gallery (montags geschlossen) zu finden ist, die moderne Kunst nach Prince George holt. Seit 2025 hat der Platz dazwischen eine Attraktion mehr: einen Eisring, der das ganze Jahr benutzt werden kann, und daneben den Nanguz'an Market, auf dem man lokale Produkte erstehen und Schlittschuhe ausleihen kann. Auch der Mini-Markt ist ganzjährig geöffnet, immer donnerstags bis samstags.

Natur- und stadtnah sind die Parks gestaltet: An der Universität gibt es einen kleinen botanischen Garten mit Aussichtspunkt, unweit beginnt das Wegenetz des Forests for the World Parks. Als einzigartig gilt der Goodsir Nature Park eine halbe Stunde nördlich, für den Hobby-Botaniker Jim Good über 2.000 Pflanze zusammengetragen hat.

TIPP

THE EXPLORATION PLACE

Das familienfreundliche Museum beschäftigt sich mit der Natur- und Kulturgeschichte der Region. Zu den spannendsten Exponaten gehören Urzeit-Skelette. Das Museum liegt im Lheidli T'enneh Memorial Park, in dem eine Ausflugsbahn ihre Runden dreht, theexplorationplace.com.

4

MOUNT ROBSON PROVINCIAL PARK

STOLZE KULISSE

Beeindruckende 3.954 Meter misst der Mount Robson im Tal des Fraser Rivers, in der Nähe des Jasper-Nationalparks gelegen. Der Yellowhead Highway verläuft schnurgerade darauf zu, ein tolles Fotomotiv – wenn der Berg mal nicht in Wolken gehüllt ist. Zum Glück gibt es im Park noch mehr zu sehen.

Die Secwepemc nannten ihn »Berg mit der Spiralstraße«, weil sich Schnee auf Vorsprüngen am Mount Robson so ablagert, dass es wie ein Weg zum Gipfel wirkt. Doch weit gefehlt. Auch für Kletterer ist der Fast-Viertausender anspruchsvoll. Manche nennen ihn »Cloud Cap Mountain«, weil sein Gipfel oft verhüllt ist, andere den kanadischen Mount Everest – wegen seiner Form. Der Vergleich ist naheliegender, als man zunächst denkt: Vom Tal am Besucherzentrum, das nur auf rund 850 Metern Höhe liegt, ragt der Mount Robson noch rund 3.100 Meter empor. Die Differenz vom Basecamp zur Bergspitze des Mount Everest beträgt weniger als 3.500 Meter. Das erklärt vielleicht, warum der

Anblick dieses Kolosses unter den Besuchern auf der Terrasse hinter dem Mount Robson Welcome Centre so viel Staunen auslöst. Drinnen gibt es eine Ausstellung zur Geschichte und Natur des Parks und wichtige Infos für alle, die den *Berg Lake Trail* wandern wollen. Da hin und zurück dabei rund 42 Kilometer zurückgelegt werden müssen, ist die Wanderung mit Campen im Hinterland und entsprechenden Anforderungen verbunden (und den nötigen Reservierungen).

Aufstieg zu den Gletschern

Die Tour ist für alle, die weder Bergsteiger sind noch einen Helikopterflug unternehmen wollen, die einzige Option, Mount Robson näher zu kommen. Nach einer weitreichenden Überflutung, bei der Wege und Brücken weggespült wurden, musste der Pfad 2021 geschlossen werden. Doch im Sommer 2025 konnte der beliebte Weg, teilweise mit neuer Routenführung, wieder öffnen. An der abwechslungsreichen Landschaft entlang des Wegs hat sich kaum etwas verändert: Vom türkisblauen Kinney Lake geht es ins Tal der tausend Wasserfälle, vorbei an den mächtigen Emperor Falls, zu Wildblumen und Ausblicken auf Gletscher, bis schließlich der Berg Lake, der Gletschersee direkt am Mount Robson, vor einem liegt. Er heißt so wegen der Eisberge, die manchmal darin schwimmen. Die Wanderung ist nicht nur lang, sondern teilweise auch steil. Zumindest die rund fünf Kilometer bis zum Kinney Lake, durch alten Wald und am Robson River entlang, sind aber ebenfalls als Halbtagestour zu schaffen. Kurze Wege gibt es an den drei Campingplätzen im Park und einen hinter dem Besucherzentrum.

Von Pässen und Picknickplätzen

Der Park erstreckt sich aber noch weiter am Highway 16 Richtung Osten und längs des Jasper-Nationalparks. Unterwegs glitzert der Moose Lake direkt an der Straße, gespeist vom Fraser River, der in einer nahen Bergkette entspringt. Ganz am Ende liegt ein Parkplatz, wo man Boote zu Wasser lassen kann. Nur eine Viertelstunde später stehen am Yellowhead Lake Picknickbänke bereit, mit Blick auf die Züge am anderen Ufer. Der Park endet kurz danach am Yellowhead Pass an der Grenze zu Alberta auf 1.133 Metern Höhe. Damit ist er einer der niedrigsten Pässe über die Continental Divide in den Rocky Mountains und war deshalb schon seit Jahrtausenden eine wichtige Route für die First Nations und später für die Pelzhändler. Auf dem Pass gibt es einen schönen Aussichtspunkt mit Schildern, die von der Erschließung erzählen. Der Highway wurde erst 1960 eröffnet.

TIPP

DIE KLEINSTEN VÖGEL

Kolibris leben in tropischen Regenwäldern? Nicht nur: Die für ihre Flugkünste bekannten Vögel sind vom Süden Alaskas bis zur Südspitze Chiles heimisch. Manche Unterarten flattern im Sommer in British Columbia umher und schauen dann am Mount Robson Visitor Centre vorbei, um sich an den blühenden Büschen zu laben. Ein bezauberndes Schauspiel, das vom großen Berg ablenkt.

FLINKE FÜSSE

Jedes Jahr im September findet auf dem *Berg Lake Trail* ein Ultra Marathon statt. Teilnehmer aller Distanzen starten am Besucherzentrum. Während die Fünf-Kilometer-Strecke relativ flach verläuft, müssen die Marathon-Läufer bis zum Robson Pass und zurück 825 Höhenmeter überwinden. Für Kinder gibt es eine Kurzstrecke. Die Anmeldung wird empfohlen, mountrobsonmarathon.ca.

DIE NÄCHSTE STADT

Genau 37 Kilometer südwestlich vom Mount Robson liegt Valemount, ein kleiner Ort, dem man einen Besuch abstatten sollte, nicht nur zum Einkaufen. Es gibt dort auch ein unterhaltsames Museum im ehemaligen Bahnhof mit vielen interessanten Gegenständen. Im Spätsommer kommen die Lachse zum Laichen – im George Hicks Regional Park kann man sie beobachten, visitvalemount.ca.

↑ Der *Berg Lake Trail* querte mehrere Wasserläufe, bis ein Unwetter ihn beschädigte. 2025 wurde er neu eröffnet.
↖ Der höchste Berg der kanadischen Rocky Mountains ist von jeder Seite ein imposanter Anblick. Vom Berg Lake hat man auch freie Sicht auf den Robson-Gletscher.

FASZINATION YUKON

Um während des Zweiten Weltkriegs eine Landroute vom US-Kernland in den Bundesstaat Alaska zu haben, wurde 1943 der Highway von Dawson Creek in British Columbia nach Delta Junction erbaut. Heute dient die Straße als Verbindung abgelegener Orte, als Transportweg und als Reiseroute durch die Wildnis.

Wer an der »Mile 0«, dem Denkmal am Anfang des Alaska Highways, steht, kann sie fühlen: die Sehnsucht auf ein Abenteuer, auf einen Roadtrip durch ungesehene, weite Landschaften und winzige Ortschaften. Diese Route ist abgelegen, hat kaum Handyempfang und Tankstopps, die darum geplant werden müssen. *The Milepost* bietet einen guten Überblick über Rastplätze und Tankstellen.

Manche Reisende nutzen den Alaska Highway, um nach Alaska hineinzuschnuppern und über Dawson City zurück in den Süden zu fahren. Diese Route konzentriert sich auf den kanadischen Teil, biegt also in Whitehorse auf den Klondike Highway ab, der bis zu der legendären Goldgräberstadt führt. Für alle, die es noch abenteuerlicher mögen, beginnt bei Dawson City der Dempster Highway, der – unasphaltiert – nach Inuvik in den Northwest Territories führt.

Neben dem Highway-Monument gibt es in Dawson Creek einiges zu sehen: eine Kunstgalerie in roten Getreidespeichern, nebenan im Bahnhof das Besucherzent-

INFO

Start: Dawson Creek
Ziel: Dawson City
Länge: 1.935 Kilometer
Dauer: 10–14 Tage
Beste Reisezeit: Mai bis September

Im Spätsommer gibt es für die Grizzlys im Norden ein Festmahl, wenn Lachse die Flüsse hochschwimmen.

rum samt Museum zum Bau des Highways und an der ersten Meile das Walter Wright Pioneer Village. Das Freilichtmuseum rekonstruiert das Leben der europäischen Siedler. Der Einfachheit halber werden nun Kilometer angegeben, zunächst als Distanz von Dawson Creek.

Die letzten Städte in BC

Nach 75 Kilometern durch Felder kreuzt der Alaska Highway (er trägt die Nummer 97) Fort St. John. Bereits 1794 gegründet, war es die erste nicht-indigene Siedlung auf dem Festland von British Columbia. Ölfunde trugen zum Aufstieg bei, von dem das North Peace River Museum – samt Ölbohrturm – erzählt. Heute, mit mehr als 21.000 Einwohnern, ist Fort St. John die größte Stadt im Nordosten der Provinz. Es bietet eine gute Gelegenheit, Vorräte aufzufüllen vor der nun anstehenden langen Fahrt durch die Wälder. Die nächste Stadt kommt erst bei Kilometer 455: Fort Nelson mit knapp 5.000 Einwohnern, etlichen kuriosen Sehenswürdigkeiten und Oldtimern im Fort Nelson Heritage Museum.

Dass die US-amerikanische Flagge am Beginn des Alaska Highways in Dawson Creek weht, hat einen Grund: Ohne das Nachbarland würde es die Straße wohl nicht geben.

Die Kleinstadt gilt als Tor zum Muskwa-Kechika-Gebiet, wo Wildnis geschützt wird und zugleich Industrie und Tourismus einen Platz haben, sowie zu den **1 Nördlichen Rocky Mountains**. Die Gegend wird auch »Serengeti des Nordens« genannt, weil Tiere wie Bären, Elche, Steinschafe, Bisons, Karibus und andere hier noch weitgehend ungestört leben können. Anderthalb Stunden fährt man bis zum höchsten Pass der Strecke am Summit Lake auf 1.295 Metern. Unterwegs liegt bei Kilometer 575 die Tetsa River Lodge, berühmt für ihre Zimtschnecken. Nach dem Muncho Lake bleiben die Rocky Mountains zurück und der Highway quert den Liard River. Am anderen Ufer (Kilometer 764) wartet eine wahre Wohltat: Dort speisen die Liard Hot Springs mit bis zu 52 °C warmem Wasser einen natürlichen Pool mitten im Borealen Nadelwald. Entsprechend beliebt ist der Campingplatz. Vom Parkplatz führt ein Lehrpfad durch den »warmen Sumpf« zum Pool. Erholt geht es am Liard River weiter nach Nordwesten. Bei Kilometer 879 bietet Allen's Lookout einen schönen Ausblick auf das Flusstal, bevor eine Viertelstunde später die Grenze zum Yukon erreicht ist – zum ersten Mal, denn der Highway schlängelt sich an der Grenze entlang.

Durchs weite Land

Der Yukon, benannt nach dem Fluss, der durch das Territorium nach Alaska fließt, wird von weniger als 50.000 Menschen bewohnt und ist damit zum Großteil Wildnis – abgesehen von Forstwirtschaft und Tagebauen in der Nähe der Ortschaften. Das erste Dorf im Yukon ist Watson Lake (Kilometer 967), bekannt für seinen Schilderwald direkt am Highway (jetzt Nummer 1): Seit ein Soldat mit Heimweh 1942 damit angefangen hat, fügen Besucher aus aller Welt Ortsschilder hinzu.

Richtung Westen wird es von nun an langsam bergiger. Bei Kilometer 1.097 kann man die Rancheria Falls besichtigen, der barrierefreie Pfad vom Parkplatz zum Wasserfall ist nur 500 Meter lang. Nach einem Schlenker durch British Columbia führt eine Brücke hinüber nach Teslin am langen Teslin Lake, wo links von der Brücke ein hübscher Picknickplatz liegt und ein Stück weiter links am Highway das liebevoll gestaltete George Johnston Museum vom Leben der Tlingit First Nation erzählt. Rund 75 Minuten später taucht der Marsh Lake auf, der zum Quellgebiet des Yukons gehört, der bereits eine halbe Stunde später als mächtiger Strom durch **2 Whitehorse** fließt.

Verstreute Attraktionen

Hinter der Stadt biegt der Alaska Highway ab. Geradeaus geht es nun auf dem Klondike Highway (Nummer 2) weiter, der der Route der Goldsucher nach Norden folgt. Es empfiehlt sich, frisch aufzutanken, denn gleich nach der Stadtgrenze bestimmen Wald und Hügel die Aussicht für den Großteil der nächsten 533 Kilometer. Nach 40 Kilometern bietet sich der malerische Fox Lake für eine kleine Pause an, die Bäckerei der Braeburn Lodge sorgt für Verpflegung. Sie liegt am Overland Trail, der früheren Winterroute nach Dawson City. Weitere Haltepunkte sind die Twin Lakes und wenig später die Ruine des hölzernen Montague Roadhouse, bis mit Carmacks, Kilometer 177 von Whitehorse, wieder der Yukon und eine Siedlung mit Unterkünften und Restaurants erreicht sind.

Der Highway folgt dem Fluss noch ein Stück und hält 24 Kilometer später ein Highlight bereit: die Aussicht auf die Felsen an den Five Finger Rapids, eine Gruppe von Felsen im Fluss, nur einen Spazierweg vom Parkplatz entfernt. Bei Kilometer 284 liegt eine Siedlung der Selkirk First Nation mit Tankstelle und kleinem Museum. Für Abwechslung sorgen danach der Gravel Lake bei Kilometer 441 und der Tintina Trench Viewpoint, rund 30 Kilometer weiter. **3 Dawson City** ist nun nur noch eine halbe Stunde entfernt.

RESTAURANTS / ÜBERNACHTUNGEN

EINKEHREN

LE'S FAMILY RESTAURANT/ DAWSON CREEK
Seit fast 40 Jahren eine Institution für alle, die den ganzen Tag frühstücken könnten *(Eggs Benedict!)*, ihr Brötchen mit Rindfleisch in Soße tunken wollen *(Beef Dip)* und generell ein gutes Sandwich zu schätzen wissen. Im Voyageur Inn. Täglich von 7–15 Uhr geöffnet, takeoutnortheastbc.com.

CHEF ANGELO/WHITEHORSE
Authentische philippinische Küche, außerdem Thai-Klassiker und herzhafte Vorspeisen machen dieses von außen eher unscheinbare Restaurant im Ortsteil Riverdale zum Renner. 11–20 Uhr geöffnet, montags geschlossen.

GRUMPY SCHNITZEL/ DAWSON CITY
Falls einen mitten im Yukon Verlangen nach deutschem Essen überfällt (aber mit kanadischem Twist), ist man hier richtig. Schnitzel, Spätzle, Sandwiches und Pizza stehen auf der kurzen Speisekarte. Gehört zur Diamond Tooth Gerties Gambling Hall, Kanadas ältestem Casino, grumpyschnitzel.com.

ÜBERNACHTEN

NORTHERN LIGHTS RV PARK & CABINS/DAWSON CREEK
Großer Campingplatz außerhalb der Stadt. Stellflächen mit allen Anschlüssen, eigene Flächen für Zelte mit Feuerring, Cabin mit Küche und Bad sowie »Bunkie« mit Bett, Tisch und TV. Moderne Einzelbäder, nlrv.com.

TRIPLE G HIDEAWAY RV PARK & CAMPGROUND/ FORT NELSON
Großer Campingplatz in der Nähe des Museums mit geräumigen Stellplätzen, teils mit allen Anschlüssen, sowie extra Zeltplätzen. Moderne Waschräume, Waschmaschinen und sogar Wohnmobilwaschanlage vorhanden. Familien- und hundefreundlich. Restaurant vor Ort, tripleghideaway.com.

YUKON MOTEL/TESLIN
Schöne Lage an der Nisutlin Bay des Teslin Lakes. 70 Wohnmobil-Stellplätze sowie einfache, ordentliche Motelzimmer. Mit Restaurant und Bäckerei sowie kleinem Museum über die Tierwelt des Yukon, yukonmotel.com.

THE '98 HOTEL
Haus voller Geschichte(n), 1943 als Ballroom eröffnet, 2019 renoviert. Fünf Themenzimmer, in denen man sich wie ein Barmädchen oder ein Goldsucher fühlen kann. Gemeinschaftsküche und -bad. Angeschlossen an eine Bar mit Live-Musik am Wochenende – nichts für Ruhesuchende, 98hotelwhitehorse.com.

COAL MINE CAMPGROUND & CANTEEN/CARMACKS
Ob Hütte direkt am Yukon, Zelt im Wald oder im Wohnmobil etwas geschützt an der Straße: Der Campingplatz in der Nähe von Carmacks hat Platz für jeden. Mit Kanuverleih und Imbiss. Falls sich jemand in den Platz verliebt: Er steht zum Verkauf, ist aber weiterhin geöffnet, coalminecampground.com.

WHITEHOUSE CABINS/ DAWSON CITY
Drei einzigartige historische Gebäude, voll ausgestattet mit Küche und Bad, sowie Glamping-Zelte, die an die ersten Unterkünfte der Goldsucher erinnern sollen, stehen am nördlichen Ende der Stadt in der Nähe der Fähre. Die Hütten stammen aus der Goldrauschzeit und den 1940er-Jahren, die älteste von 1897. Sie haben sich viel Charme bewahrt und sind einfach, aber praktisch eingerichtet. whitehousecabins.com.

Die Five Finger Rapids waren einst eine Gefahr für Schiffe, bis ein Felsen gesprengt wurde.

1

STONE MOUNTAIN UND MUNCHO LAKE

HIER ENDEN DIE ROCKY MOUNTAINS

Bei den Rockies denken die meisten an Banff, Lake Louise und Umgebung. Doch die Bergkette erstreckt sich vom Süden der USA über fast 5.000 Kilometer bis zur Ebene am Liard River im Norden British Columbias. Dort liegen die Provinzparks Stone Mountain und Muncho Lake direkt am Alaska Highway.

Der Stone Mountain Park, der bei Kilometer 595 beginnt, ist zwar größer als der Nationalpark Bayerischer Wald – aber der Highway quert bloß einen kleinen Abschnitt davon: Den überwiegenden Teil der Landschaften bekommt nur zu sehen, wer ins Hinterland wandert und darauf vorbereitet ist, ohne Empfang und Versorgung, mit der Anwesenheit von Bären und Wölfen klarzukommen. Aber auch rund um den Highway gibt es einiges zu sehen und noch mehr Abwechslung versprechen kurze Wanderungen. Bison, Karibu und Steinschafe, doch auch Schwarz- und Braunbären können in den nördlichen Rockies jederzeit an der Straße auftauchen.

Der Park begrüßt seine Gäste mit Aussicht auf den Mount Saint Paul zur rechten Seite und bald darauf mit dem Sum-

↑ Vor allem der Muncho Lake ist für Bergziegensichtungen bekannt. Die Tiere kommen zum Salzlecken an den Highway.
← Der Muncho Lake misst an seiner tiefsten Stelle mehr als 220 Meter. In dem zumeist grün schimmernden See tummeln sich Äschen, Forellen und Saiblinge.

mit Lake zur Linken, mit einem Camping- und Picknickplatz am Ufer, der jedoch nur vom 1. Mai bis zum 15. September geöffnet ist. Noch vor dem Campground zweigt der *Flower Springs Trail* ab, eine Halbtageswanderung in die alpine Tundra. Ein sehr kurzer Weg beginnt am Highway nach dem Summit Lake, gegenüber von einem Teich: Der *Erosion Pillar Trail* endet an einer Felssäule, ähnlich den *Hoodoos* in den südlichen Rockies. Gleich rechts nach einer Brücke kann man den steinigen Baba Canyon erkunden. Die Wegfindung am Bachbett, das überquert werden muss, ist recht abenteuerlich. Allerdings kann man auch bloß einen Blick in die wilde Schlucht werfen und anschließend in der Rocky Mountain Lodge eine Pause einlegen.
Mit Aussicht auf das breite Tal des McDonald Creeks geht die Fahrt weiter. Auch zwischen den Parks gehört die Route zu den landschaftlich schönsten Abschnitten. Nach einem weiten Rundumblick von der Racing River Bridge ist es nicht mehr weit bis zur kleinen Gemeinde Toad River und der Toad River Lodge, malerisch an einem See gelegen. Durchaus möglich, dass hier mal ein Elch vor der Haustür steht. Nur zwei Kilometer weiter lädt das Ufer des Toad Rivers zum Rasten und Campen ein.

Am Muncho Lake

Der Toad River begleitet uns bis in den Muncho Lake Park, der bei Kilometer 681 beginnt. Er ist mehr als dreimal so groß wie der Stone Mountain Park und der Highway führt einmal mitten hindurch, mit vielen Aussichtspunkten an der Strecke. Bei dem ersten lassen sich die Folded Mountains erblicken – Berge, die deutliche Falten aufweisen. Der Highway macht danach eine Kurve nach Norden ins Tal des Muncho Creek und erreicht kurz vor dem See die Double-G-Servicestation. Der Muncho Lake selbst, umgeben von mehr als 2.000 Meter hohen Bergen, verdankt ausgeschwemmten Kupferoxiden seine intensive Farbe.
Die Fahrt geht am zwölf Kilometer langen Ostufer entlang, mit Haltepunkten und Campingplätzen. An mehreren Stellen kreuzt die Straße Schwemmflächen, wo sich Sedimente aus den Bergen ablagern. Vom Aussichtspunkt auf einer besonders großen Geröllfläche hat man einen Blick auf die sogenannte Schafebene – den Steinschafen geschuldet, die hier gern grasen. Der *Stone's Sheep Trail* führt ungefähr fünf Kilometer weit in die Ebene und weiter in eine Schlucht hinein, die sich zunehmend verengt und dann steiler ansteigt. Gute Schuhe sind auf dem steinigen Untergrund empfehlenswert.
Der Muncho Lake eignet sich auch zum Bootfahren und wer an der Northern Rockies Lodge übernachtet, kann Kanus und Kajaks ausleihen. Am Ende des Sees besteht nochmal Gelegenheit zur Tierbeobachtung am Salt Lick: Ein anderthalb Kilometer langer Rundweg (blau-weißes Wanderschild) führt zu einem Felsen über dem Trout River, von dem häufig Steinschafe oder Elche Mineralien abschlecken.

TIPP

VORBEREITUNG IN FORT NELSON

Das offizielle Besucherzentrum für die Northern Rockies befindet sich bereits in Fort Nelson, im selben Komplex wie das Recreation Centre (übrigens mit Schwimmbad, Sauna und Kletterwand). Aktuelle Hinweise, etwa zu Sperrungen, Bärwarnungen oder Ähnlichem erteilen die Mitarbeiter. Wer eine Wanderung abseits des Highways plant, ist gut beraten, nachzuhaken. In den Parks gibt es kein Visitor Centre, nur Lodges, tourismnorthernrockies.ca.

ROCKIES BEI DAWSON CREEK

Auch am Anfang des Alaska Highways sind die Rocky Mountains nicht fern. Wer von Prince George nach Dawson Creek fährt, kann bei Chetwynd den Umweg über Tumbler Ridge nehmen. Bekannt geworden durch Dino-Fußspuren, gehört Tumbler Ridge wegen geologischen Besonderheiten zu den UNESCO-Geoparks, überlaufen ist es dennoch nicht. Viele Wasserfälle, Felsen und der über eine Schotterpiste erreichbare Monkman-Provinzpark mit den riesigen Kinuseo Falls warten auf Besuch, tumblerridgegeopark.ca.

TREFFPUNKT AM YUKON

Mehr als zwei Drittel der gesamten Bevölkerung des Yukon leben in Whitehorse. Fast 33.600 Einwohner – mehr hat die Hauptstadt des Territoriums nicht. Aber sie wächst schnell. Dabei ist der Goldrausch rund um den Klondike River doch seit mehr als 120 Jahren vorbei. Was macht die Stadt heute so attraktiv?

Ein Ort der Begegnung war Whitehorse schon für die First Nations und es behielt diese Funktion auch während des Goldrauschs ab 1898, als die Siedlung entstand: Aufgrund der Lage am Beginn des schiffbaren Yukon stoppten viele Goldsucher in Whitehorse, ebenso gingen Transporte in die Goldgründe und zurück über die wachsende Ortschaft. Mit der Zugverbindung nach Skagway kam noch ein Transportweg hinzu, und so wuchs die Stadt rund um Fluss und Bahnhof. Es gab weitere Bergbauunternehmungen und -hoffnungen, die für einen Boom in Whitehorse sorgten. Aktuell sind es laut *Yukon News* vor allem die Geburtenrate sowie die internationale Migration, die für Zu-

2

↑ Raddampfer wie die »S.S. Klondike«, die derzeit restauriert wird, waren lange die Hauptverbindung in den Yukon.
↙ Ein Boot fährt durch den Miles Canyon bei Whitehorse. Am Ufer verläuft der historische *Canyon City Trail* zu einer verschwundenen Siedlung.

wachs im Yukon sorgen – trotz oder wegen seiner Lage. Die Natur, der gemeinschaftliche Zusammenhalt und die verfügbaren Jobs sind laut CBC-Recherchen zusätzliche Gründe. Auch für Reisende gibt es viele Anlässe, ein wenig länger in der Stadt zu bleiben.

Spaziergang am Ufer

Um die Einzigartigkeit des Yukon und der Stadt zu verstehen, hilft ein Besuch im MacBride Museum an der Front Street. Dort wurde eines der ältesten Gebäude der Stadt, das Telegrafenbüro von 1900, in den Anbau von 2016 integriert. Im Inneren warten 40.000 Objekte der First Nations auf die Besucherinnen und Besucher. Auf der anderen Straßenseite liegt ein kleiner Park mit einem Aussichtsdeck direkt am Yukon und weiteren historischen Gebäuden wie dem der Museumsbahn *White Pass & Yukon Route* und der alten Feuerwache. Wer am Fluss Richtung Süden entlangspaziert, kommt am Besucherzentrum und am Rotary Peace Park mit Spielplatz und Totem vorbei zur »S.S. Klondike«, einem Raddampfer, wie sie einst auf dem Yukon fuhren. Aktuell ist das Schiff wegen umfangreichen Restaurierungsarbeiten nur von außen zu besichtigen.
Vom White-Pass-Gebäude ist es nicht weit zur Main Street, wo sich eine der zwei Brauereien der Stadt befindet und eine Reihe von hübschen Fassaden ideale Fotomotive abgibt. Im Hougen Centre ist der Arts Underground untergebracht – ein Kunstzentrum mit Ausstellungen von moderner Kunst aus dem Territory sowie Kursen, Studios und mehr. Dahinter, an der Elliot Street, steht die Old Log Church, ebenfalls von 1900, die auch ein kleines Geschichtsmuseum enthält.

Ausflüge ins Umland

Im Norden der Stadt, an der Takhini Hot Springs Road, liegen ein Spa mit natürlichen heißen Quellen sowie ein Wildpark mit heimischen Arten, die Yukon Wildlife Preserve. Eine Fahrt in den Süden von Whitehorse auf der Miles Canyon Road (von Juni bis September geöffnet) bringt ebenfalls viel Abwechslung mit sich: Sie startet am Damm des Wasserkraftwerks und führt bald darauf am Ufer des Stausees entlang. Weiter geht es bergauf zu einem Aussichtspunkt auf das Flusstal und die umliegenden Berge und schließlich zum Miles Canyon am Yukon – alles auf einer nur fünf Kilometer langen Strecke. Im Canyon ragen Basaltsäulen auf, die bei einem Vulkanausbruch vor neun Millionen Jahren entstanden sind. Vom Parkplatz ist es nur ein kurzer Weg zur Hängebrücke über die Schlucht. Auf dem anderen Ufer wartet ein großzügiges Wegenetz, das zum Chadburn Lake Park gehört. Der See selbst hat klares Wasser, einen steinigen Strand mit Picknickplatz und ist ein schöner Ort zum Paddeln mit Blick auf den Grey Mountain.

TIPP

MIT DEM ZUG NACH SKAGWAY

1898 während des Klondike-Goldrauschs erbaut, fährt heute noch eine Schmalspurbahn von Fraser in British Columbia über den White Pass nach Skagway in Alaska – über Brücken, durch Tunnel und mit sagenhafter Aussicht. Die Fahrt mit der *White Pass & Yukon Route Railroad* wird auch im Rahmen einer Bustour von Whitehorse angeboten, die mit zwei Stunden Aufenthalt in Skagway rund zehn Stunden dauert. Sie findet ungefähr ab Ende Mai bis Anfang September statt, wpyr.com.

IN DER CARCROSS DESERT

Wer nach Fraser zur Schmalspurbahn unterwegs ist, kommt an den Sandhügeln bei Carcross vorbei. Was aussieht wie eine mit Nadelbäumen gespickte Wüste, ist in Wirklichkeit durch Ablagerungen aus der letzten Eiszeit entstanden: Die Dünen befanden sich einst am Grund eines Gletschersees. Die angeblich kleinste Wüste der Welt ist von der Aussichtsplattform am Klondike Highway 2 sichtbar, rund 70 Kilometer südlich von Whitehorse – man kann auch hineinspazieren. Die indigene Siedlung Carcross lädt danach in die Carcross Commons ein mit Läden, Imbissen und der Kultur der Carcross/Tagish First Nation, destinationcarcross.ca.

WO DAS POLARLICHT TANZT

In den vergangenen Jahren war dieses Himmelsphänomen vereinzelt auch in Deutschland zu beobachten und löste bei den Beobachtern Staunen aus. Aurora Borealis hatte aber nicht die Intensität, wie man sie aus Skandinavien, Kanada oder Alaska kennt. Dafür muss man weiter im Norden sein – doch nicht immer.

Die einfachste Möglichkeit, in Kanada Polarlicht zu sehen, eröffnet ein Besuch des Northern Lights Space & Science Centre in Watson Lake im Yukon. Das 1996 gegründete Museum zeigt täglich auf der kuppelartigen Leinwand einen Panoramafilm, der über drei Jahre hinweg im Yukon gedreht wurde. Im Centre gibt es zudem Hintergrundinfos über die Entstehung der Aurora und die Legenden verschiedener Völker zu den Himmelserscheinungen. Die hiesigen Kaska nennen sie übrigens *Yūkā*. Funfact: Der Film wird nur im Sommer gezeigt, weil im Winter oft genug echte Spektakel am Himmel zu sehen sind. Im Sommer sind die Aussichten darauf weniger gut, gerade hoch im Norden – denn die Nächte sind zu kurz und zu hell. Zwar gibt es südlich des Polarkreises keine Mitternachtssonne, aber richtig dunkel wird es dennoch nicht. Watson Lake und Whitehorse, beide zwischen 60 und 61° nördlicher Breite gelegen, dürfen sich am 21. Juni auf rund 19 Stunden Tageslicht freuen, in Dawson City sind es sogar 21 Stunden. Etwa bis Anfang Mai und ab Ende August ist es überhaupt dunkel genug, um eine starke Aurora zu erkennen. Im Winter, mit ent-

↙ Eine einmalige Show: Aurora Borealis über dem Mount Robson
← Der Fotograf steht an den Cascade Ponds bei Banff, wo zarte Schleier über den Himmel tanzen.
↓ Wenn der Sonnensturm sehr stark ist, kann das Nordlicht selbst über der Stadt, in dem Fall über Whitehorse, zu sehen sein.

sprechend langen Nächten, stehen die Chancen natürlich weitaus besser – aber eisig ist es dann eben auch.
Doch es gibt noch andere Kriterien für eine erfolgreiche Nordlichtnacht: Der Himmel muss wolkenfrei sein, die Lichtverschmutzung gering, was außerhalb der besiedelten Gebiete gegeben ist, und der Blick nach Norden bzw. oben möglichst frei. Kommt der Sonnenwind auf der Erde an, kann man sich auf ein Spektakel gefasst machen. Ob grüne tanzende Bänder, pinke Schleier, sternförmige Koronas oder weiße Streifen quer über dem Himmel: Es ist schwer vorherzusagen, wie die Aurora Borealis aussehen wird. Aber beeindruckend – auch mit bloßem Auge! – ist sie von diesen Breitengraden aus in jeder Form.

Helferchen für die Aurora-Jagd

Wer seine Chancen steigern will, besucht im Herbst oder Winter den Yukon, fliegt nach Yellowknife oder von dort noch weiter in abgelegenere Regionen der Northwest Territories. Aber mit etwas Glück kann man in Kanada auch weiter im Süden Polarlichter beobachten: Selbst Banff, auf 51° nördlicher Breite (und damit auf demselben Breitengrad wie Köln und Dresden), ist für intensives Polarlicht bekannt. Doch wie ist das möglich? Das Magnetfeld der Erde gibt den Ausschlag. Der geomagnetische Nordpol stimmt nicht mit dem geografischen überein und liegt etwa über Nordkanada. Wenn ein Sonnensturm viele geladene Teilchen Richtung Erdatmosphäre schickt, werden diese von den Magnetfeldlinien abgelenkt – und in Nordamerika ist man dann näher dran.
Allerdings muss sich niemand nun jede Nacht im Dunkeln die Beine in den Bauch stehen: Die Aurora Forecast informiert auf Websites oder in Apps über die Aussichten aufs Himmelsspektakel. Die Vorhersage zeigt an, welche geomagnetische Stärke der zu erwartende Sonnensturm hat, den sogenannten KP-Wert. Liegt der bei 3 oder 4, muss man mindestens in Nordalberta sein, um etwas sehen zu können. In Banff und Umgebung liegt das Minimum bei 4 oder 5. Gute Informationsquellen sind auch Facebook-Gruppen wie die Alberta Aurora Chasers. Wer also in Kanada unterwegs ist, sollte immer mal ein Auge auf deren Prognose werfen – vielleicht steht einem eine einmalige Nacht bevor. Selbst ohne Aurora wird sie ein Erlebnis sein: Da es keine Lichtverschmutzung gibt, leuchten Sterne und die Milchstraße in mondlosen Nächten besonders hell. Ideale Orte für Sterngucker sind die 13 Dark Sky Preserves in Kanada.

3

DAWSON CITY

GLÜCKSSUCHE IM HOHEN NORDEN

Fast 130 Jahre nach dem Goldrausch, der Dawson City vorübergehend zum begehrtesten Ort Nordamerikas machte, kann man sich zwischen Museen, Goldfeldern und historischen Häusern an ungeteerten Straßen noch immer in diese Zeit zurückversetzen. Allerdings ohne die Mühsal und das Elend der Goldsucher.

Als 1897 die Nachricht die Runde machte, dass im Klondike Gold gefunden worden war, löste das einen Goldrausch aus. Um die 100.000 Männer sollen sich aus dem ganzen Kontinent auf den langen Weg in den Yukon gemacht haben, um die 30.000 erreichten ihr Ziel. Einer von ihnen: Jack London, seinerzeit jung und mittellos. Doch sein Claim bescherte ihm keinen Erfolg. In dem autobiografischen Roman *König Alkohol* schrieb London später, dass er »außer meinem Skorbut nichts aus Klondike mit nach Hause gebracht« habe. Dieses Schicksal droht den heutigen Besuchern von Dawson City nicht mehr und es stimmt ja auch nicht so ganz: Seine Erlebnisse, Begegnungen und die

Umgebung inspirierten London zu Büchern wie *Ruf der Wildnis*, *Wolfsblut* und *Alaska-Kid*. Seine Schriftstellertätigkeit machte ihn reich und berühmt, ganz ohne Goldfund.

Geschichten des Goldrauschs

Die Hütte, in der London sein Jahr am Klondike verlebte, wurde wiederentdeckt (eine eigene Abenteuergeschichte!) und am Rand von Dawson erneut aufgebaut. Daneben befindet sich ein kleines Museum über Leben und Werk des Autors. Täglich um 10.30 und 14.30 Uhr gibt es einen Vortrag. Die Goldsuche machte manche Menschen teils über Nacht sehr reich. Mit den Goldschürfern kamen auch Geschäftemacher, Abenteurer und Theaterleute in die an der Mündung des Klondike in den Yukon entstandene Stadt. Wer heute einen Eindruck vom »Paris des Nordens« bekommen möchte, kann auf eigene Faust oder mit Audioguide durch die Straßen schlendern und sich an den bunten und mitunter schiefen Fassaden erfreuen. Oder an einer kurzweiligen Historic Downtown Walking Tour von Parks Canada teilnehmen – mit Guides, die in eine Rolle aus der Vergangenheit schlüpfen.
Dawson City existierte vor dem Goldrausch nicht, die Tr'ondëk Hwëch'in First Nation schon. Ihre Geschichte erzählt das Dänojà Zho Cultural Centre, schräg gegenüber vom Besucherzentrum. Tief in die Vergangenheit führt auch das Dawson City Museum an der Fifth Avenue. Und selbst die Abendunterhaltung kann im Stil vergangener Zeiten verlaufen: Im Diamond Tooth Gerties gibt es Casino-Spiele (Einnahmen kommen der Stadt zugute) und Cancan-Shows.

Kreative Stadt in der Wildnis

Doch Dawson City ist mehr als ein Freilichtmuseum: Viele Künstler leben hier und stellen zum Beispiel in der ODD Gallery aus. Betrieben wird sie vom Klondike Institute of Art & Culture, das auch das Dawson City International Short Film Festival veranstaltet, zu Konzerten und Theater in den *Ballroom* einlädt und am Ufer die Camera Obscura betreibt. Im Sommer gibt es jeden Freitag, 12 Uhr, ein kostenloses Konzert im Pavillon am Ufer.
Daneben umgibt Dawson City, abgesehen von den Goldfeldern, viel Natur und Wildnis. Am beliebtesten ist die Wanderung oder Fahrt auf den Midnight Dome oberhalb der Stadt. Vor der Haustür liegen außerdem erstklassige paddelbare Flüsse. Klondike Adventure River Tours bietet geführte Touren an, verleiht aber auch Kanus an alle, die einmal auf dem Yukon paddeln wollen.

TIPP

GOLDSUCHE IM BONANZA CREEK
In dem Bachtal, wo alles begann, wird immer noch nach Gold gesucht – und alle dürfen mitmachen. Jedenfalls am Claim No. 6 an der Grand Forks Road. Pfannen zum Goldwaschen kann man im Besucherzentrum in Dawson City ausleihen. Der Claim liegt fast 20 Kilometer von der Stadt entfernt, ein Teil der Straße ist ungeteert. Dafür steht auf dem Weg zum Goldwaschen »Dredge No. 4«, ein gigantischer historischer Bagger. Es gibt einen Lehrpfad am Discovery Claim, wo 1896 das erste Gold gefunden wurde. Wer an einer Führung zum »Dredge No. 4« teilnehmen möchte, muss sie im Visitor Centre an der Front Street buchen.

ABENTEUER IN DER TUNDRA
Wenn der Autovermieter es zulässt, lohnt auch ein Ausflug in den Tombstone Territorial Park. Er liegt am Dempster Highway, einer unasphaltierten Piste, rund anderthalb Stunden von Dawson City entfernt. Bis auf ein Besucherzentrum und einen Campingplatz gibt es keine Versorgung, Picknick und Kraftstoff müssen also vorher organisiert werden. Beim Besucherzentrum (etwa Mitte Mai bis Mitte September geöffnet) startet ein barrierefreier Lehrpfad. Es finden regelmäßig geführte Wanderungen statt. Mit dem Fahrzeug ist der Tombstone Range Viewpoint, Kilometer 74 auf dem Dempster Highway, ein gutes Ausflugsziel mit schönem Gipfelpanorama.

↑ Ein Haus mit Geschichte, aber der Eindruck täuscht: Im Flora Dora Hotel steigt schon lange niemand mehr ab.
↖ Bunte Fassaden, ungeteerte Straßen: Dawson City ist keine gewöhnliche Stadt und ihre Geschichte ist nicht nur dank Jack London legendär.

Der Herbst sorgt am Dempster Highway für ein Farbenspiel, ein Tagesausflug von Dawson City entfernt.

MUSIK AUS ALLEN ECKEN

Ein Roadtrip ohne gute Musik ist ohnehin undenkbar und bei den kanadischen Distanzen noch einmal mehr. Die Musiker und Bands hinter diesen Liedern stammen aus verschiedenen Provinzen Kanadas und begleiten eine lange Reise von Ost nach West und hoch in den Norden.

HEARTWOOD SLACKS Mines been Closed
JORDAN MUSYCSYN Back in the Maritimes
KIM HARRIS Into the Woods
THE LONGEST JOHNS Banks of Newfoundland
GREAT BIG SEA Tickle Cove Pond
EASTERN OWL AND URSULA JOHNSON Our Song
QUOTE THE RAVEN Golden Hour
STOMPIN' TOM CONNORS The Hockey Song
LEONARD COHEN Suzanne
ARCADE FIRE Neighbourhood #1 (Tunnels)
BILLY TALENT The Wolf
THE HALLUCI NATION Stadium Powwow
GORD DOWNIE The Lake
CITY AND COLOUR Comin' Home
THE TRAGICALLY HIP Wheat Kings
THE WEAKERTHANS One Great City!
NEIL YOUNG Far From Home
BACHMAN-TURNER OVERDRIVE 60 Years Ago
THE RURAL ALBERTA ADVANTAGE Frank AB
RYAN MCNALLY Cold to you
MATTHEW LIEN Chase the Clouds Away

Die offene Straße, klare Sicht und eine Liste guter Songs – wer will da nicht sofort losfahren?

REGISTER

BILDNACHWEIS

Alle Bilder von **Laura Kaiser** und **Christoph Schaarschmidt,** außer:
Lookphotos: 6/7, 8l., 52, 86, 96 (VWPics); 8r., 74, 83 (Delimont, Danita); 9r. (Schwermer, Günther); 11, 70, 77, 82 (Wagner, Hanna); 10l., 18/19, 69, 89, 93, 98, 135, 182/183 (Design Pics); 16/17, 145 (travelstock44); 20, 42, 62, 68, 72, 75, 76, 94l. (Hemis); 22/23 (photononstop); 41, 147 (age fotostock); 50, 51, 56, 57, 59, 66, 67, 90, 91, 148, 154/155 (robertharding); 53 (Tetra); 60 (Bognar, Tibor); 64, 65, 146 (Stankiewicz, Thomas); 71 (Leue, Holger); 92 (Bibikow, Walter); 94u., 95o., 99 (Widmann, Thomas); 95o.M. (Saga Photo), 180, 181 (Feiner, Denis)
Shutterstock: 10r. (Wirestock Creators);14u. (Vlad G); 15o. (sockagphoto); 48 (George Burba); 55 (Wildnerdpix); 84, 85 (Reimar); 94o. (Doro Guzenda); 95M.l. (HexCreate); 95r. (Yuriy Boyko_Ukraine); 95u.r. (Picunique); 107l. (Marina Poushkina); 107M. (Alexandre. ROSA); 107r. (Ronnie Chua); 107u. (Brent Hofacker); 112 (Lijuan Guo); 115 (Chris Allan); 152 (Steve Heap); 153 (fokke baarssen); 170 (Nick Dale Photo); 173, 179 (Pi-Lens); 174 (EB Adventure Photography); 175, 177 (Khun Ta)
Andere: 54 (Newfoundland and Labrador Tourism); 58 (Michael Winsor–Newfoundland and Labrador Tourism); 166 (The Hazeltons Visitor Centre, Jackson Weeber); 167 (Tourism Prince George); 176 (Destination Canada, Tom Jutzler)

DIE AUTORIN

Laura Kaiser liebt es, sich als Autorin diverser Reiseführer intensiv mit einer Region auseinanderzusetzen. Kanada hat seit ihrem Work-&-Travel-Jahr einen besonderen Platz in ihrem Herzen. Als Journalistin schreibt sie für verschiedene Zeitungen und Magazine. Sie lebt mit ihrem Partner, dem Fotografen Christoph Schaarschmidt, und ihren Kindern in Chemnitz.

IMPRESSUM

Verantwortlich: Carola Holzer
Lektorat: Britta Mentzel
Korrektorat: Christine Miller
Layout: Tanja Clauss, Clauss Designagentur
Umschlaggestaltung: Mathias Frisch
Repro: LUDWIG:media
Kartografie: Huber Kartographie, Heike Block
Herstellung: Alexander Knoll
Printed in Slovenia by Florjancic Tisk

★★★★★

Sind Sie mit diesem Titel zufrieden? Dann würden wir uns über Ihre Weiterempfehlung freuen.
Erzählen Sie es im Freundeskreis, berichten Sie Ihrem Buchhändler, oder bewerten Sie bei Onlinekauf. Und wenn Sie Kritik, Korrekturen, Aktualisierungen haben, freuen wir uns über Ihre Nachricht an Bruckmann Verlag, Postfach 40 02 09, D-80702 München oder per E-Mail an lektorat@verlagshaus.de.

Unser komplettes Programm finden Sie unter www.bruckmann.de

Alle Angaben dieses Werkes wurden von der Autorin sorgfältig recherchiert und auf den neuesten Stand gebracht sowie vom Verlag geprüft. Für die Richtigkeit der Angaben kann jedoch keine Haftung übernommen werden, weshalb die Nutzung auf eigene Gefahr erfolgt. Insbesondere bei GPS-Daten können Abweichungen nicht ausgeschlossen werden. Sollte dieses Werk Links auf Webseiten Dritter enthalten, so machen wir uns die Inhalte nicht zu eigen und übernehmen für die Inhalte keine Haftung.

In diesem Buch wird aus Gründen der besseren Lesbarkeit das generische Maskulinum verwendet. Weibliche und anderweitige Geschlechteridentitäten werden dabei ausdrücklich mitgemeint, soweit es für die Aussage erforderlich ist.

Empfehlung der Redaktion

Sie sind auf der Suche nach weiterführender Literatur? Dann empfehlen wir Ihnen den Titel »Roadtrips Australien« von Nina Waldkirch.

Umschlagvorderseite:
Asphaltierter Highway führt zum Abraham Lake in den kanadischen Rocky Mountains / kavram (shutterstock)
Umschlagrückseite:
o.l. Forks-Markt in Winnipeg, Manitoba / robertharding (lookphotos)
o.M. Paddeln im Algonquin Provincial Park, Ontario / Wagner, Hanna (lookphotos)
o.r. Bär auf Lachsfang / Nick Dale Photo (shutterstock)
u. Aquabus auf dem False Creek, Vancouver, British Columbia / Stankiewicz, Thomas (lookphotos)

Die Deutsche Nationalbibliothek verzeichnet diese Publikation in der Deutschen Nationalbibliografie; detaillierte bibliografische Daten sind im Internet über http://dnb.d-nb.de abrufbar.

ISBN 978-3-7343-3069-8